Ernst Keller, Boris Rohr

Band 2

Finanz- und Rechnungswesen
Grundlagen 2

4. Auflage 2022

Ernst Keller, Boris Rohr
Finanz- und Rechnungswesen
Grundlagen 2
ISBN Print inkl. eLehrmittel: 978-3-0355-2066-8
ISBN eLehrmittel: 978-3-0355-2067-5

Gestaltung/Layout: hold Kommunikationsdesign, Bern

Bibliografische Information der Deutschen Nationalbibliothek:
Die Deutsche Nationalbibliothek verzeichnet diese Publikation
in der Deutschen Nationalbibliografie; detaillierte bibliografische
Daten sind im Internet über http://dnb.dnb.de abrufbar.

4. Auflage 2022
Alle Rechte vorbehalten
© 2022 hep Verlag AG, Bern

hep-verlag.ch

Zusatzmaterialien und -angebote zu diesem Buch:
hep-verlag.ch/frw-grundlagen-2

Vorwort

Der Band «Grundlagen 2» der Lehrmittelreihe «Finanz- und Rechnungswesen» schliesst die Einführung in die Finanzbuchhaltung ab und vermittelt praxisorientierte Anwendungen. Die dreibändige Reihe «Finanz- und Rechnungswesen» versteht sich als stufengerechte Unterrichtsunterlage für die verschiedenen Ausbildungsprofile in kaufmännischen Berufsfachschulen, Handelsschulen und Gymnasien, aber auch für die Ausbildung im Bereich der Erwachsenenbildung. Die beiden Bände «Grundlagen 1» und «Grundlagen 2» orientieren sich am Bildungsplan Kauffrau/Kaufmann EFZ und am Rahmenlehrplan für die Berufsmaturität. Vertiefungen für das M-Profil und weiterführende Ausbildungsgänge sind im vorliegenden Band mit einem * gekennzeichnet. Der dritte Band der Reihe – «Vertiefungen» – enthält alle weiteren Zusatzgebiete, die für diese Ausbildungsgänge notwendig sind.

Ziel des Lehrmittels «Grundlagen 2» ist es, den Lernenden grundlegende, aber auch weiterführende Kenntnisse in ausgewählten Themen der Finanzbuchhaltung zu vermitteln. Die ausführlich erklärte Theorie trägt dazu bei, dass die Lernenden das Finanz- und Rechnungswesen leicht verstehen. Es ist ein besonderes Merkmal der Reihe «Finanz- und Rechnungswesen», dass sie sich konsequent an den Kontenrahmen KMU und die gesetzlichen Vorgaben hält. Die Aufgaben bauen aufeinander auf und vernetzen die einzelnen Kapitel. In die Aufgabenstellungen haben wir auch unsere Praxiserfahrung einfliessen lassen. Um den Praxisbezug zu vertiefen, stehen zudem online unter www.hep-verlag.ch/frw-grundlagen-2 verschiedene Aufgaben und Kontenpläne zur Verwendung mit der Buchhaltungssoftware Banana zur Verfügung.

Der vorliegende Band schliesst die Behandlung des Handelsbetriebs mit der Kalkulation und der Nutzschwellenberechnung ab. Auf wichtige Themen der Finanzbuchhaltung wird eingegangen: fremde Währungen, Forderungsverluste, Abschreibungen, Rückstellungen, zeitliche Abgrenzungen, Bewertungsvorschriften und Löhne. Die beiden wichtigsten Rechtsformen von Unternehmen, das Einzelunternehmen und die Aktiengesellschaft, werden aus der Sicht der Finanzbuchhaltung behandelt. Mit der abschliessenden Bilanz- und Erfolgsanalyse wird das erworbene Wissen aus der Finanzbuchhaltung vernetzt und praxisorientiert angewandt.

Vorwort zur vierten Auflage
Das bewährte Lehrmittel wurde 2021 überarbeitet und aktualisiert. Rückmeldungen von Lehrpersonen und unsere eigenen Erfahrungen sind in verschiedene Anpassungen eingeflossen. Bei der Überarbeitung standen immer die vielfältigen Anforderungen im Fokus, die im heutigen und zukünftigen Unterricht an Lehrmittel gestellt werden. Das neue Konzept der Lehrmittelreihe liefert ein gutes Fundament für einen weitgehend digitalisierten und **handlungskompetenzorientierten** Unterricht. Für die Lösungen der Aufgaben wurden weitere Raster integriert. Im Hinblick auf die Verwendung in der Option «Finanzen» der KV-Reform wurden wichtige Voraussetzungen geschaffen.

Wir danken all denen, die mit ihren wertvollen Anregungen zum Gelingen dieses Lehrmittels beigetragen haben. Besonders danken wir Marcel Bühler, Michael Keck und Andrea Nietlispach für ihre kompetente Mitwirkung bei verschiedenen Teilen des Buches. Thomas Kaiser danken wir herzlich für das Lektorat und die grafische Umsetzung.

Künten/Seon, 2022
Die Autoren
Ernst Keller
Boris Rohr

Lese- und Arbeitsanleitung für Lehrende und Lernende

Das Buch ist in einzelne Kapitel gegliedert, die jeweils einen Theorie- und einen Aufgabenteil enthalten.

Der **Theorieteil** vermittelt anhand eines Einführungsbeispiels die theoretischen Grundlagen. Er ist bewusst ausführlich gestaltet und erlaubt den Lernenden, die Zusammenhänge zu verstehen. Definitionen, Formeln und Schemen sind grosszügig und auf einprägsame Weise dargestellt. So eignet sich der jeweilige Theorieteil auch gut für das Selbststudium.

Es werden konsequent folgende Farben verwendet:

Grün = Bestandeskonten, Aktiven und Passiven

Rot = Erfolgskonten, Aufwand und Ertrag

Der **Aufgabenteil** enthält Einführungsaufgaben, Übungsaufgaben und vertiefende Aufgaben. Da die Zeit, die für den Unterricht zur Verfügung steht, knapp bemessen ist, muss die Lehrperson eine Auswahl der zu lösenden Aufgaben treffen. Es ist nicht möglich, jede Aufgabe vollständig zu bearbeiten. Jedes Kapitel enthält zudem Aufgaben, die der Repetition dienen.

Der Aufgabenteil enthält ausgewählte Arbeitsblätter (Konten, Schemen, Lösungsblätter usw.), um von Routinearbeiten zu entlasten und den Lösungsweg aufzuzeigen. Es wurden aber bewusst nicht für alle Aufgaben Arbeitsblätter vorbereitet, damit die Lernenden lernen, auch ohne Arbeitshilfe Lösungen zu erarbeiten. Für das Lösen von Aufgaben empfehlen wir die Verwendung eines Hefts oder eines Ordners. Nach wie vor ist die übersichtliche und saubere Heftführung eine wichtige Voraussetzung zum Verstehen der Prozesse und der Inhalte im Fach Rechnungswesen.

Im **eLehrmittel**, aber auch **online** unter www.hep-verlag.ch/frw-grundlagen-2 finden sich Excel-Arbeitsblätter für die Bearbeitung von ausgewählten Aufgaben. Zudem stehen online verschiedene Aufgaben und Kontenpläne zur Verwendung mit der Buchhaltungssoftware Banana zur Verfügung.

Bei der Arbeit mit unserem Lehrmittel wünschen wir Ihnen viel Freude und Erfolg.

Inhaltsverzeichnis

Wichtige Abkürzungen

Aktienkapital	AK	Nettokreditankaufspreis	NKreditAP
Aktive Rechnungsabgrenzung	Aktive RA	Nettokreditverkaufspreis	NKreditVP
Alters- und Hinterlassenenversicherung	AHV	Nichtberufsunfallversicherung	NBU
		Obligationenrecht	OR
Arbeitslosenversicherung	ALV	Passive Rechnungsabgrenzung	Passive RA
Ausserordentlicher Aufwand	A.o. Aufwand	Pensionskasse	PK
Ausserordentlicher Ertrag	A.o. Ertrag	Raumaufwand	RaumA
Berufliche Vorsorge	BVG	Reingewinn	RG
Berufsunfallversicherung	BUV	Reinverlust	RV
Bezugskosten	BeKo	Rückstellungen	Rückst.
Bruttogewinn	BG	Schweizerische Unfallversicherungsanstalt	SUVA
Bruttokreditankaufspreis	BKreditAP		
Bruttokreditverkaufspreis	BKreditVP	Selbstkosten	SK
Deckungsbeitrag	DB	Sonstiger Betriebsaufwand	Sonst. BA
Einstandswert	EST	Sozialversicherungsaufwand	SozVA
Erwerbsersatzordnung	EO	Umlaufvermögen	UV
Forderungen aus Lieferungen und Leistungen	Ford. L+L	Verbindlichkeiten aus Lieferungen und Leistungen	Verb. L+L
Forderungen gegenüber Aktionären	Ford. Aktionäre	Verbindlichkeiten gegenüber Sozialversicherungen	Verb. SozV
Forderungen Verrechnungssteuer	Ford. VST	Verbindlichkeiten MWST (Umsatzsteuer)	Verb. MWST
Gemeinkosten	GK		
Generally Accepted Accounting Principles	US-GAAP	Verkaufssonderkosten	VerkSK
		Verluste aus Forderungen	Verl. Ford.
Gewinnvortrag	Gevor	Verlustvortrag	VerlustV
International Financial Reporting Standards	IFRS	Verrechnungssteuer	VST
		Versicherungsaufwand	VersA
Invalidenversicherung	IV	Verwaltungsaufwand	VerwA
Kleine und mittlere Unternehmen	KMU	Verwaltungskostenbeitrag	VKB
Lohnaufwand	LohnA	Vorsteuer Mehrwertsteuer 1170 Material, Waren, DL	Vorsteuer 1170
Mehrwertsteuer	MWST		
Mengenmässige Nutzschwelle	NS_M	Vorsteuer Mehrwertsteuer 1171 Investitionen, übriger BA	Vorsteuer 1171
Mobiliar	Mob		
Nettobarankaufspreis	NBarAP	Wertberichtigung	WB
Nettobarverkaufspreis	NBarVP	Wertberichtigungen auf Forderungen (Delkredere)	WB Ford.
Nettoerlös	NE	Wertmässige Nutzschwelle	NS_W

Kapitel 1
Kalkulation im Handelsbetrieb

In diesem Kapitel lernen Sie ...

▶ die verschiedenen Preisberechnungen in einem Handelsunternehmen zu erstellen.

▶ wie mit einem Kalkulationsschema Einkaufs- und Verkaufspreise berechnet werden.

▶ welche Bedeutung die Erfolgsrechnung für die Preisberechnungen hat.

▶ den Unterschied zwischen Zuschlagssätzen und Quoten in der Kalkulation kennen.

▶ wie die verschiedenen Zahlungskonditionen, wie Rabatte und Skonti, in die Kalkulation einfliessen.

1 Kalkulation im Handelsbetrieb

1.1 Allgemeines

Einführungsbeispiel

Die «Modessa AG» ist das führende Modehaus in Frauenfeld mit einem vielseitigen Sortiment für Damen, Herren und Kinder mit Accessoires und Boutique-Abteilungen für bekannte Modemarken. Sie ist eingemietet im Einkaufszentrum an zentraler Lage in der Stadt und beschäftigt rund 30 Angestellte.

Für die neue Kollektion hat die «Modessa AG» bei verschiedenen Lieferanten Kleider eingekauft. Wie berechnet die «Modessa AG» die Verkaufspreise für die neue Kollektion?

Als typischer Warenhandelsbetrieb stellt die «Modessa AG» zuerst das Sortiment zusammen, entsprechend werden die ausgewählten Kleider und Accessoires eingekauft. Die bestellte Ware kommt rechtzeitig vor Beginn der neuen Modesaison in das Lager und wird anschliessend im Modehaus zum Verkauf angeboten. Dank dem geschulten Verkaufspersonal, das die Kundinnen und Kunden kompetent berät, soll beim Verkauf ein grösstmöglicher Umsatz erzielt werden.

An diesem betriebswirtschaftlichen Ablauf orientiert sich die Kalkulation. Dabei werden die Einkaufspreise, die eigenen Kosten des Handelsbetriebes und die Verkaufspreise der einzelnen Handelswaren berechnet.

Die Erfolgsrechnung erfasst die Aufwände und Erträge für die eingekauften und verkauften Produkte der «Modessa AG». Die Kalkulation befasst sich mit dem betrieblichen Leistungsprozess, dem eigentlichen Kerngeschäft. Die betrieblichen Aufwände werden in der Kalkulation als Kosten und die betrieblichen Erträge als Erlöse bezeichnet. In der Kalkulation werden die betriebsfremden und ausserordentlichen Konten der Kontenklasse 8 nicht berücksichtigt.

Aus der Erfolgsrechnung werden in der Kalkulation bestimmte Zuschlagssätze berechnet, die anschliessend für jedes einzelne Produkt angewendet werden.

Kalkulation im Handelsbetrieb

Erfolgsrechnung	Betriebliche Aufwände und Erträge

↓

Gesamtkalkulation	Aufwände → Kosten
	Erträge → Erlöse
	für sämtliche eingekauften und verkauften Handelswaren.
	Daraus lassen sich die Zuschlagssätze für die Einzelkalkulation
	berechnen.

↓

Einzelkalkulation	Kosten und Erlöse für ein bestimmtes Produkt

Rundungen

Sofern in den einzelnen Aufgaben nichts anderes vorgegeben wird, gelten folgende allgemeine Rundungsregeln:

- **Frankenbeträge auf 5 Rappen,**
- **Prozentzahlen auf 2 Dezimalstellen runden.**

1.2 Gesamtkalkulation mit Zuschlagssätzen

Die zweistufige Erfolgsrechnung der «Modessa AG» ist der Ausgangspunkt der Gesamtkalkulation:

Zweistufige Erfolgsrechnung der «Modessa AG» in Berichtsform

Warenerlöse		5 100 000.–	**1. Stufe**
Warenaufwand		- 2 500 000.–	
Bruttogewinn		**2 600 000.–**	
Gemeinkosten			
Personalaufwand	- 1 500 000.–		**2. Stufe**
Raumaufwand	- 450 000.–		
Verwaltungsaufwand	- 100 000.–		
Werbeaufwand	- 150 000.–		
Sonstiger Betriebsaufwand	- 200 000.–		
Abschreibungen	- 75 000.–		
Finanzaufwand	- 25 000.–	- 2 500 000.–	
Betriebsgewinn		**100 000.–**	

In der Kalkulation werden die Warenkosten als Einstandswert (EST) bezeichnet. Der Einstandswert entspricht dem Saldo des Kontos «Warenaufwand». Der Nettoerlös (NE) ist der Saldo des Kontos «Warenerlöse». Da in der Kalkulation die 3. Stufe der Erfolgsrechnung wegfällt, entspricht der Betriebsgewinn (Ergebnis der 2. Stufe) dem Reingewinn (RG) in der Kalkulation.

Zusammenhänge Gesamtkalkulation (Wertschöpfungskette)

Ablauf der betrieblichen Leistungserstellung	Einkauf	Sortiment Lager Beratung	Verkauf
Erfolgsrechnung	Warenaufwand	Gemeinkosten	Warenerlöse
Kalkulation	Einstandswert	Gemeinkosten	Nettoerlös

Aus der Erfolgsrechnung wird der **Einstandswert** ermittelt. Anschliessend werden die **Gemeinkosten** berücksichtigt. Sie umfassen die eigenen Kosten für die betriebliche Leistungserstellung: Das Verkaufspersonal muss entschädigt, die Miete des Lokals muss bezahlt werden usw. Einstandswert plus Gemeinkosten ergeben die **Selbstkosten**, die sämtliche bezahlten Kosten umfassen. Die Selbstkosten werden abschliessend um den **Reingewinn** erhöht. Mit diesem letzten Schritt in der Gesamtkalkulation wird der **Nettoerlös** berechnet. Der Nettoerlös entspricht in der Gesamtkalkulation dem Saldo des Kontos «Warenerlöse».

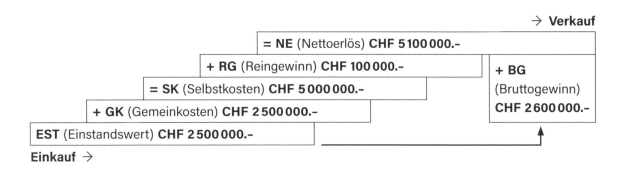

→ **Verkauf**

= NE (Nettoerlös) **CHF 5 100 000.–**

+ RG (Reingewinn) **CHF 100 000.–**

= SK (Selbstkosten) **CHF 5 000 000.–**

+ GK (Gemeinkosten) **CHF 2 500 000.–**

EST (Einstandswert) **CHF 2 500 000.–**

+ BG (Bruttogewinn) **CHF 2 600 000.–**

Einkauf →

Mit dem **Bruttogewinn** kann aus dem Einstand direkt der Nettoerlös berechnet werden. Der Bruttogewinn ist die Differenz zwischen Nettoerlös und Einstandswert. Er entspricht der Summe von Gemeinkosten und Reingewinn.

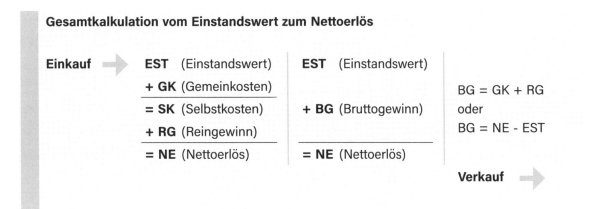

Gesamtkalkulation vom Einstandswert zum Nettoerlös

Einkauf			
	EST (Einstandswert)	**EST** (Einstandswert)	
	+ GK (Gemeinkosten)		BG = GK + RG
	= SK (Selbstkosten)	**+ BG** (Bruttogewinn)	oder
	+ RG (Reingewinn)		BG = NE - EST
	= NE (Nettoerlös)	**= NE** (Nettoerlös)	

Verkauf

Im nächsten Schritt werden die prozentualen Zuschlagssätze ermittelt:

Gesamtkalkulation		Zuschlagssätze			Gesamtkalkulation		Zuschlagssatz	
EST	2 500 000.–				EST	2 500 000.–		
+ GK	2 500 000.–	**GK-Zuschlag:**	**100 %**					
SK	5 000 000.–				+ BG	2 600 000.–	**BG-Zuschlag:**	**104 %**
+ RG	100 000.–	**RG-Zuschlag:**	**2 %**					
NE	5 100 000.–				NE	5 100 000.–		

Berechnung der Zuschlagssätze

Zuschlagssätze und Quoten sind in der Kalkulation auf zwei Dezimalen genau zu berechnen.

$$\textbf{GK-Zuschlagssatz} \qquad \frac{GK \times 100}{EST} \qquad \frac{2\,500\,000.- \times 100}{2\,500\,000.-} \quad = \quad 100\,\%$$

Mit dem Gemeinkostenzuschlagssatz werden die Gemeinkosten in Prozent des Einstandswerts ausgerechnet. Der Einstandswert entspricht dem Saldo des Kontos «Warenaufwand» und beträgt 100 %.

$$\textbf{RG-Zuschlagssatz} \qquad \frac{RG \times 100}{SK} \qquad \frac{100\,000.- \times 100}{5\,000\,000.-} \quad = \quad 2\,\%$$

Mit dem Reingewinnzuschlagssatz wird der Reingewinn in Prozent der Selbstkosten ausgerechnet. Die Selbstkosten betragen 100 %.

$$\textbf{BG-Zuschlagssatz} \qquad \frac{BG \times 100}{EST} \qquad \frac{2\,600\,000.- \times 100}{2\,500\,000.-} \quad = \quad 104\,\%$$

Mit dem Bruttogewinnzuschlagssatz wird der Bruttogewinn in Prozent des Einstandswerts ausgerechnet. Der Einstandswert beträgt 100 %.

Berechnung der Quoten

Die Zuschlagssätze entsprechen dem Weg der Waren durch den Handelsbetrieb, sie werden ausgehend vom Einstandswert erhoben und dazugeschlagen.

Oft wird aber auch der umgekehrte Weg eingeschlagen: Der Verkäufer kennt den vom Markt akzeptierten Verkaufspreis, d.h. den Nettoerlös, und verlangt vom Einkäufer die passenden Einstandspreise. Bei der Berechnung der Quoten sind der Nettoerlös oder die Selbstkosten der Ausgangspunkt.

$$\text{RG-Quote} \qquad \frac{\text{RG} \times 100}{\text{NE}} \qquad \frac{100\,000.- \times 100}{5\,100\,000.-} \qquad = \quad 1{,}96\,\%$$

Der Nettoerlös entspricht dem Saldo des Kontos «Warenerlöse». Der Nettoerlös beträgt bei der Reingewinnquote 100 %.

$$\text{GK-Quote} \qquad \frac{\text{GK} \times 100}{\text{SK}} \qquad \frac{2\,500\,000.- \times 100}{5\,000\,000.-} \qquad = \quad 50\,\%$$

Die Selbstkosten entsprechen bei der Gemeinkostenquote 100 %.

$$\text{BG-Quote} \qquad \frac{\text{BG} \times 100}{\text{NE}} \qquad \frac{2\,600\,000.- \times 100}{5\,100\,000.-} \qquad = \quad 50{,}98\,\%$$

Der Nettoerlös beträgt bei der Bruttogewinnquote 100 %.

Folgende Kalkulationszusammenhänge sind wichtig

Rechenweg vom Einkauf zum Verkauf:
Zuschlagssätze → der tiefere Wert ist jeweils 100 %.

Rechenweg vom Verkauf zum Einkauf:
Quoten oder auch Margen genannt → der höhere Wert ist jeweils 100 %.

1.3 Einzelkalkulation vom Einstand zum Nettoerlös

Mit den Zuschlagssätzen aus der Gesamtkalkulation können in der «Modessa AG» die Preise für jedes einzelne Produkt berechnet werden. Der Einstandswert eines Produkts kann aus den Buchhaltungsbelegen (Lieferantenrechnung) ermittelt werden. Dazugezählt werden die Gemeinkosten und der Reingewinn mit den aus der Gesamtkalkulation ermittelten Zuschlagssätzen. Einfacher wird gerechnet, wenn zum Einstandswert der Bruttogewinn dazugezählt wird. Beide Wege ergeben den gleichen Nettoerlös. Das ist der Erlös, den die «Modessa AG» im Laden durch den Verkauf erzielt.

Beispiel

Eine Designer-Jeans wird von der «Modessa AG» für CHF 75.– eingekauft. Mit welchem Verkaufspreis wird diese Jeans im Laden angeschrieben?

Einzelkalkulation mit Gemeinkosten- und Reingewinnzuschlag

Einzelkalkulation			Zuschlagssatz		Prozentstaffel		
EST	CHF	75.–			100 %		
+ GK	CHF	75.–	GK-Zuschlag:	100 %	100 %		
SK	CHF	150.–			200 %	→	100 %
+ RG	CHF	3.–	RG-Zuschlag	2 %			2 %
NE	CHF	153.–					102 %

Einzelkalkulation mit Bruttogewinnzuschlag und Bruttogewinnquote

Einzelkalkulation			Zuschlagssatz		BG-Zuschlag	BG-Quote
EST	CHF	75.–			100 %	49,02 %
+ BG	CHF	78.–	BG-Zuschlag:	104 %	104 %	50,98 %
NE	CHF	153.–			204 %	100,00 %

Der Barpreis im Laden für die Designer-Jeans beträgt somit CHF 153.–. Der Bruttogewinn von CHF 78.– dient dazu, die Gemeinkosten der «Modessa AG» abzudecken und einen Reingewinn zu erzielen.

Einzelkalkulation mit Quoten

Nehmen wir an, der Verkauf der Designer-Jeans läuft weniger gut als erwartet. Das Verkaufspersonal hat den Eindruck, dass die Jeans zu teuer sind und zu einem Preis von CHF 139.– mehr Jeans verkauft werden könnten.

Das Verkaufspersonal macht folgende Rechnung:

Einzelkalkulation Jeans			Zuschlagssatz	Prozentstaffel
EST	CHF	68.15		49,02 %
- BG	CHF	70.85	BG-Quote: 50,98 %	- 50,98 %
NE	CHF	139.00		100,00 %

Die Verkäuferinnen könnten vorschlagen, dass die Designer-Jeans günstiger, also höchstens für CHF 68.15, eingekauft werden sollen. Der Verkaufspreis von CHF 139.– würde die Absatzmenge stark erhöhen. Ob dies erfolgreich sein wird, hängt von den Entscheiden der Geschäftsleitung und den Verhandlungen mit den Lieferanten ab. In der Praxis können die Einkaufspreise jedoch oft nicht so stark beeinflusst werden, sodass meist die Gemeinkosten gesenkt werden, um tiefere Nettoerlöse zu erreichen.

1.4 Einkaufskalkulation

Einführungsbeispiel

Die «Modessa AG» führt in ihrem Sortiment Polo-Shirts als Eigenmarke. Sie kauft diese Polo-Shirts bei verschiedenen Lieferanten ein und hat für die neue Polo-Shirt-Kollektion bei allen Angebote eingeholt. Die Offerten unterscheiden sich in den angebotenen Ermässigungen, wie z. B. den Rabatten.

Für die Entscheidung, bei welchem Lieferanten bestellt werden soll, müssen neben der Qualität der Waren auch die Preise verglichen werden. Die «Modessa AG» erstellt dafür eine Einkaufskalkulation.

In der Einkaufskalkulation wird rechnerisch der Weg vom Lieferanten zum Käufer – in unserem Fall die «Modessa AG» – nachvollzogen.

Ausgangspunkt ist der Katalog- oder Listenpreis des Lieferanten. Dieser wird in der Einkaufskalkulation als **Bruttokreditankaufspreis** (BKreditAP) bezeichnet. Der Einkäufer der «Modessa AG» versucht, möglichst günstig einzukaufen. Je nach Einkaufsmenge und Häufigkeit der Einkäufe werden beim Einkauf vom Verkäufer Preisermässigungen in Form von Rabatten gewährt.

Der Rabatt wird in Prozenten vom Katalog- oder Listenpreis abgezogen. Eine alternative Rabattform ist der Naturalrabatt, hier werden z. B. zusätzliche Güter gratis abgegeben.

Beispiele von Rabatten

Wiederverkaufsrabatt	ist ein Rabatt für Käufer, die eingekaufte Waren weiterverkaufen.
Mengenrabatt	ist ein prozentualer Preisnachlass beim Bezug von grossen Mengen.
Sonderrabatt	wird für Aktionen oder spezielle Anlässe gewährt.
Treuerabatt	hat das Ziel, die Kundenbindung zu fördern.
Zugabe	Naturalrabatt, bei dem zu den bezahlten Gütern gratis weitere Güter dazugegeben werden.
Gutgewicht	Naturalrabatt, bei dem in Massensendungen oft nicht das ganze Gewicht in Rechnung gestellt wird.

Der Bruttokreditankaufspreis abzüglich des gewährten Rabatts ergibt den Fakturawert der eingekauften Sendung, in der Kalkulation **Nettokreditankaufspreis** (NKreditAP) genannt. Oft wird dem Käufer auch noch ein Skonto gewährt. Das ist ein prozentualer Abzug, der den Käufer dafür belohnt, dass er früh seine Rechnung bezahlt: «Zahlung in 10 Tagen mit 2 % Skonto oder in 30 Tagen rein netto» ist eine typische Zahlungsbedingung. Statt nach 30 Tagen wird 20 Tage früher, also spätestens am 10. Tag nach Rechnungsstellung bezahlt. Dafür können vom Fakturawert 2 % Skonto abgezogen werden. Fakturawert minus Skonto ergibt den Zahlungsbetrag an den Lieferanten, in der Kalkulation **Nettobarankaufspreis** (NBarAP) genannt.

Nun müssen die Waren aber noch in das Lager des Einkäufers transportiert werden. Kommen die Waren aus dem Ausland, fallen unter Umständen weitere Kosten an, wie z.B. die Einfuhrverzollung. Je nach Kaufvertrag müssen diese Kosten vom Einkäufer übernommen werden. Diese Bezugskosten verteuern den Einkauf und werden zum Nettobarankaufspreis dazugezählt. Als Summe ergibt sich der **Einstandspreis** (EST), der den bezahlten Kosten der eingekauften Waren im Warenlager entspricht.

Einkaufskalkulation vom Katalogpreis des Lieferanten zum Einstandspreis

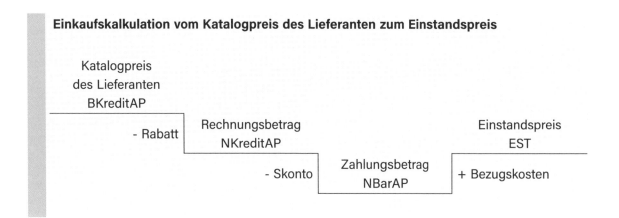

Beispiel

Ein Lieferant der Polo-Shirts unterbreitet der «Modessa AG» folgende Offerte:

- Katalogpreis   CHF 25.00
- Wiederverkaufsrabatt   20%
- Skonto bei Bezahlung innert 10 Tagen   2%

Für Bezugskosten rechnet die «Modessa AG» mit CHF 2.45 je Shirt.

Mit welchem Einstandspreis pro Stück kann die «Modessa AG» rechnen?

BKreditAP	CHF	25.00	100%		**Katalogpreis** des Lieferanten
- Rabatt	CHF	5.00	20%		Wiederverkaufsrabatt für Detaillist
NKreditAP	CHF	20.00	80% →	100%	**Rechnungsbetrag** des Lieferanten
- Skonto	CHF	0.40		2%	Preisermässigung für schnelles Zahlen
NBarAP	CHF	19.60		98%	**Zahlung** an den Lieferanten
+ Bezugskosten	CHF	2.45			Bezugskosten zu Lasten des Einkäufers
EST	CHF	22.05			**Einstandswert** des Einkäufers

Die «Modessa AG» bestellt aufgrund der Offerte 100 Polo-Shirts. Die Shirts und die Rechnung treffen ein. Sie bezahlt die Rechnung innert 10 Tagen.

Wie wird der Vorgang verbucht? (Die Mehrwertsteuer wird im Kapitel 1.6 berücksichtigt.)

Rechnungseingang	**Warenaufwand / Verbindlichkeiten L+L**	**2 000.-**
Abzug von 2 % Skonto	**Verbindlichkeiten L+L / Warenaufwand**	**40.-**
Banküberweisung	**Verbindlichkeiten L+L / Bank**	**1 960.-**
Barzahlung Bezugskosten	**Warenaufwand / Kasse**	**245.-**

Je nach Kaufvertrag können einzelne oder mehrere Stufen bei der Einkaufskalkulation entfallen. Ein Skonto beispielsweise wird nicht immer gewährt. Dann entspricht der NKreditAP dem NBarAP. Bei der Lieferung «franko Domizil» entfallen oft die Bezugskosten, hier würde gelten: NBarAP = Einstandspreis.

Im Warenhandel haben Grossisten eine besondere Aufgabe. Sie beschaffen in grossen Mengen Handelswaren, verkaufen diese aber nicht an Endkunden, sondern an Grossverteiler oder Detaillisten. Viele Grossisten gewähren Detaillisten sowohl einen Wiederverkaufsrabatt als auch einen Mengenrabatt. Wer bei einem Grossisten einkauft und beide Rabatte erhält, hat eine zusätzliche Ankaufspreisstufe, den Händlerankaufspreis.

Einkauf beim Grossisten mit Wiederverkaufs- und Mengenrabatt

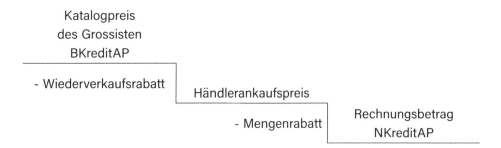

Die Fortsetzung der Einkaufskalkulation wird gleich behandelt wie ohne zweite Rabattstufe.

1.5 Verkaufskalkulation

Einführungsbeispiel

Die Stadt Frauenfeld möchte für einen Anlass 200 Polo-Shirts von der «Modessa AG» kaufen. Diese Polo-Shirts erhalten einen Aufdruck. Da es sich um einen grösseren Auftrag handelt, verlangt die Stadt Frauenfeld einen Mengenrabatt.

Zu welchem Preis bietet die «Modessa AG» das Polo-Shirt an?

In der Verkaufskalkulation wird rechnerisch der Weg vom Verkäufer – in unserem Fall die «Modessa AG» – zum Käufer nachvollzogen.

Ausgangspunkt ist der Nettoerlös, den die «Modessa AG» berechnet hat. Die Kunden der «Modessa AG» versuchen möglichst günstig einzukaufen. Je nach Menge und Häufigkeit der Verkäufe werden vom Verkäufer Preisermässigungen in Form von Rabatten gewährt. Verkaufssonderkosten, wie Transport zu Lasten des Verkäufers, können – je nach Kaufvertrag – ebenfalls noch anfallen. Rabatte, Skonti und Verkaufssonderkosten werden in den Preis eingerechnet und erhöhen den Katalogpreis. In der Verkaufskalkulation werden durchschnittliche Rabatte und Skonti einberechnet – die tatsächlichen Abzüge werden individuell den einzelnen Kunden gewährt. Diese Konditionen hängen z. B. von der bezogenen Menge und vom effektiv vereinbarten Zahlungstermin ab.

Verkaufskalkulation vom Nettoerlös zum Katalogpreis des Verkäufers

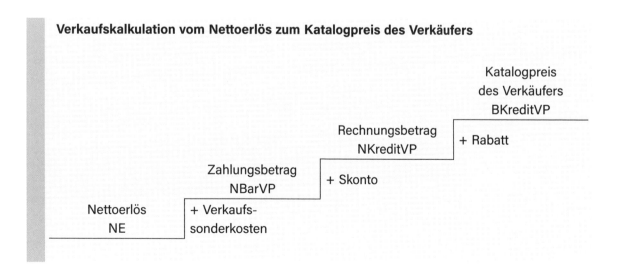

Die «Modessa AG» gewährt der Stadt Frauenfeld für die 200 bedruckten Polo-Shirts einen Mengenrabatt von 20 % und einen Skonto von 3 % bei Bezahlung innert 10 Tagen. Die Polo-Shirts werden von der «Modessa AG» am Stadtfest ausgeliefert. Deshalb fallen zusätzliche Verkaufssonderkosten von CHF 2.50 pro Stück an.

Zu welchem Katalog- oder Listenpreis wird das Polo-Shirt angeboten?

NE (pro Stück)	CHF	46.00				**Nettoerlös** des Verkäufers
+ VerkSK	CHF	2.50				Verkaufssonderkosten, z. B. Transport
NBarVP	CHF	48.50	97 %			**Zahlung** des Kunden
+ Skonto	CHF	1.50	3 %			Preisermässigung für schnelles Zahlen
NKreditVP	CHF	50.00	100 %	→	80 %	**Rechnungsbetrag** des Verkäufers
+ Rabatt	CHF	12.50			20 %	Rabatt für Kunden
BKreditVP	CHF	62.50			100 %	**Katalogpreis** des Verkäufers

In der Verkaufskalkulation muss berücksichtigt werden, dass Rabatte und Skonti jeweils vom höheren Wert abgezogen werden. Werden die Verkaufspreise ausgehend vom Nettoerlös berechnet, ist der Ausgangswert jeweils unter 100 % (Basiswechsel).

Die Stadt Frauenfeld beschafft 200 Polo-Shirts. Sie werden bedruckt, ausgeliefert und vom Kunden innert 10 Tagen durch Postüberweisung bezahlt.

Wie wird der Vorgang verbucht? (Die Mehrwertsteuer wird im Kapitel 1.6 berücksichtigt.)

Rechnungsversand	**Forderungen L+L / Warenerlöse**	10 000.–
Abzug von 3 % Skonto	**Warenerlöse / Forderungen L+L**	300.–
Postgutschrift	**Post / Forderungen L+L**	9700.–

1.6　Vollständiges Kalkulationsschema im Handelsbetrieb

Das vollständige Kalkulationsschema enthält alle möglichen Zu- und Abschläge sowie die Mehrwertsteuer. Dabei kann auf zwei möglichen Wegen gerechnet werden.

Aufbauende und abbauende Kalkulation

Wird ausgehend vom Einkauf des Warenhändlers bis zum Verkauf an die Kunden gerechnet, handelt es sich um die **aufbauende Kalkulation**. Zweck der aufbauenden Kalkulation ist die kostenorientierte Preisberechnung, die vor allem bei Einzelanfertigungen üblich ist.

Wird vom Verkauf zum Einkauf zurückgerechnet, handelt es sich um die **abbauende Kalkulation**. Es handelt sich hierbei um die konkurrenzorientierte Preisberechnung. Der Verkaufspreis ist dabei vom Markt vorgegeben, mit der Kalkulation werden die möglichen Einstandspreise berechnet. Dieser Weg ist bei gängigen Konsumgütern üblich.

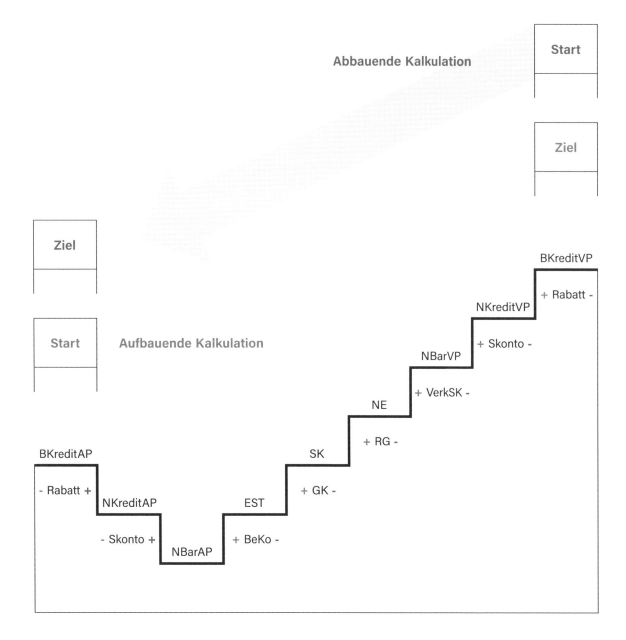

Im folgenden Beispiel kauft ein Grossist Handelswaren ein. Er erhält dabei einen Wiederverkaufs-rabatt und einen Mengenrabatt. Die Mehrwertsteuer ist im Katalogpreis des Lieferanten sowie in den Bezugskosten enthalten und wird aus dem Einstand mit Mehrwertsteuer (= 107,7 %) als Vor-steuer herausgerechnet. Der Nettoerlös wird errechnet, indem der Gemeinkosten- und der Reinge-winnzuschlag dazugezählt werden. Der Grossist verkauft an einen Detaillisten, der ebenfalls einen Wiederverkaufsrabatt und einen Mengenrabatt erhält. Die Mehrwertsteuer wird als Umsatzsteuer in den Nettoerlös eingerechnet.

Ausgangspunkt ist der Katalogpreis des Lieferanten mit CHF 1 200.– und Endpunkt beim Katalog-preis des Verkäufers von CHF 2500.–. Es handelt sich um eine aufbauende Kalkulation.

Beispiel vollständiges Kalkulationsschema, aufbauende Kalkulation

Katalogpreis (BKreditAP inkl. MWST)	CHF	1200.00	100 %		
- Wiederverkaufsrabatt	CHF	300.00	25 %		
Händlerankaufspreis	CHF	900.00	75 %	→	100 %
- Mengenrabatt	CHF	90.00			10 %
Rechnungsbetrag (NKreditAP)	CHF	810.00	100 %	←	90 %
- Skonto	CHF	16.20	2 %		
Zahlung an den Lieferanten (NBarAP)	CHF	793.80	98 %		
+ Bezugskosten (inkl. MWST)	CHF	67.80			
Einstand mit MWST	CHF	861.60	107,7 %		
- Vorsteuer	CHF	61.60	7,7 %		
Einstand ohne MWST	CHF	800.00	100 %	→	100 %
+ Gemeinkosten	CHF	400.00			50 %
Selbstkosten	CHF	1200.00	100 %	←	150 %
+ Reingewinn	CHF	120.00	10 %		
Nettoerlös ohne MWST	CHF	1320.00	110 %		
+ Verkaufssonderkosten ohne MWST	CHF	44.90			
NBarVP ohne MWST	CHF	1364.90	100 %		
+ Umsatzsteuer	CHF	105.10	7,7 %		
Kundenzahlung (NBarVP)	CHF	1470.00	107,7 %	→	98 %
+ Skonto	CHF	30.00			2 %
Rechnungsbetrag (NKreditVP)	CHF	1500.00	75 %	←	100 %
+ Mengenrabatt	CHF	500.00	25 %		
Händlerverkaufspreis	CHF	2000.00	100 %	→	80 %
+ Wiederverkaufsrabatt	CHF	500.00			20 %
Katalogpreis (BKreditVP inkl. MWST)	CHF	2500.00			100 %

Allgemeines Kalkulationsschema im Warenhandel

Vom Einkauf zum Verkauf, aufbauend

Start: Lieferant

BKreditAP (Katalogpreis inkl. MWST)

- Wiederverkaufsrabatt

= Händlerankaufspreis

- Mengenrabatt

= NKreditAP (Rechnungsbetrag)

- Skonto

= NBarAP (Zahlung an Lieferanten)

+ Bezugskosten inkl. MWST

= Einstand mit MWST

- Vorsteuer

= Einstand ohne MWST

+ Gemeinkosten

= Selbstkosten

+ Reingewinn

= Nettoerlös ohne MWST

+ Verkaufssonderkosten ohne MWST

= NBarVP ohne MWST

+ Umsatzsteuer

= NBarVP (Kundenzahlung inkl. MWST)

+ Skonto

= NKreditVP (Rechnungsbetrag inkl. MWST)

+ Mengenrabatt

= Händlerverkaufspreis

+ Wiederverkaufsrabatt

= BKreditVP (Katalogpreis inkl. MWST)

Ziel: Käufer

Vom Verkauf zum Einkauf, abbauend

Ziel: Lieferant

= BKreditAP (Katalogpreis inkl. MWST)

+ Wiederverkaufsrabatt

= Händlerankaufspreis

+ Mengenrabatt

= NKreditAP (Rechnungsbetrag)

+ Skonto

= NBarAP (Zahlung an Lieferanten)

- Bezugskosten inkl. MWST

= Einstand mit MWST

+ Vorsteuer

= Einstand ohne MWST

- Gemeinkosten

= Selbstkosten

- Reingewinn

= Nettoerlös ohne MWST

- Verkaufssonderkosten ohne MWST

= NBarVP ohne MWST

- Umsatzsteuer

= NBarVP (Kundenzahlung inkl. MWST)

- Skonto

= NKreditVP (Rechnungsbetrag inkl. MWST)

- Mengenrabatt

= Händlerverkaufspreis

- Wiederverkaufsrabatt

BKreditVP (Katalogpreis inkl. MWST)

Start: Käufer

Kapitel 1

Aufgaben

A 1.1   Karin Meili und Manuela Kaiser haben in den letzten beiden Jahren in Aarau die «Jeans-Boutique Mainstream GmbH» aufgebaut. Die kleine Boutique in der Altstadt ist spezialisiert auf Jeans und Accessoires.

Karin und Manuela berechnen – ausgehend von der letzten Erfolgsrechnung – die Preise für die neue Kollektion.

Aufwand	Erfolgsrechnung		Ertrag
Warenaufwand	303 000.–	Warenerlöse	600 000.–
Personalaufwand	174 000.–		
Raumaufwand	48 000.–		
Verwaltungsaufwand	6 000.–		
Werbeaufwand	9 000.–		
Sonstiger Betriebsaufwand	12 000.–		
Abschreibungen	36 750.–		
Finanzaufwand	4 650.–		
Reingewinn	**6 600.–**		
	600 000.–		600 000.–

a)   Erstellen Sie eine zweistufige Erfolgsrechnung in Berichtsform für die «Jeans-Boutique Mainstream GmbH».

b) Erstellen Sie die Gesamtkalkulation und berechnen Sie auf zwei Dezimalen genau:

b1) den Gemeinkostenzuschlag

b2) den Reingewinnzuschlag

b3) den Bruttogewinnzuschlag

b4) die Bruttogewinnquote

Einstand (EST)	CHF	%
+ Gemeinkosten (GK)	CHF	% b1)
Selbstkosten (SK)	CHF	% → %
+ Reingewinn (RG)	CHF	b2) %
Nettoerlös (NE)	CHF	%

Einstand (EST)	CHF	%
+ Bruttogewinn (BG)	CHF	% b3)
Nettoerlös (NE)	CHF	%

Einstand (EST)	CHF	%
+ Bruttogewinn (BG)	CHF	% b4)
Nettoerlös (NE)	CHF	100%

c) Berechnen Sie mit dem folgenden Raster, wie viel eine Jeans in der Boutique kostet, deren Einstandspreis CHF 72.75 beträgt. Frankenbeträge sind auf zwei Dezimalen genau zu runden.

Einstand (EST)	CHF	%
+ Gemeinkosten (GK)	CHF	%
Selbstkosten (SK)	CHF	% → %
+ Reingewinn (RG)	CHF	%
Nettoerlös (NE)	CHF	%

d) Berechnen Sie den Nettoerlös der Jeans aus Aufgabe c) mittels Bruttogewinnzuschlag.

Einstand (EST)	CHF	%
+ Bruttogewinn (BG)	CHF	%
Nettoerlös (NE)	CHF	%

A 1.2 Kreuzen Sie jeweils an, ob die Aussage richtig oder falsch ist. Berichtigen Sie falsche Aussagen auf der folgenden Zeile.

R **F**

a) ☐ ☐ Bruttogewinn = Nettoerlös - Einstand
Bruttogewinn = Reingewinn + Gemeinkosten

....

b) ☐ ☐ Selbstkosten - Gemeinkosten = Nettoerlös

....

c) ☐ ☐ Mit der Bruttogewinnquote kann aus dem Nettoerlös direkt der Einstandspreis berechnet werden.

....

d) ☐ ☐ Reingewinn + Einstand = Bruttogewinn

....

e) ☐ ☐ Mit dem Bruttogewinnzuschlag kann aus dem EST direkt der RG berechnet werden.

....

f) ☐ ☐ Nettoerlös - Reingewinn = Selbstkosten

....

g) ☐ ☐ Gemeinkosten = Bruttogewinn - Selbstkosten

....

h) ☐ ☐ Der Bruttogewinnzuschlag ergibt sich aus der Addition von Gemeinkosten- und Reingewinnzuschlag.

....

A 1.3   Ergänzen Sie in den folgenden Tabellen die fehlenden Zahlen.

a) Einstandspreis   CHF   110.00   100 %

  + Gemeinkosten   CHF _____   46 %

  Selbstkosten   CHF _____ _____ % →   100 %

  + Reingewinn   CHF _____   8 %

  Nettoerlös   CHF _____   _____ %

  Einstandspreis   CHF   110.00   100 %

  + Bruttogewinn   CHF _____   _____ %

  Nettoerlös   CHF _____   _____ %

b) Einstandspreis   CHF _____   100 %

  + Gemeinkosten   CHF _____   62 %

  Selbstkosten   CHF _____ _____ % →   100 %

  + Reingewinn   CHF _____   7 %

  Nettoerlös   CHF   702.05   _____ %

  Einstandspreis   CHF _____   100 %

  + Bruttogewinn   CHF _____   _____ %

  Nettoerlös   CHF   702.05   _____ %

c) Einstandspreis   CHF   505.00   100 %

  + Gemeinkosten   CHF _____   40 %

  Selbstkosten   CHF _____ _____ % →   100 %

  + Reingewinn   CHF _____   _____ %

  Nettoerlös   CHF _____   _____ %

  Einstandspreis   CHF   505.00   _____ %

  + Bruttogewinn   CHF _____   34 %

  Nettoerlös   CHF _____   100 %

A 1.4

a) Ein Trainingsanzug kostet im Einkauf CHF 165.20. Der Händler rechnet mit einem Reingewinnzuschlag von 8 % und einer Bruttogewinnquote von 44 %. Wie gross sind Nettoerlös in CHF und Gemeinkostenzuschlag in %?

Einstandspreis	CHF	.... %		
+ Gemeinkosten	CHF	.... %		
Selbstkosten	CHF	.... % →	.... %	
+ Reingewinn	CHF		.... %	
Nettoerlös	CHF		.... %	

Einstandspreis	CHF	.... %
+ Bruttogewinn(-quote)	CHF	.... %
Nettoerlös	CHF	.... %

b) Der Einstandspreis eines Fahrrads beträgt CHF 840.–. Der Reingewinnzuschlag beträgt 12 % und der Bruttogewinnzuschlag 62 %. Wie gross sind die Gemeinkosten in CHF und in %? Berechnen Sie zusätzlich die Bruttogewinnquote.

Einstandspreis	CHF	.... %		
+ Gemeinkosten	CHF	.... %		
Selbstkosten	CHF	.... % →	.... %	
+ Reingewinn	CHF		.... %	
Nettoerlös	CHF		.... %	

Einstandspreis	CHF	.... %
+ Bruttogewinn(-zuschlag)	CHF	.... %
Nettoerlös	CHF	.... %

Einstandspreis	CHF	.... %
+ Bruttogewinn(-quote)	CHF	.... %
Nettoerlös	CHF	.... %

A 1.5   Das Handelsunternehmen «XARA AG» weist in seiner Erfolgsrechnung folgende, alphabetisch aufgeführte Positionen aus (Beträge in CHF):

Abschreibungen	34 800.–	Raumaufwand	60 750.–
Ausserordentlicher Ertrag	32 200.–	Sonstiger Betriebsaufwand	9 680.–
Fahrzeugaufwand	18 100.–	Sozialversicherungsaufwand	45 820.–
Finanzaufwand	2 600.–	Verwaltungsaufwand	11 610.–
Liegenschaftsaufwand	39 990.–	Warenaufwand	801 300.–
Liegenschaftsertrag	53 570.–	Warenerlöse	1 416 650.–
Lohnaufwand	368 300.–	Werbeaufwand	28 260.–

a) Erstellen Sie eine gut gegliederte dreistufige Erfolgsrechnung in Berichtsform. Die Liegenschaft der «XARA AG» ist betriebsfremd.

b) Berechnen Sie die folgenden Prozentsätze auf zwei Dezimalen genau:

1. Gemeinkostenzuschlag

2. Reingewinnzuschlag

3. Bruttogewinnzuschlag

4. Bruttogewinnquote

c) Berechnen Sie mit den unter b) ermittelten Zuschlagssätzen und runden Sie auf den Rappen genau:

1. für den Artikel ST-PLUS mit dem Einstandspreis von CHF 346.– den Nettoerlös;

2. für den Artikel SIRIUS den Einstandspreis, wenn der Nettoerlös CHF 989.– beträgt;

3. für den Artikel DEGMAL den Reingewinn, wenn der Bruttogewinn CHF 120.– beträgt.

A 1.6   Die Umsatzzahlen des Artikels NT1 ergeben folgendes Bild:

Bruttogewinn CHF 40 000.–, der Bruttogewinnzuschlag beträgt 50 % des Einstandes. Der Reingewinnzuschlag beträgt 25 % der Selbstkosten.

a) Berechnen Sie die Gemeinkosten und den Gemeinkostenzuschlag.

b) Für das kommende Jahr wird mit einer Zunahme der Gemeinkosten um 10 % gerechnet. Bei welchem Verkaufsumsatz wird im nächsten Jahr ein um 5 % höherer Reingewinn als im Vorjahr erzielt bei gleichbleibendem Bruttogewinnzuschlag?

A 1.7*   Die «SNOW-DREAM AG» kalkuliert bei ihren Snowboards mit einem Reingewinnzuschlag von 15 % der Selbstkosten und einer Bruttogewinnquote von 70 % des Nettoerlöses.

a) Berechnen Sie den Gemeinkostenzuschlag in Prozent des Einstandswerts.

b) Die Selbstkosten der Snowboards betragen CHF 23 080.–, berechnen Sie deren Einstandspreis.

c) Im folgenden Jahr steigen die Gemeinkosten um 10 %. Der Verkaufspreis je Stück beträgt neu CHF 663.55. Wie viele Stück müssen verkauft werden, um den gleichen Reingewinn wie im Vorjahr erzielen zu können bei gleichbleibender Bruttogewinnquote?

A 1.8 Die «Max Straumann AG» kauft als Grossistin Marken-Elektrogeräte und vertreibt diese an Detaillisten oder Grossverteiler. Sie bezieht vom Produzenten «Klimalux» mobile Klimageräte für den Wiederverkauf. Sie erhält dabei folgende Einkaufskonditionen:

- 25 % Wiederverkaufsrabatt
- 5 % Mengenrabatt
- 2,25 % Skonto
- Bezugskosten: Transport zu Lasten des Käufers

Der Katalogpreis des Herstellers beträgt CHF 1500.– für das Klimagerät «Mobil Small». Für die Transportkosten vom Produzenten ins Lager (Bezugskosten) rechnet die «Max Straumann AG» mit CHF 55.30 je Gerät.

a) Mit welchem Einstandspreis pro Gerät rechnet die «Max Straumann AG»?

BKreditAP (Katalogpreis)	CHF _____	_____ %
- Wiederverkaufsrabatt	CHF _____	_____ %
Händlerankaufspreis	CHF _____	% → _____ %
- Mengenrabatt	CHF _____	_____ %
NKreditAP (Rechnung)	CHF _____	% ← _____ %
- Skonto	CHF _____	_____ %
NBarAP (Zahlung)	CHF _____	_____ %
+ Bezugskosten	CHF _____	
EST (pro Gerät)	CHF _____	

b) Die «Max Straumann AG» bestellt 15 Geräte. Verbuchen Sie für diesen Einkauf:
- den Rechnungseingang,
- die Bezahlung durch Banküberweisung und den Skonto,
- die Barzahlung der Transportkosten an den Spediteur.

Die Mehrwertsteuer wird bei diesem Vorgang nicht berücksichtigt.

Geschäftsfall	Soll	Haben	Betrag
Rechnungseingang			
Abzug Skonto			
Banküberweisung			
Barzahlung Bezugskosten			

A 1.9   Ergänzen Sie in den folgenden Tabellen die fehlenden Zahlen.

a)

BKreditAP	CHF	800.00	100 %		
- Rabatt	CHF	....	- 12 %		
NKreditAP	CHF	....	.... % →		100 %
- Skonto	CHF	....			- 2 %
NBarAP	CHF	....			.... %
+ Bezugskosten	CHF	34.20			
Einstandspreis	CHF	....			

b)

BKreditAP	CHF	....	100 %		
- Rabatt	CHF	....	- 10 %		
NKreditAP	CHF	....	.... % →		100 %
- Skonto	CHF	....			- 2 %
NBarAP	CHF	....			.... %
+ Bezugskosten	CHF	55.20			
Einstandspreis	CHF	937.20			

c)

BKreditAP	CHF	180.00	100 %		
- Rabatt	CHF	....	.... %		
NKreditAP	CHF	154.80	.... % →		100 %
- Skonto	CHF	....			.... %
NBarAP	CHF	150.15			.... %
+ Bezugskosten	CHF	....			
Einstandspreis	CHF	179.05			

d) BKreditAP   CHF ....   100 %

    - Rabatt   CHF ....   - 20 %

    NKreditAP   CHF .... % →   100 %

    - Skonto   CHF ....   - 3 %

    NBarAP   CHF   58.20   .... %

    + Bezugskosten   CHF   4.75

    Einstandspreis   CHF ....

A 1.10   a) Der Katalogpreis des Lieferanten beträgt CHF 215.–. Der Lieferant gewährt bei Barzah-
                  lung 3 % Skonto, und die Bezugskosten betragen CHF 18.50. Der Einstandspreis beläuft
                  sich auf CHF 193.70. Berechnen Sie den Rabatt in %.

    BKreditAP   CHF .... %

    - Rabatt   CHF .... %

    NKreditAP   CHF .... % →   .... %

    - Skonto   CHF .... %

    NBarAP   CHF .... %

    + Bezugskosten   CHF ....

    Einstandspreis   CHF ....

         b) Beim Einkauf eines bestimmen Artikels können 12 % Rabatt und 2 % Skonto abgezogen
             werden. Die Bezugskosten betragen CHF 34.45. Wie gross ist der Bruttokreditankaufs-
             preis, wenn der Einstandspreis CHF 767.50 beträgt?

    BKreditAP   CHF .... %

    - Rabatt   CHF .... %

    NKreditAP   CHF .... % →   .... %

    - Skonto   CHF .... %

    NBarAP   CHF .... %

    + Bezugskosten   CHF ....

    Einstandspreis   CHF ....

c) Beim Einkauf eines bestimmten Produkts können 24 % Wiederverkaufsrabatt, 8 % Mengenrabatt und 2 % Skonto abgezogen werden. Berechnen Sie den Gesamtabzug in Prozent des Bruttokreditankaufspreises (Berechnung auf Rappen genau).

BKreditAP	CHF	....	.... %	
- Wiederverkaufsrabatt	CHF	....	.... %	
Händlerpreis	CHF	....	.... % →	.... %
- Mengenrabatt	CHF	....		.... %
NKreditAP	CHF	....	.... % ←	.... %
- Skonto	CHF	....	.... %	
NBarAP	CHF	....	.... %	
BKreditAP	CHF	....	.... %	
- NBarAP	CHF	....	.... %	
Gesamtabzug	CHF	....	.... %	

A 1.11 Die «Spielland GmbH» verkauft in der Altstadt von Winterthur Spielwaren und Spiele. Sie bezieht die Spiele von einem Grossisten mit folgenden Einkaufskonditionen:

- 2,5 % Skonto
- 25 % Wiederverkaufsrabatt
- Bezugskosten: Transport zu Lasten des Käufers

a) Erstellen Sie auf einem separaten Blatt die Einkaufskalkulation für das Spiel «Fantasy», für das der Lieferant einen Listenpreis von CHF 35.– im Katalog aufführt. Die Transportkosten betragen CHF 1.75 pro Spiel. Die Mehrwertsteuer wird bei diesem Vorgang nicht berücksichtigt. Rechnen Sie auf den Rappen genau.

b) Führen Sie die Buchungssätze für die Lieferantenrechnung und die Bankzahlung auf, wobei vom Skonto Gebrauch gemacht wird. Die «Spielland GmbH» kauft 50 Spiele ein. Die Bezugskosten werden der Spedition bar bezahlt.

A 1.12   Der Bauer Ferdi Maurer verkauft Erdbeeren direkt ab Hof. Am Strassenrand macht er Werbung mit folgendem Plakat:

Für 4 Schalen muss der Kunde CHF 7.50 bezahlen.

a) Berechnen Sie den Prozentsatz der Preisermässigung.

b) Nennen Sie die Fachbezeichnung für diese Rabattart.

c) Wie hoch ist der Einstandspreis für eine Schale Erdbeeren?

A 1.13   Die «VENACO» bezieht von der Fruchtzentrale Mittelland 5000 Erdbeerschalen à 500 Gramm.

Mit der Fruchtzentrale Mittelland werden folgende Konditionen vertraglich vereinbart:
- Gutgewicht von 8 % (Ausfall für verdorbene Früchte)
- Listenpreis CHF 5.50 pro Kilo Erdbeeren
- Wiederverkaufsrabatt 17,5 %
- Transportkosten zu Lasten der Käuferin CHF 12.50 je 100 Kilogramm aufgegebenes Warengewicht. Die Transportkosten werden von der Fruchtzentrale in Rechnung gestellt.

a) Ermitteln Sie den Rechnungsbetrag für die Lieferung.

b) Berechnen Sie den Einstandspreis für eine Schale Erdbeeren à 500 Gramm. Die «VENACO» rechnet bei den gelieferten 5000 Schalen mit einem Ausschuss von 5 % wegen verdorbener Früchte.

A 1.14   Die «Fruit-Import» bestellt 1400 kg Ananas. Der Kaufpreis beträgt CHF 3.80 je Kilo mit Gutgewicht von 4 %, einem Wiederverkaufsrabatt von 22 % und einem Skonto von 2 %.

a) Die Ananassendung trifft ein und wird gewogen. Es sind 1350 kg Ananas angekommen. Ermitteln Sie den Einstandspreis pro Kilogramm für diese Lieferung. Alle Resultate sind auf zwei Dezimalen zu runden.

b) Welchen Betrag überweist die «Fruit-Import» an den Ananaslieferanten, wenn die Zahlungsfrist für den Skonto eingehalten wird?

A 1.15   Die «Sportfit AG» verkauft Sportgeräte an Fitnesscenter und Endkunden.

Das «Sportcenter Inline-Fitness» in Wohlen beabsichtigt 12 Indoorcycles «Tomahawk» bei der «Sportfit AG» zu kaufen.

Die «Sportfit AG» gewährt dem Sportcenter folgende Konditionen:

- 15% Mengenrabatt
- 2,5% Skonto
- Die Transport- und Montagekosten betragen pro Stück CHF 45.– zu Lasten des Käufers. Transport und Montage hat die «Sportfit AG» an einen Servicebetrieb ausgelagert.
- Der Nettoerlös beläuft sich auf CHF 1216.– für ein Indoorcycle «Tomahawk».

a) Zu welchem Katalogpreis offeriert die «Sportfit AG» das Indoorcycle «Tomahawk»? Erstellen Sie die Verkaufskalkulation für die «Sportfit AG».

NE (pro Stück)	CHF		
+ Verkaufssonderkosten	CHF		
NBarVP (Kundenzahlung)	CHF		%
+ Skonto	CHF		%
NKreditVP (Rechnung)	CHF	% →	%
+ Rabatt	CHF		%
BKreditVP (Katalogpreis)	CHF		%

b) Das «Sportcenter Inline-Fitness» hat 12 Geräte bestellt und zahlt in der gewährten Frist mit Skontoabzug. Verbuchen Sie für die Buchhaltung der «Sportfit AG»:

- den Rechnungsausgang,
- die Banküberweisung des Kunden und den Skontoabzug,
- den Rechnungseingang für Transport- und Montagekosten.

Die Mehrwertsteuer wird bei diesem Vorgang nicht berücksichtigt.

Geschäftsfall	Soll	Haben	Betrag
Rechnungsausgang			
Abzug Skonto			
Banküberweisung			
Rechnung Transport, Montage			

A 1.16   Die «Import AG» kann den Betrag von CHF 5600.– gemäss Rechnung folgendermassen an den Lieferanten begleichen:

«Bezahlung innert 30 Tagen netto, bei Bezahlung innert 10 Tagen nach Rechnungsstellung 2% Skonto»

Das folgende Schema zeigt, wie der Skonto als Prämie für früheres Zahlen funktioniert.

20 Tage früher zahlen = 2% Skonto als Prämie

Rechnungsstellung   10 Tage 2%   30 Tage netto

a) Bei der aufgeführten Zahlungsbedingung ist die Prämie 2% für 20 Tage früheres Zahlen. Der Skonto kann zum Vergleich mit alternativ möglichen Geldanlagen theoretisch auf ein Jahr mit 360 Tagen als Jahreszinsfuss umgerechnet werden.
Welchem theoretischen Jahreszinsfuss würde der Skonto von 2% für 20 Tage früheres Zahlen entsprechen?

b) Eine andere Zahlungskondition lautet:
«Bezahlung innert 60 Tagen netto, bei Bezahlung innert 10 Tagen nach Rechnungsstellung 2,5% Skonto»
Welchem theoretischen Jahreszinsfuss würde dieser Skonto entsprechen?

c) Lohnt es sich, die Rechnungen mit Skontoabzug zu zahlen? Begründen Sie Ihre Antwort.

A 1.17   Ergänzen Sie in den folgenden Tabellen die fehlenden Zahlen.

a) Nettoerlös   CHF   470.00

   + Verkaufssonderkosten CHF   15.10

   NBarVP   CHF   %

   + Skonto   CHF   2%

   NKreditVP   CHF   100% →   %

   + Rabatt   CHF   10%

   BKreditVP   CHF   100%

b) Nettoerlös   CHF ....

   + Verkaufssonderkosten   CHF   27.00

   NBarVP   CHF .... %

   + Skonto   CHF ....   2 %

   NKreditVP   CHF ....   100 % → .... %

   + Rabatt   CHF ....   12 %

   BKreditVP   CHF   2 400.00   100 %

c) Nettoerlös   CHF   722.00

   + Verkaufssonderkosten   CHF ....

   NBarVP   CHF   749.70   .... %

   + Skonto   CHF .... %

   NKreditVP   CHF   765.00   100 % → .... %

   + Rabatt   CHF .... %

   BKreditVP   CHF   850.00   100 %

d) Nettoerlös   CHF   3 180.00

   + Verkaufssonderkosten   CHF   44.20

   NBarVP   CHF .... %

   + Skonto   CHF .... %

   NKreditVP   CHF ....   100 % → .... %

   + Rabatt   CHF   210.00   .... %

   BKreditVP   CHF   3 500.00   100 %

A 1.18   a) Bei einem Artikel soll ein Nettoerlös von CHF 1650.– erzielt werden. Der Netto-
barverkaufspreis beträgt CHF 1690.–. Berechnen Sie den Bruttokreditverkaufspreis,
wenn die Kunden 2 % Skonto und 9 % Rabatt abziehen können.

Nettoerlös	CHF			
+ Verkaufssonderkosten	CHF			
NBarVP	CHF	.... %		
+ Skonto	CHF	.... %		
NKreditVP	CHF	.... % →	.... %	
+ Rabatt	CHF		.... %	
BKreditVP	CHF		.... %	

b) Ein Snowboard wird den Kunden für CHF 555.10 in Rechnung gestellt. Die Verkaufssonderkosten betragen CHF 24.–. Den Kunden werden 6 % Rabatt und 2 %
Skonto gewährt. Berechnen Sie den Nettoerlös und den Bruttokreditverkaufspreis.

Nettoerlös	CHF			
+ Verkaufssonderkosten	CHF			
NBarVP	CHF	.... %		
+ Skonto	CHF	.... %		
NKreditVP	CHF	.... % →	.... %	
+ Rabatt	CHF		.... %	
BKreditVP	CHF		.... %	

c) Ein Händler will einen Nettoerlös von CHF 1200.– erzielen. Er rechnet mit Verkaufssonderkosten von CHF 55.–. Wie viel beträgt der Katalogpreis, wenn er den Kunden
10 % Rabatt und 3 % Skonto gewährt?

Nettoerlös	CHF			
+ Verkaufssonderkosten	CHF			
NBarVP	CHF	.... %		
+ Skonto	CHF	.... %		
NKreditVP	CHF	.... % →	.... %	
+ Rabatt	CHF		.... %	
BKreditVP	CHF		.... %	

A 1.19   Die «Wood-Toy AG» verkauft Holzspielwaren an Detaillisten mit folgenden Konditionen:

- 2,5 % Skonto
- 25 % Wiederverkaufsrabatt
- 7,5 % Mengenrabatt
- Verkaufssonderkosten zu Lasten des Kunden: 5 % vom Nettoerlös

a) Der Katalogpreis für das Holzeisenbahnset «DIDI-Express» beträgt CHF 168.–. Erstellen Sie die Verkaufskalkulation für das Holzeisenbahnset «DIDI-Express». Mit welchem Nettoerlös rechnet die «Wood-Toy AG» für die Holzeisenbahn?

b) Kunde «Spielland GmbH» kauft 10 Holzeisenbahnsets ein. Führen Sie für diesen Verkauf die Buchungssätze für die Kundenrechnung und die Bezahlung (Überweisung auf das Bankkonto) auf. Der Skonto wird benützt. Die Verkaufssonderkosten müssen nicht verbucht werden. Die Mehrwertsteuer wird nicht berücksichtigt.

c) Ein Konkurrent der «Wood-Toy AG» bietet das Holzeisenbahnset «DIDI-Express» den Detaillisten zum Rechnungsbetrag von CHF 110.– an. Die «Wood-Toy AG» möchte den Mengenrabatt so anpassen, dass sie den Detaillisten die Holzeisenbahn auch zum Rechnungsbetrag von CHF 110.– anbieten kann. Welchen Mengenrabatt wird die «Wood-Toy AG» unter dieser Bedingung anbieten?

A 1.20*   Die «Max Straumann AG» kauft als Grossistin Marken-Elektrogeräte und vertreibt diese an Detaillisten oder Grossverteiler. Sie nimmt einen neuen Geschirrspüler in das Sortiment auf. Der Produzent – die «V-Cham» – bietet folgende Konditionen:

- 30 % Wiederverkaufsrabatt
- 15 % Mengenrabatt
- 1,5 % Skonto
- Bezugskosten: Transport zu Lasten des Käufers, CHF 68.85 pro Maschine

Der Katalogpreis des Herstellers beträgt CHF 700.– mit MWST für den neuen Geschirrspüler. Der GK-Zuschlag beträgt 75 % und der RG-Zuschlag 10 %.

Die «Max Straumann AG» gewährt ihren Kunden 2 % Skonto, 18 % Mengenrabatt und 20 % Wiederverkaufsrabatt. Die Verkaufssonderkosten betragen CHF 46.99.

Die Frankenbeträge sind rappengenau, das Schlussresultat auf 5 Rappen zu runden. Lösen Sie die Aufgaben auf der folgenden Seite:

a) Wie hoch ist der Katalogpreis, mit dem die «Max Straumann AG» den neuen Geschirrspüler anbietet?

b) Wie gross ist die abzuliefernde Mehrwertsteuer für das Gerät? Belegen Sie Ihre Antwort mit den entsprechenden Zahlen.

a) BKreditAP mit MWST (Katalogpreis)   CHF   700.00   %

   - Wiederverkaufsrabatt   CHF   %

Händlerankaufspreis   CHF   % →   %

   - Mengenrabatt   CHF   %

NKreditAP (Rechnungsbetrag)   CHF   % ←   %

   - Skonto   CHF   %

NBarAP   CHF   %

   + Bezugskosten inkl. MWST   CHF

Einstand mit MWST   CHF   %

   - Vorsteuer   CHF   %

Einstand ohne MWST   CHF   % →   %

   + Gemeinkosten   CHF   %

Selbstkosten   CHF   % ←   %

   + Reingewinn   CHF   %

Nettoerlös ohne MWST   CHF   %

   + Verkaufssonderkosten ohne MWST   CHF

NBarVP ohne MWST   CHF   %

   + Umsatzsteuer   CHF   %

NBarVP inkl. MWST (Kundenzahlung)   CHF   % ←   %

   + Skonto   CHF   %

NKredVP (Rechnungsbetrag)   CHF   % →   %

   + Mengenrabatt   CHF   %

Händlerverkaufspreis   CHF   % ←   %

   + Wiederverkaufsrabatt   CHF   %

BKreditVP inkl. MWST (Katalogpreis)   CHF   %

b) Umsatzsteuer   CHF

   - Vorsteuer   CHF

Abzuliefernde MWST   CHF

A 1.21 Der Bruttokreditverkaufspreis eines Artikels beträgt CHF 2250.–. Die Verkaufssonderkosten betragen CHF 44.80 und die Kunden können 12% Rabatt abziehen. Der Lieferant gewährt 22% Rabatt und 2% Skonto. Die Bezugskosten betragen CHF 33.40 und der Bruttogewinnzuschlag 64%. Wie gross ist der Katalogpreis des Lieferanten?

BKreditAP	CHF	..............%			
- Rabatt	CHF	..............%			
NKreditAP	CHF	..............%	→	..............%	
- Skonto	CHF			..............%	
NBarAP	CHF			..............%	
+ Bezugskosten	CHF				
Einstandspreis	CHF	..............%			
+ Bruttogewinn	CHF	..............%			
Nettoerlös	CHF	..............%			
+ Verkaufssonderkosten	CHF				
NBarVP	CHF	..............%			
+ Rabatt	CHF	..............%			
BKreditVP	CHF	..............%			

A 1.22 Die Bruttogewinnquote beträgt bei einem bestimmten Artikel 38%. Wie gross ist der entsprechende Bruttogewinnzuschlag?

		BG-Quote
Einstandspreis	CHF	..............%
+ Bruttogewinn	CHF	..............%
Nettoerlös	CHF	..............%

		BG-Zuschlag
Einstandspreis	CHF	..............%
+ Bruttogewinn	CHF	..............%
Nettoerlös	CHF	..............%

A 1.23 Der Bruttokreditankaufspreis eines Artikels beträgt CHF 5 400.–. Der Lieferant gewährt 8 % Rabatt. Die Bezugskosten betragen CHF 132.– und die Verkaufssonderkosten CHF 120.–. Die Bruttogewinnquote beträgt 32 %. Wie gross ist der Bruttokreditverkaufspreis, wenn die Kunden 10 % Rabatt und 2 % Skonto abziehen dürfen?

BKreditAP	CHF _____	_____ %	
- Rabatt	CHF _____	_____ %	
NBarAP	CHF _____	_____ %	
+ Bezugskosten	CHF _____		
Einstandspreis	CHF _____	_____ %	
+ Bruttogewinn	CHF _____	_____ %	
Nettoerlös	CHF _____	_____ %	
+ Verkaufssonderkosten	CHF _____		
NBarVP	CHF _____	_____ %	
+ Skonto	CHF _____	_____ %	
NKreditVP	CHF _____	_____ % →	_____ %
+ Rabatt	CHF _____		_____ %
BKreditVP	CHF _____		_____ %

A 1.24 Ein Artikel kostet im Einkauf CHF 820.–. Der Händler kalkuliert mit einer Bruttogewinnquote von 42 %. Die Kunden dürfen 2 % Skonto abziehen und erhalten beim Kauf von 10 Stück zusätzlich 1 Stück gratis. Berechnen Sie den Bruttokreditverkaufspreis.

Einstandspreis	CHF _____	_____ %	
+ Bruttogewinn	CHF _____	_____ %	
Nettoerlös	CHF _____	_____ % →	_____ %
+ Skonto	CHF _____		_____ %
NKreditVP	CHF _____		_____ % → _____ %
+ Rabatt	CHF _____		_____ %
BKreditVP	CHF _____		_____ %

A 1.25* Die Grossistin «Tronic AG» handelt mit elektronischen Artikeln. Für die Wetterstation «Weather-Pro» beträgt der Katalogpreis des Lieferanten CHF 137.63 inkl. 7,7% MWST.

Die folgenden weiteren Angaben zu dem Handelsartikel sind alphabetisch geordnet.

Ordnen Sie die Angaben entsprechend dem Ablauf vom Einkauf zum Verkauf.

Stellen Sie das Kalkulationsschema auf mit den Prozentstaffeln. Die Frankenbeträge sind rappengenau, Prozentsätze auf zwei Dezimalen zu runden.

Weisen Sie den Katalogpreis der «Tronic AG» inkl. 7,7% MWST aus.

- Bezugskosten   keine
- Gemeinkostenzuschlag   25%
- Kunden-Rabatt   12%
- Kunden-Skonto   2,25%
- Lieferanten-Rabatt   35%
- Lieferanten-Skonto   2%
- Reingewinnzuschlag   5%
- Umsatzsteuer   7,7%
- Verkaufssonderkosten   CHF 3.82
- Vorsteuer   7,7%

A 1.26* Vom Handelsartikel ST-Plus sind folgende Angaben bekannt:

- Umsatzsteuer 7,7%   CHF 38.50
- Vorsteuer 7,7%   CHF 15.40
- Skonto an Kunden   2%
- Kundenrabatt   15%
- keine Verkaufssonderkosten zu Lasten des Kunden
- Bruttogewinnquote   60%

Berechnen Sie für ein Stück ST-Plus folgende Grössen:
- Einstandspreis
- Bruttogewinn
- Nettoerlös
- Katalogpreis inkl. MWST
- Kundenzahlung inkl. MWST
- abzuliefernde MWST

A 1.27*   Die «Delicatessa AG» kauft 600 kg Kochbananen beim Schweizer Importeur zu folgenden Konditionen ein:

Katalogpreis	CHF 2.95 je Kilo (inkl. 2,5 % MWST)
Gutgewicht	5 %
Mengenrabatt	22,5 %
Skonto	2 %

Die «Delicatessa AG» rechnet mit einem Bruttogewinnzuschlag von 40 % und einer Umsatzsteuer von 2,5 %.

a) Berechnen Sie den Rechnungsbetrag für die Lieferung.

b) Berechnen Sie den Einstandspreis je Kilogramm in CHF (ohne MWST), wenn 580 kg das Lager der «Delicatessa AG» in verkaufsfähigem Zustand erreichen.

c) Berechnen Sie den Ladenpreis für 1 Kilogramm Kochbananen inkl. MWST.

d) Berechnen Sie die geschuldete Mehrwertsteuer für die Sendung.

e) Der Lieferant gewährt die 2 % Skonto zu folgender Bedingung:

«Skonto 2 % innert 10 Tagen, 60 Tage netto»

Die «Delicatessa AG» müsste zur Bezahlung der Rechnung den Bank-Kontokorrent überziehen, die Bank belastet Sollzinsen mit einem Zinsfuss von 6,75 %.

Lohnt sich der Skonto? Begründen Sie Ihre Antwort mit einer Berechnung.

A 1.28*   a) Die «Handels AG» gewährt ihren Kunden 25 % Verkaufsrabatt und 3 % Skonto bei Zahlung innert 30 Tagen. In die Nettoverkaufspreise sind $33^1/_3$ % Bruttogewinn vom Einstand einkalkuliert.

Der Lieferant der «Handels AG» gewährt 10 % Rabatt, die Bezugskosten betragen 5 % des Nettobarankaufspreises, die Mehrwertsteuer (Vorsteuer) beträgt 7,7 %.

Welchen Katalogpreis inkl. 7,7 % MWST könnte der Lieferant höchstens für diesen Artikel verlangen, wenn die «Handels AG» den Artikel ihren Kunden für CHF 3 250.– inkl. 7,7 % MWST anbieten will? Rechnen Sie rappengenau.

b) Mit welcher Schlüsselzahl ist der Katalogpreis des Lieferanten zu multiplizieren, damit die «Handels AG» direkt ihren Katalogpreis erhält?

A 1.29*   Von einem Warenhandelsunternehmen sind folgende Zahlen für die Artikelgruppe CASA bekannt:

▪ Gemeinkostenzuschlag	58 %
▪ Reingewinnzuschlag	12 %
▪ Bruttogewinn	CHF 273 208.–

a) Wie viele Gemeinkosten in Franken sind der Artikelgruppe CASA verrechnet worden?

b) Im nächsten Jahr steigen die Gemeinkosten um 15 %.

Wie hoch muss der Nettoerlös sein, wenn der gleiche Reingewinn wie im Vorjahr erzielt werden soll?

Kapitel 2

Fremde Währungen

In diesem Kapitel lernen Sie ...

► in Wechselkurstabellen zwischen Noten und Devisen sowie Ankauf und Verkauf zu unterscheiden.

► den Wechselkurs als Preis für eine ausländische Währung zu bestimmen.

► Beträge von ausländischer Währung in inländische Währung umzurechnen.

► Beträge von inländischer Währung in ausländische Währung umzurechnen.

Das Verbuchen von Geschäftsfällen mit fremden Währungen wird im Band 3 «Finanz- und Rechnungswesen – Vertiefungen» behandelt.

2 Fremde Währungen

2.1 Allgemeines

Einführungsbeispiel

Caroline Maurer ist Chefeinkäuferin im Modehaus «Modessa AG» in Frauenfeld. Sie fährt zu einer Prêt-à-Porter-Präsentation nach Paris. Deshalb wechselt sie bei der Thurgauer Kantonalbank 500 Schweizer Franken in Euro. Bei ihrer Rückkehr wechselt sie die restlichen EUR 125.– in Schweizer Franken. Wie viele Euro hat Caroline Maurer erhalten? Wie viele Schweizer Franken wurden ihr bei der Rückkehr ausbezahlt?

Die «Modessa AG» bestellt in Norwegen 20 Wintermützen und erhält eine Rechnung über 4 000 norwegische Kronen. Wie viele Schweizer Franken kosten die Wintermützen?

Die Schweiz unterhält zahlreiche Wirtschaftsbeziehungen mit dem Ausland. Sie sind ein wichtiger Lebensnerv für die Schweizer Wirtschaft. Der Wohlstand der Schweiz ist eine direkte Folge dieser aussenwirtschaftlichen Beziehungen, wie die zwei folgenden Beispiele zeigen.

Warenhandel

Schweizer Unternehmen kaufen ausländische Waren (= Import). Die ausländischen Waren sind in fremder Währung zu bezahlen. Schweizer Unternehmen verkaufen Waren (= Export) an ausländische Betriebe. Hierfür erhalten sie Geld in fremder Währung oder aber Geld in Schweizer Franken, welche die ausländischen Unternehmen getauscht haben.

Tourismus

Schweizer Touristen verbringen ihre Ferien im Ausland und benötigen dafür ausländische Zahlungsmittel. Sie tauschen Schweizer Geld in ausländisches Geld.

Ausländische Touristen verbringen ihre Ferien in der Schweiz. Sie tauschen ihre Währung in Schweizer Franken.

2.2 Grundlagen

Wirtschaftsbeziehungen mit dem Ausland sind nur möglich, wenn Schweizer Franken in fremdes Geld und umgekehrt getauscht werden können. Der Geldwechsel wird in der Schweiz grösstenteils von den Banken ausgeführt. Sie kaufen und verkaufen fremde Währungen. Als Grundlage dienen Noten- und Devisenkurse, welche die Banken täglich veröffentlichen.

Wechselkurstabelle für Noten und Devisen   12.3.2021

Länder und Währungen			Noten		Devisen bis CHF 25 000.–	
Bezeichnung	ISO	Einheit	Ankauf	Verkauf	Ankauf	Verkauf
Euro	EUR	1	1.083	1.144	1.090	1.128
US-Dollar	USD	1	0.890	0.974	0.911	0.945
Pfund Sterling	GBP	1	1.237	1.370	1.268	1.315
Japanische Yen	JPY	100	0.800	0.894	0.836	0.867
Australische Dollar	AUD	1	0.683	0.768	0.708	0.734
Dänische Kronen	DKK	100	14.113	15.721	14.643	15.194
Hongkong-Dollar	HKD	1	0.109	0.129	0.117	0.121
Kanadische Dollar	CAD	1	0.707	0.790	0.730	0.757
Neuseeländische Dollar	NZD	1	0.616	0.717	0.654	0.679
Norwegische Kronen	NOK	100	10.215	11.814	10.815	11.216
Schwedische Kronen	SEK	100	10.228	11.845	10.744	11.141
Singapur-Dollar	SGD	1	0.650	0.731	0.678	0.703
Südafrikanische Rand	ZAR	1	0.043	0.081	0.061	0.063
Thailändische Baht	THB	100	2.770	3.274	2.966	3.079
Ungarische Forint	HUF	100	0.252	0.352	0.297	0.308

In 19 europäischen Ländern hat der Euro die nationalen Währungen ersetzt und gilt als offizielles Zahlungsmittel. Zum «Euroland» gehören folgende Mitglieder der Europäischen Währungsunion (EWU): Belgien, Deutschland, Estland, Finnland, Frankreich, Griechenland, Irland, Italien, Lettland, Litauen, Luxemburg, Malta, Niederlande, Österreich, Portugal, Slowakei, Slowenien, Spanien und Zypern (Stand März 2021).

Der Euro ist auch offizielles Zahlungsmittel in Andorra, Monaco, San Marino und Vatikanstadt (Übernahme durch eine Währungsunion mit einem EWU-Land) sowie in Kosovo und Montenegro (durch unilaterale Übernahme).

Anhand des Euro-Kurses ❶ in Zürich auf Euroland (z. B. Paris) und des norwegischen Kronen-Kurses ❶ auf Norwegen (z. B. Oslo) werden im Folgenden die Wechselkurse mit fremden Währungen erklärt.

	Noten ❷		Devisen ❸	
	Ankauf ❹	Verkauf ❺	Ankauf	Verkauf
Euroland (EUR)	1.083	1.144	1.090	1.128
Norwegen (NOK)	10.215	11.814	10.815	11.216

❶ **Kurs:** Kursnotierung für EUR in Zürich.

Ein Kurs von 1.144 bedeutet, dass in Zürich für 1 Euro als Bargeld 1.144 Schweizer Franken bezahlt werden müssen (CHF 1.144 = EUR 1.–).

Der Kurs wird für 1 ausländische Einheit notiert, z. B. für

- Euro,
- Dollar (USA, Kanada, Australien) und
- Pfund (England).

Kursnotierung für NOK in Zürich.

Ein Kurs von 11.814 bedeutet, dass in Zürich für 100 norwegische Kronen als Bargeld 11.814 Schweizer Franken bezahlt werden müssen (CHF 11.814 = NOK 100.–).

Der Kurs wird für 100 ausländische Einheiten notiert, z. B. für

- Dänische Kronen (DKK),
- Schwedische Kronen (SEK) und
- Japanische Yen (JPY).

Unter dem Kurs versteht man den Preis in einheimischer Währung
- für 1 Einheit (z. B. Euro, Dollar und Pfund) oder
- für 100 Einheiten des ausländischen Zahlungsmittels.

❷ **Noten:** Der Notenkurs gelangt zur Anwendung, wenn Bargeld (Banknoten und Münzen) gewechselt wird.

❸ **Devisen:** Der Devisenkurs wird angewandt, wenn Transaktionen mit Buchgeld (Checks, Kreditkarten, Fremdwährungskonten, Überweisungen) abgewickelt werden.

❹ **Ankauf:** Die Bank kauft vom Bankkunden fremde Währungen, d. h., sie wechselt ausländische Zahlungsmittel in Schweizer Franken (auch Geldkurs genannt).

❺ **Verkauf:** Die Bank verkauft dem Bankkunden fremde Währungen, d. h., sie wechselt Schweizer Franken in ausländische Zahlungsmittel (auch Briefkurs genannt).

Ankaufs- und Verkaufskurs sind immer aus Sicht der Bank zu betrachten!

Rundungsregeln für das Rechnen mit fremden Währungen
- Schweizer Franken auf den Fünfer runden.
- Japanischer Yen auf einen Yen genau.
- Alle übrigen Währungen auf 2 Dezimalen genau.
- Kursberechnungen auf 2 bis 4 Dezimalen genau.

2.3 Umrechnung von ausländischer Währung in Schweizer Franken

Beispiel 1

Die Chefeinkäuferin der «Modessa AG» wechselt bei der Thurgauer Kantonalbank EUR 125.– in Schweizer Franken. Wie viele Schweizer Franken erhält sie?

Gemäss Wechselkurstabelle auf Seite 50 wendet die Bank den Kurs 1.083 an (EUR-Noten-Ankauf durch die Bank). Der Kurs bedeutet: EUR 1.– = CHF 1.083.

Die Berechnung erfolgt mittels Dreisatz:

1. EUR   1.– = CHF 1.083

2. EUR   125.– = $\dfrac{\text{CHF 1.083} \times \text{EUR 125.–}}{\text{EUR 1.–}}$ = **CHF 135.375** = **CHF 135.40**

Beispiel 2

Die «Modessa AG» bezieht aus Norwegen 20 Wintermützen zum Preis von NOK 200.– je Stück. Sie lässt über ihre Bank NOK 4000.– an den norwegischen Lieferanten überweisen. Wie viele Schweizer Franken haben die 20 Wintermützen gekostet?

Gemäss Wechselkurstabelle auf Seite 50 wendet die Bank den Kurs 11.216 an (NOK-Devisen-Verkauf durch die Bank). Der Kurs bedeutet: NOK 100.– = CHF 11.216.

Die Berechnung erfolgt mittels Dreisatz:

1. NOK   100.– = CHF 11.216

2. NOK   1.– = $\dfrac{\text{CHF 11.216}}{\text{NOK 100.–}}$

3. NOK   4000.– = $\dfrac{\text{CHF 11.216} \times \text{NOK 4000.–}}{\text{NOK 100.–}}$ = **CHF 448.64** = **CHF 448.65**

Die allgemeine Berechnungsformel lautet:

$$\textbf{Inländischer Währungsbetrag} = \frac{\textbf{Kurs} \times \textbf{ausländischer Währungsbetrag}}{\textbf{1 oder 100}}$$

2.4 Umrechnung von Schweizer Franken in ausländische Währung

Beispiel 1

Die Chefeinkäuferin der «Modessa AG» kauft bei der Kantonalbank für CHF 500.– Euro. Wie viele Euro erhält Caroline Maurer?

Gemäss Wechselkurstabelle auf Seite 50 wendet die Bank den Kurs 1.144 an (EUR-Noten-Verkauf durch die Bank). Der Kurs bedeutet: EUR 1.– = CHF 1.144.

Die Berechnung erfolgt mittels Dreisatz:

1. CHF 1.144 = EUR 1.–

2. CHF 1.– $= \dfrac{\text{EUR 1.–}}{\text{CHF 1.144}}$

3. CHF 500.– $= \dfrac{\text{EUR 1.– × CHF 500.–}}{\text{CHF 1.144}} = $ **EUR 437.06**

Beispiel 2

Ein Kunde kauft bei der Bank für CHF 400.– norwegische Kronen. Wie viele Kronen erhält der Kunde?

Gemäss Wechselkurstabelle auf Seite 50 wendet die Bank den Kurs 11.814 (NOK-Noten-Verkauf durch die Bank) an. Der Kurs bedeutet: NOK 100.– = CHF 11.814.

Die Berechnung erfolgt mittels Dreisatz:

1. CHF 11.814 = NOK 100.–

2. CHF 1.– $= \dfrac{\text{NOK 100.–}}{\text{CHF 11.814}}$

3. CHF 400.– $= \dfrac{\text{NOK 100.– × CHF 400.–}}{\text{CHF 11.814}} = $ **NOK 3 385.81**

Die allgemeine Berechnungsformel lautet:

$$\textbf{Ausländischer Währungsbetrag} = \frac{\textbf{1 oder 100 × einheimischer Währungsbetrag}}{\textbf{Kurs}}$$

2.5   Bestimmung des Wechselkurses

Beispiel 1

Die Kantonalbank belastet der «Modessa AG» für die Begleichung einer italienischen Lieferantenrechnung im Betrag von EUR 8 000.– den Gegenwert von CHF 8 960.–.

Der Kurs von Zürich auf Euroland (z. B. Mailand) ist zu berechnen: EUR 1.– = CHF X. Welchen Wechselkurs hat die Kantonalbank angewandt?

Die Berechnung erfolgt mittels Dreisatz:

1.   EUR   8 000.– = CHF 8 960.–

2.   EUR   1.– = $\dfrac{\text{CHF } 8\,960.\text{–} \times \text{EUR } 1.\text{–}}{\text{EUR } 8\,000.\text{–}}$ = **CHF 1.12**

Der Wechselkurs von 1.12 ist der Devisen- und der Verkaufskurs. Eine bargeldlose Überweisung wird zu den Devisenkursen berechnet. Die Bank hat der «Modessa AG» Devisen verkauft, die nach Italien überwiesen wurden.

Beispiel 2

Eine Schweizer Bank zahlt für 2 000 norwegische Kronen den Gegenwert von CHF 205.75.

Der Kurs von Zürich auf Oslo ist zu berechnen: NOK 100.– = CHF X.

Die Berechnung erfolgt mittels Dreisatz:

1.   NOK   2 000.– = CHF 205.75

2.   NOK   1.– = $\dfrac{\text{CHF } 205.75}{\text{NOK } 2\,000.\text{–}}$

3.   NOK   100.– = $\dfrac{\text{CHF } 205.75 \times \text{NOK } 100.\text{–}}{\text{NOK } 2\,000.\text{–}}$ = **CHF 10.2875**

Die allgemeine Berechnungsformel lautet:

$$\textbf{Wechselkurs} \quad = \quad \frac{\textbf{einheimischer Währungsbetrag} \times \textbf{100 (oder 1)}}{\textbf{ausländischer Währungsbetrag}}$$

Kapitel 2

Aufgaben

A 2.1   Vervollständigen Sie die nachfolgende Übersicht zu den fremden Währungen.

Land	Bezeichnung der Währung	Abkürzung (ISO-Code)	Kurs (Devisen Verkauf), Tabelle S.50	Kurs bezieht sich auf ... Einheiten
Euroland				
Dänemark				
Finnland				
Grossbritannien				
Irland				
Japan				
Kanada				
Norwegen				
Schweden				
USA				
Zypern				

A 2.2   Erklären Sie die nachfolgenden Kurse.

a) Kurs von 1.11 in Zürich auf Frankfurt

b) Kurs von 0.85 in Zürich auf Tokyo

c) Kurs von 0.92 in Zürich auf New York

d) Kurs von 909 in Oslo auf Zürich

e) Kurs von 0.92 in Brüssel auf Zürich

A 2.3 Beantworten Sie die folgenden Fragen zum Rechnen mit fremden Währungen.

a) Was versteht man unter dem Begriff «Kurs»?

b) Wann kommen die Noten-, wann die Devisenkurse zur Anwendung?

c) Wann kommen die Ankaufs-, wann die Verkaufskurse zur Anwendung?

d) Erklären Sie den Unterschied zwischen dem Ankaufs- und dem Verkaufskurs.

e) Die Zürcher Noten- und Devisenkurse für den USD notieren wie folgt:

Noten		Devisen	
Ankauf	Verkauf	Ankauf	Verkauf
0.895	0.989	0.925	0.962

1. Welcher Ankaufskurs ist vorteilhafter?

2. Warum ist der Ecart (= Spanne zwischen dem Ankaufs- und dem Verkaufskurs) bei den Notenkursen grösser als bei den Devisenkursen?

f) Welchen Kurs belastet die Post, wenn Sie im Ausland mit der Postcard bezahlen?

A 2.4 Setzen Sie die folgenden Kurse für dänische Kronen in das unten stehende Kursblatt ein: 14.278, 14.031, 14.961, 14.623.

Noten		Devisen	
Ankauf	Verkauf	Ankauf	Verkauf

A 2.5 Welchen Kurs wendet die Bank bei den nachfolgenden Geschäftsfällen an?

	Noten		Devisen	
	Ankauf (Geld)	Verkauf (Brief)	Ankauf (Geld)	Verkauf (Brief)
a) Ein Lehrling kauft bei der UBS für die Sommerferien Euro in bar.	☐	☐	☐	☐
b) Die Aargauer Kantonalbank überweist im Auftrag eines Kunden USD.	☐	☐	☐	☐
c) Ein Kaufmann löst bei der Raiffeisenbank einen Check in Euro ein.	☐	☐	☐	☐
d) Die Berner Kantonalbank verkauft einer Geschäftsfrau einen auf GBP lautenden Check.	☐	☐	☐	☐
e) Eine Touristin verkauft der CS die in den Ferien nicht gebrauchten NOK.	☐	☐	☐	☐
f) Ein japanischer Tourist verkauft der Valiant Bank Yen und erhält Schweizer Franken.	☐	☐	☐	☐

A 2.6   Lösen Sie die Aufgabe mit den Kursen auf Seite 50.

Für		bekomme ich:	muss ich bezahlen:	Für 100 Franken gibt es:
	Euro (Noten)			
	Dänische Kronen (Noten)			
	Englisches Pfund (Devisen)			
	US-Dollar (Devisen)			
	Japanische Yen (Devisen)			

A 2.7   Nehmen Sie die notwendigen Umrechnungen vor.
Verwenden Sie für die Teilaufgaben a – f die Verkaufskurse, für die Teilaufgaben g – k
die Ankaufskurse des nebenstehenden Kursblattes.

						Noten	**Ankauf**	**Verkauf**
a)	CHF	2 500.00	=	EUR	?	Australien	0.695	0.785
b)	CHF	42 000.00	=	USD	?	Dänemark	14.051	15.183
c)	CHF	555.60	=	JPY	?	England	1.235	1.375
d)	CHF	1 680.40	=	DKK	?	Euro	1.081	1.140
e)	CHF	9 842.00	=	NOK	?	Kanada	0.721	0.805
f)	CHF	12 000.00	=	CAD	?	Japan	0.805	0.854
g)	SEK	450 000.00	=	CHF	?	Norwegen	10.35	11.72
h)	GBP	9 800.00	=	CHF	?	Schweden	10.50	11.60
i)	NOK	2 080.00	=	CHF	?	USA	0.895	0.965
j)	EUR	34 000.00	=	CHF	?			
k)	AUD	8 888.00	=	CHF	?			

A 2.8   Berechnen Sie den Kurs aus Schweizer Sicht.

a)	CHF	1 314.00	=	EUR	1 200.00
b)	CHF	4 159.00	=	USD	4 250.00
c)	CHF	547.50	=	DKK	3 750.00
d)	CHF	1 198.00	=	GBP	911.20
e)	CHF	385.00	=	JPY	45 000.00

A 2.9   Petra Schüppi hat in Wien ein Ticket für ein Musical mit der VISA-Karte bezahlt. Das Ticket kostete EUR 175.–. Einen Monat später erhält sie von der Kartenorganisation die Belastung von CHF 199.15. Mit welchem Kurs hat VISA gerechnet?

A 2.10   Eine Schweizer Familie bucht Ferien in der Toskana für EUR 520.–. Der italienische Vermieter akzeptiert die Zahlung in Euro, Schweizer Franken oder mit der VISA-Karte (Abrechnung über eine Schweizer Bank in Lugano, Kreditkarte mit Devisenkurs).

Die Kurse der Schweizer Bank lauten:

	Noten			Devisen	
	Ankauf	Verkauf		Ankauf	Verkauf
Euroland	1.094	1.150		1.099	1.129

Die Kurse der Bank in Italien lauten:

	Noten	
	Ankauf	Verkauf
Schweiz	0.915	0.975

Der Vermieter rechnet mit einem Kurs von 0.90.

Welche der nachfolgenden Varianten ist für die Schweizer Familie die vorteilhafteste?

a) Zahlung in Euro (Wechsel in der Schweiz)

b) Zahlung in Euro (Wechsel in Italien)

c) Zahlung in Schweizer Franken

d) Zahlung mit der Kreditkarte

A 2.11   Sie essen in einem Restaurant im Elsass für EUR 51.80 und bezahlen mit einer 50- und einer 10-Franken-Note. Sie erhalten EUR 2.70 als Wechselgeld.

a) Mit welchem Kurs hat der französische Kellner gerechnet?

b) Welchen Kurs würde eine französische Bank wählen, wenn Sie Ihre Schweizer Franken wechseln würden?
   1) Devisen Geld
   2) Noten Brief
   3) andere Lösung; wenn ja: welche?

c) Wäre es für Sie vorteilhafter gewesen, Ihr Geld statt im Restaurant bei einer Bank in der Schweiz (Kurs 1.095) oder bei einer Bank in Frankreich (Kurs 0.919) zu wechseln?

A 2.12   Ein Schweizer Unternehmen hat Druckmaschinen im Wert von HUF 50 000 000.– nach Ungarn exportiert. Der Kurs betrug bei der Rechnungsstellung 0.316. Bei der Zahlung zwei Monate später war der Kurs auf 0.288 gesunken.

a) Mit welchem Erlös in CHF hat das Schweizer Unternehmen zum Zeitpunkt der Rechnungsstellung und der damaligen Kursnotierung gerechnet?

b) Welchen Betrag in CHF schreibt die Bank dem Schweizer Unternehmen für die Überweisung des ungarischen Kunden gut?

c) Wie gross ist der Verlust des Schweizer Unternehmens in Prozenten vom erwarteten Erlös bei Rechnungsstellung?

A 2.13   Die «Modessa AG» begleicht zwei Lieferantenrechnungen durch Banküberweisung:
- EUR 8750.– an «Esprit Europe», Düsseldorf
- THB 46 800.– an «Thai Fashion», Bangkok

Die Kurse der Schweizer Bank lauten:

		Noten		Devisen	
		Ankauf	Verkauf	Ankauf	Verkauf
Euroland	**EUR**	1.08	1.14	1.09	1.13
Thailand	**THB**	2.775	3.275	2.960	3.080

Mit wie vielen Schweizer Franken ist das Konto der «Modessa AG» belastet worden? Führen Sie beide Belastungsbeträge und das Total auf.

A 2.14   Zwei ausländische Kunden der «STEEL-TEMP» haben ihre Rechnungen beglichen:
- «Mécano SA», Lyon: EUR   12 650.–
- «SWM AB», Stockholm: SEK   166 400.–

Die Kurse der Schweizer Bank lauten:

		Noten		Devisen	
		Ankauf	Verkauf	Ankauf	Verkauf
Euroland	**EUR**	1.075	1.139	1.095	1.125
Schweden	**SEK**	10.225	11.840	10.745	11.140

Wie viele Schweizer Franken sind dem Konto der «STEEL-TEMP» gutgeschrieben worden? Führen Sie beide Gutschriftsbeträge und das Total auf.

A 2.15   Die «Novan AG», Baden, verkauft einen Artikel in Dänemark für DKK 900.–. In der Schweiz wird der gleiche Artikel für CHF 130.95 verkauft.

a) Zu welchem Betrag müsste der Artikel in Dänemark verkauft werden, um den gleichen Nettoerlös wie in der Schweiz zu erzielen, wenn der Kronen-Kurs in Zürich 15.25 beträgt?

b) Wie hoch dürfte der Kurs der dänischen Währung in Zürich sein, damit durch den Verkaufspreis von DKK 900.– ein Erlös von CHF 130.95 erzielt wird?

Kapitel 3

Kreditverkehr und Verluste aus Forderungen

In diesem Kapitel lernen Sie ...

► die Vorgänge bei Zahlungsverzögerungen von Kunden kennen.

► Verzugszinsen und Betreibungskosten zu verbuchen.

► endgültige Forderungsverluste zu verbuchen.

► das Konto «Forderungsverluste» als Ertragsminderungskonto zu führen und in der Erfolgsrechnung korrekt auszuweisen.

► nachträgliche Zahlungen von ausgebuchten Forderungen zu verbuchen.

► Wertberichtigungen für mögliche Forderungsverluste zu bilden und anzupassen.

Verluste aus Forderungen unter Berücksichtigung der Mehrwertsteuer werden im Band 3 «Finanz- und Rechnungswesen – Vertiefungen» behandelt.

3 Kreditverkehr und Verluste aus Forderungen

3.1 Allgemeines

Einführungsbeispiel

Die «Modessa AG» hat am 11. Januar der «Maurer AG» 200 T-Shirts geliefert, die mit dem Firmenlogo bedruckt worden sind. Die Lieferung wurde am gleichen Tag mit CHF 7000.– in Rechnung gestellt, zahlbar innert 30 Tagen. Was geschieht, wenn die Kundin nicht bezahlt oder überhaupt nicht bezahlen kann? Wie muss die «Modessa AG» vorgehen, damit sie zu ihrem Geld kommt? Welche Buchungen sind in diesem Zusammenhang notwendig?

Im Kontenrahmen KMU (Schweizer Kontenrahmen für kleine und mittlere Unternehmen in Produktion, Handel und Dienstleistung) sind für die Erfassung von ausgehenden und eingehenden Rechnungen verschiedene Konten vorgesehen. Unter anderem sind die folgenden Konten für die Forderungen (Bilanzgruppe Umlaufvermögen) und Verbindlichkeiten (Bilanzgruppe Fremdkapital) vorgesehen:

Aktiven	Bilanz per 31.12.20.1	Passiven
Umlaufvermögen		**Fremdkapital**
Forderungen L+L		**Verbindlichkeiten L+L**
Guthaben vom Verkauf von Gütern oder von der Erbringung von Dienstleistungen		Schulden vom Kauf von Gütern oder von der Beanspruchung von Dienstleistungen
Forderung Vorsteuer MWST 1170		**Verbindlichkeit MWST**
Guthaben von bezahlten Vorsteuern auf Waren- und Materialeinkäufen		Schulden von abzuliefernden Mehrwertsteuern (Umsatzsteuer abzüglich Vorsteuern)
Forderung Vorsteuer MWST 1171		**Verbindlichkeit Sozialversicherungen**
Guthaben von bezahlten Vorsteuern auf Investitionen und übrigen Aufwänden		Schulden von Sozialversicherungsbeiträgen (AHV/IV/EO/ALV, PK, UV)
Forderung Verrechnungssteuer		**Verbindlichkeit Verrechnungssteuer**
Guthaben von abgezogenen Verrechnungssteuern auf Kapitalerträgen		Schulden von Verrechnungssteuern auf ausbezahlten Dividenden

Der Kontenrahmen KMU enthält keine detaillierten Anweisungen für die Verbuchung von eingehenden und ausgehenden Rechnungen. In diesem Lehrmittel werden deshalb eingehende Rechnungen auf das Konto «Verbindlichkeiten aus Lieferungen und Leistungen» verbucht. Ausgehende Rechnungen werden auf das Konto «Forderungen aus Lieferungen und Leistungen» verbucht. Auf spezielle Konten werden die Mehrwertsteuer, die Verrechnungssteuer und ausstehende Sozialversicherungsbeiträge gebucht. Gemäss Art. 959a OR müssen Forderungen und Verbindlichkeiten gegenüber Beteiligten (z. B. Aktionäre) und gegenüber Beteiligungen (z. B. Tochtergesellschaften) in separaten Konten ausgewiesen werden.

3.2   Von der Kundenrechnung zum Forderungsausfall

Wenn der Kunde nicht (rechtzeitig) zahlt, muss ein aufwändiges Verfahren durchgeführt werden. Dieses Verfahren verursacht Kosten und kann sich über einen längeren Zeitraum erstrecken. In der Regel werden drei Mahnungen erstellt, bevor ein Betreibungsverfahren eingeleitet wird. Die Mahnungen erfolgen im Abstand von etwa einem Monat. Den Kunden muss jeweils eine angemessene Frist zur Begleichung der Rechnung eingeräumt werden. Dieser Ablauf ist in der Praxis üblich, aber nicht vorgeschrieben.

Sollte die Zahlung des Schuldners während des Mahnverfahrens nicht eintreffen, muss der Gläubiger seine Forderung mit rechtlichen Mitteln geltend machen. Der Gläubiger muss die Betreibung einleiten und dabei die Betreibungskosten vorauszahlen. Die Forderung des Gläubigers wird um die Verfahrenskosten erhöht. In einem weiteren Schritt wird bei Privatpersonen ein Pfändungsverfahren und bei Unternehmen ein Konkursverfahren durchgeführt, sofern die Zahlung in der Zwischenzeit nicht erfolgt ist. Konkursverfahren können mehrere Jahre dauern. Auf die Betreibungs- und Konkursverfahren wird in diesem Lehrmittel nicht im Detail eingegangen.

Ablauf des Inkassoverfahrens (Beispiel)

11.1.20.1		Lieferung mit Rechnung, zahlbar innerhalb 30 Tagen
2.3.20.1		1. Mahnung (Kontoauszug)
2.4.20.1		2. Mahnung
29.4.20.1		3. Mahnung (eingeschrieben)
25.5.20.1		Einleitung der Betreibung
5.10.20.1		Eröffnung des Konkursverfahrens
20.2 – 20.4		Abschluss des Konkursverfahrens, Auszahlung der Konkursdividende

Für den Gläubiger ist es häufig schwierig, ein optimales Vorgehen festzulegen. Einerseits möchte er seine Kunden nicht verärgern, andererseits möchte er seine Forderungsverluste möglichst tief halten. Mit der Prüfung der Kreditwürdigkeit (Bonität) der Kunden kann das Risiko von Forderungsverlusten reduziert werden. Der Gläubiger kann bei ungenügender Bonität des Schuldners eine Vorauszahlung oder laufende Teilzahlungen verlangen. Auch mit einem eher schnellen und konsequenten Mahnverfahren kann das Risiko verkleinert werden.

Warenlieferung und Rechnungsstellung
Die «Modessa AG» liefert am 11.1. mit dem Logo bedruckte T-Shirts an die «Maurer AG». Die Rechnung über CHF 7 000.– legt die «Modessa AG» der Lieferung bei; die «Maurer AG» bestätigt den Empfang der T-Shirts auf dem Lieferschein. Folgende Zahlungskonditionen wurden gewährt: Zahlbar innert 30 Tagen, rein netto.

Die «Modessa AG» verbucht die Kundenrechnung wie folgt:

Maurer AG, Rechnung	**Forderungen L+L / Warenerlöse**	**7000.-**

Zahlungsverzug und Mahnungen

Am 2.3. stellt die «Modessa AG» fest, dass die «Maurer AG» die Rechnung vom 11.1. immer noch nicht bezahlt hat. In der Zwischenzeit ist keine Beanstandung der Ware von der Kundin eingetroffen. Die «Maurer AG» hat auch keine Verlängerung der Zahlungsfrist verlangt. Die «Modessa AG» schickt der «Maurer AG» eine erste Mahnung. Darin und auch bei den folgenden Mahnungen werden der Schuldnerin keine Mahnkosten belastet. Üblicherweise werden in der Schweiz zwei weitere Zahlungserinnerungen versandt.

Maurer AG, Mahnungen	**keine Buchungen**

Zahlungsbefehl, Betreibung und Konkursverfahren

Nach der 3. Mahnung hat die Schuldnerin immer noch nicht bezahlt. Sie hat keine Verlängerung der Zahlungsfrist (Stundung) oder eine Zahlung in mehreren Teilbeträgen (Raten) verlangt. Nachdem die Zahlungsfrist der letzten Mahnung abgelaufen ist, leitet die «Modessa AG» die Betreibung gegen die Schuldnerin ein. Dafür muss die «Modessa AG» einen Kostenvorschuss an das zuständige Betreibungsamt überweisen, den sie jedoch von der Schuldnerin zurückfordern kann. Wenn die Betreibung erfolglos verläuft, wird der Verlust für den Gläubiger damit grösser. Der Kostenvorschuss wird folgendermassen verbucht:

Zahlung Kostenvorschuss	**Forderungen L+L / Bank**	**70.-**

Der «Maurer AG» wird vom Betreibungsamt ein Zahlungsbefehl zugestellt. Auch auf diese Zahlungsaufforderung reagiert die «Maurer AG» nicht. Mit dem anschliessenden Fortsetzungsbegehren wird die Betreibung der «Maurer AG» weitergeführt. Für das Fortsetzungsbegehren und das folgende Konkursverfahren fallen in der Praxis weitere Kosten an, die in diesem Lehrmittel nicht weiter berücksichtigt werden.

Das Konkursverfahren gegen die «Maurer AG» wird mit der Verwertung der Konkursmasse und der Verteilung des Konkurserlöses abgeschlossen. Die «Modessa AG» erhält eine Konkursdividende von 15 %. Das bedeutet, dass aus dem Verwertungserlös nur noch 15 % der Forderung bezahlt werden können und 85 % der Forderung endgültig verloren sind. Für den ungedeckten Teil der Forderung erhält der Gläubiger einen Verlustschein. Mit dem Abschluss des Konkursverfahrens wird die Aktiengesellschaft im Handelsregister gelöscht. Deshalb kann später die Forderung nicht mehr geltend gemacht werden.

Nach Abschluss des Verfahrens erstellt die Konkursverwaltung für die Forderung der «Modessa AG» die folgende Abrechnung:

Forderung «Modessa AG»

Rechnung vom 11.1.20.1	CHF	7000.-
Kostenvorschuss	CHF	70.-
Verzugszinsen	CHF	130.-
Gesamtforderung der «Modessa AG»	CHF	7200.-

Verteilung des Verwertungserlöses

Konkursdividende 15 %, Überweisung auf das Postkonto	CHF	1080.-
Verlustschein 85 %	CHF	6120.-

Diese Abrechnung löst verschiedene Buchungen aus. Die Rechnung und der Kostenvorschuss sind bereits verbucht. Den Verzugszins belastet das Konkursamt von Amtes wegen der Schuldnerin. Verzugszins, Überweisung und Forderungsausfall müssen verbucht werden.

Das Konto «Verluste aus Forderungen» (Debitorenverluste) gehört zur Kontenklasse 3, Betrieblicher Ertrag aus Lieferungen und Leistungen. Die Forderungsverluste vermindern im Allgemeinen den Ertrag, bei der «Modessa AG» als Handelsunternehmen im Speziellen die Warenerlöse. Das Konto «Verluste aus Forderungen» ist ein Minus-Ertragskonto und wird wie ein Aufwandskonto geführt.

Rechnung	**keine Buchung, da bereits verbucht**	
Kostenvorschuss	**keine Buchung, da bereits verbucht**	
Verzugszins	**Forderungen L+L / Finanzertrag**	**130.–**
Konkursdividende 15 %	**Post / Forderungen L+L**	**1080.–**
Definitiver Verlust 85 %	**Verluste aus Ford. / Forderungen L+L**	**6120.–**

Mit der Überweisung der Konkursdividende und der Zustellung des Verlustscheins wird das Verfahren abgeschlossen. Das Konto «Forderungen Maurer AG» weist einen Saldo von CHF 0.– aus, da die Forderung nicht mehr eingetrieben werden kann und der Vermögensausfall verbucht werden muss.

Soll	Ford. Maurer AG	Haben	Soll	Verluste aus Ford.	Haben
7000.–					
70.–					
130.–					
	1080.–				
	6120.–		6120.–		
	Ⓢ 0.–				Ⓢ 6120.–
7200.–	7200.–		6120.–		6120.–

In der Erfolgsrechnung wird das Konto «Verluste aus Forderungen» in der 1. Stufe als Ertragsminderung aufgeführt. Im Konto «Warenerlöse» sind verbuchte Rechnungen enthalten, die nicht bezahlt wurden. Das Konto «Verluste aus Forderungen» kann daher als Korrekturposten zu den Warenerlösen betrachtet werden.

Erfolgsrechnung der «Modessa AG» in Berichtsform, 1. Stufe

Warenerlöse	5119120.–	
- Verluste aus Forderungen	-6120.–	
Nettoerlös		5113000.–
- Warenaufwand		3240000.–
Bruttogewinn		1873000.–

Forderungsverluste haben auch einen Einfluss auf die Mehrwertsteuer. Weil der Kunde für die Warenlieferung oder die Dienstleistung weniger bezahlt, kann die Umsatzsteuer vermindert werden. Die entsprechenden Berechnungen und Buchungen werden im Band 3 der Lehrmittelreihe behandelt.

Privatpersonen werden meistens auf Pfändung betrieben. Das Betreibungsamt pfändet dabei einen Teil des Lohns oder Vermögensgegenstände und überweist den Erlös dem Gläubiger. Für den nicht gedeckten Teil der Forderung erhält der Gläubiger einen Verlustschein.

Zahlungsprobleme können jedoch auch mit einem privaten Nachlassvertrag ohne Mitwirkung des Betreibungsamtes gelöst werden. Der Gläubiger verzichtet dabei auf einen Teil der Forderung. Weil er keinen Verlustschein erhält, ist dieser Forderungsverzicht endgültig. Mit dieser Lösung kann der Schuldner seine Geschäftstätigkeit fortsetzen und der Gläubiger verliert keinen Kunden.

Weitere Buchungen

In Zusammenhang mit offenen Kundenrechnungen kommen in der Praxis auch andere Geschäftsfälle vor, die verbucht werden müssen. Bei Zahlungsschwierigkeiten können Schuldner und Gläubiger vereinbaren, dass Gegenstände an Zahlung gegeben werden oder die Forderung in ein Darlehen umgewandelt wird.

Für eine Warenlieferung schuldet ein Kunde der «Modessa AG» CHF 8700.–. Gemäss Vereinbarung übergibt der Kunde ein Fahrzeug im Wert von CHF 8000.– und zahlt den Restbetrag auf das Bankkonto der «Modessa AG».

Übernahme Fahrzeug	**Fahrzeuge / Forderungen L+L**	**8000.–**
Zahlung Restbetrag	**Bank / Forderungen L+L**	**700.–**

Ein anderer Kunde schuldet der «Modessa AG» CHF 1400.–. Da der Kunde grosse Zahlungsschwierigkeit hat, übernimmt die Gläubigerin Büromöbel im Wert von CHF 900.– und verzichtet auf den Rest des Guthabens.

Übernahme Büromöbel	**Mobiliar / Forderungen L+L**	**900.–**
Forderungsverzicht	**Verluste aus Ford. / Forderungen L+L**	**500.–**

Die «Modessa AG» bezieht von einem Kunden, der CHF 4100.– schuldet, Handelswaren im Wert von CHF 1500.–. Für die restliche Forderung wird ein Zahlungsaufschub von vier Monaten gewährt.

Übernahme Handelswaren	**Warenaufwand / Forderungen L+L**	**1500.–**
Zahlungsaufschub	**keine Buchung**	

Gegenüber einem guten Kunden hat die «Modessa AG» eine Forderung für eine Warenlieferung von CHF 9700.–. Da der Kunde momentan Liquiditätsprobleme hat, wird mit ihm vereinbart, dass die Forderung in ein Darlehen von CHF 10000.– umgewandelt wird. Der Differenzbetrag ist für die aufgelaufenen Verzugszinsen bestimmt.

Belastung Verzugszins	**Forderungen L+L / Finanzertrag**	**300.–**
Umwandlung in Darlehen	**Aktivdarlehen / Forderungen L+L**	**10000.–**

3.3   Nachträgliche Bezahlung der Forderung

Verlustscheine aus einer Betreibung auf Pfändung können während 20 Jahren dem Schuldner erneut zur Zahlung vorgelegt werden, wenn der Schuldner wieder zu Vermögen gekommen ist, z. B. durch eine Erbschaft oder einen Lottogewinn. Sofern die notwendigen Mittel vorhanden sind, überweist der Schuldner den Betrag des Verlustscheins oder einen Teilbetrag davon. Bei der Verbuchung sind zwei Fälle zu unterscheiden:

- Der Verlustschein wird im gleichen Rechnungsjahr bezahlt, in dem die Verbuchung des Forderungsverlusts erfolgt.
- Der Verlustschein wird in einem späteren Jahr bezahlt.

Begleichung der Schuld im gleichen Rechnungsjahr
Kunde G. Fortunato ist auf Pfändung betrieben worden. Der im März verbuchte Forderungsverlust und der Verlustschein lauten auf CHF 1340.–. Im November des gleichen Rechnungsjahres begleicht G. Fortunato nach einer Erbschaft die CHF 1340.– durch Banküberweisung.

Storno Forderungsverlust	**Forderungen L+L / Verluste aus Ford.**	**1340.–**
Bankgutschrift	**Bank / Forderungen L+L**	**1340.–**

Der gleiche Geschäftsfall kann auch in einem einzigen Buchungssatz verbucht werden:

Nachträgliche Zahlung	**Bank / Verluste aus Ford.**	**1340.–**

Begleichung der Schuld in späteren Rechnungsjahren
Kundin C. Lang ist auf Pfändung betrieben worden. Der verbuchte Forderungsverlust beträgt gemäss Verlustschein CHF 2180.–. Drei Jahre später begleicht die Schuldnerin nach einem Lottogewinn den ganzen Betrag durch Überweisung auf das Bankkonto des Gläubigers. Es handelt sich in diesem Fall um einen periodenfremden Ertrag, der in der Kontenklasse 8 zu verbuchen ist.

Nachträgliche Zahlung	**Bank / A.o. Ertrag**	**2180.–**

3.4   Wertberichtigung auf Forderungen (Delkredere)*

Die «Modessa AG» erstellt den ersten Jahresabschluss per 31. Dezember. Gemäss Inventar stehen zu diesem Zeitpunkt Kundenrechnungen von insgesamt CHF 300 000.– offen. Leider muss davon ausgegangen werden, dass im neuen Jahr ein Teil dieser Rechnungen nicht bezahlt wird. Es ist bekannt, dass einige Kunden bereits gemahnt werden mussten und einzelne Betreibungsverfahren hängig sind. Die mutmasslichen Forderungsverluste müssen geschätzt werden. Sie werden in der Regel mit einem bestimmten Prozentsatz der offenen Kundenrechnungen eingesetzt. In kleinen und mittleren Unternehmen ist es üblich und steuerlich ohne Weiteres erlaubt, das Ausfallrisiko auf 5 % der inländischen Forderungen festzulegen.

Aufgrund der Bilanzvorsicht müssen die mutmasslichen Forderungsverluste berücksichtigt werden. Die entsprechenden Forderungen bestehen am Bilanzstichtag noch, und es ist unklar, welche Forderungen nicht bezahlt werden. Deshalb werden die mutmasslichen Forderungsverluste nicht direkt bei den Forderungen abgezogen, sondern mit einem besonderen Konto «Wertberichtigung auf Forderungen» berücksichtigt. Dieses Konto wird unmittelbar nach den Forderungen aufgeführt und von diesen abgezogen. Die beiden Posten werden wie folgt in der Bilanz aufgeführt:

Aktiven		Bilanz (Auszug)		Passiven
Umlaufvermögen			**Fremdkapital**	
...			...	
Forderungen L+L	300 000.–		...	
WB Forderungen	-15 000.–	285 000.–	...	
...			...	
...				

Da es sich um den ersten Jahresabschluss handelt, bestand vor dem Abschluss noch keine Wertberichtigung auf Forderungen. Die «Modessa AG» hat die WB Forderungen mit der folgenden Buchung erstmals gebildet:

Bildung WB Forderungen   **Verl. Ford. / WB Ford.**   **15 000.–**

	Soll	WB Ford.	Haben	Soll	Verl. Ford.	Haben
31.12. Erstmalige Bildung Verl. Ford. / WB Ford.			15 000.–	15 000.–		
31.12. Abschluss	⑤ 15 000.–					
	15 000.–		15 000.–	15 000.–		

Mit dem Konto «Wertberichtigungen auf Forderungen» wird der Wert der «Forderungen L+L» um CHF 15 000.– verringert. Es ist ein Minus-Aktivkonto, das nach den Regeln eines Passivkontos geführt wird. Das Wertberichtigungskonto zeigt, mit wie vielen voraussichtlichen Verlusten auf den Forderungen gerechnet wird. Es stellt eine Rückstellung für mutmassliche, geschätzte Verluste aus Forderungen dar. Gleichzeitig werden mit dem Konto «Verluste aus Forderungen» der Verkaufserlös und damit auch der Gewinn um CHF 15 000.– verringert.

Erhöhung der Wertberichtigung Forderungen

Das Wertberichtigungskonto ist ein ruhendes Konto. Es wird während des Jahres nicht benutzt, sondern nur am Jahresende dem neuen Forderungsbestand angepasst.

Im zweiten Geschäftsjahr weist die «Modessa AG» am 31.12. einen Forderungsbestand von CHF 360 000.– aus. Das Forderungsausfallrisiko wird wieder mit 5% angesetzt, das ergibt einen neuen Wertberichtigungs-Saldo von CHF 18 000.–. Durch die Korrekturbuchung am 31.12. wird das Konto «WB Forderungen» dem neuen Saldo angepasst. Der Betrag für die Anpassung der Wertberichtigung kann wie folgt berechnet werden:

Bestand Forderungen L+L (offene Guthaben)	360 000.–
Ausfallrisiko 5% der Forderungen	↓
Notwendige Wertberichtigung	18 000.–
- Vorhandene Wertberichtigung	15 000.–
Anpassung der Wertberichtigung	+ 3 000.–

Die Wertberichtigung auf Forderungen wird mit der folgenden Buchung erhöht:

Erhöhung WB Forderungen **Verl. Ford. / WB Ford.** **3 000.–**

		Soll	WB Ford.	Haben	Soll	Verl. Ford.	Haben
1.1.	Eröffnung			AB 15 000.–			
31.12.	Erhöhung WB Forderungen Verl. Ford. / WB Ford.			3 000.–		3 000.–	
31.12.	Abschluss		Ⓢ 18 000.–				
			18 000.–	18 000.–			

Aktiven			Bilanz (Auszug)		Passiven
Umlaufvermögen			**Fremdkapital**		
...			...		
Forderungen L+L	360 000.–		...		
WB Forderungen	-18 000.–	342 000.–	...		
...			...		
...					

Verminderung der Wertberichtigung Forderungen

Im dritten Geschäftsjahr weist die «Modessa AG» am 31.12. einen Forderungsbestand von CHF 270 000.– aus. Das Ausfallrisiko wird wieder mit 5 % angesetzt. Die notwendige Wertberichtigung beträgt CHF 13 500.–. Da beim Abschluss weniger Kundenrechnungen offenstehen, kann die Wertberichtigung verkleinert werden.

Der Betrag für die Anpassung der Wertberichtigung kann wie folgt ermittelt werden:

Bestand Forderungen L+L (offene Guthaben)	270 000.–
Ausfallrisiko 5 % der Forderungen	↓
Notwendige Wertberichtigung	13 500.–
- Vorhandene Wertberichtigung	18 000.–
Anpassung der Wertberichtigung	- 4 500.–

Die Wertberichtigung auf Forderungen wird mit der folgenden Buchung vermindert:

Verminderung WB Forderungen   **WB Ford. / Verl. Ford.**   **4 500.–**

		Soll	WB Ford.	Haben	Soll	Verl. Ford.	Haben
1.1.	Eröffnung			AB 18 000.–			
31.12.	Vermind. WB Forderungen						
	WB Ford. / Verl. Ford.		4 500.–				4 500.–
31.12.	Abschluss		Ⓢ 13 500.–				
			18 000.–	18 000.–			

Aktiven		Bilanz (Auszug)		Passiven
Umlaufvermögen			**Fremdkapital**	
...			...	
Forderungen L+L	270 000.–		...	
WB Forderungen	- 13 500.–	256 500.–	...	
...			...	
...				

Merkpunkte zur Wertberichtigung auf Forderungen

- Im Konto «WB Forderungen» werden Rückstellungen für mutmassliche, zukünftige Forderungsverluste gebildet.

- Die «WB Forderungen» werden in der Regel in Prozenten der offenen Kundenrechnungen festgelegt.

- Beim Konto «WB Forderungen» handelt es sich um ein Minus-Aktivkonto. Es gelten die Buchungsregeln von Passivkonten.

- Die «WB Forderungen» werden in der Bilanz nach den «Forderungen aus L+L» aufgeführt und von diesen abgezogen.

- Das Konto «WB Forderungen» ist ein ruhendes Konto, das nur beim Jahresabschluss verwendet wird. Mit einer Buchung wird der Saldo der «WB Forderungen» angepasst.

- Das Gegenkonto von «WB Forderungen» ist immer das Konto «Verluste aus Forderungen».
  Erhöhung WB Forderungen: Verl. Ford. / WB Ford.
  Verminderung WB Forderungen: WB Ford. / Verl. Ford.

Kapitel 3

Aufgaben

A 3.1   Kreuzen Sie jeweils an, ob die Aussage richtig oder falsch ist. Berichtigen Sie falsche Aussagen auf der folgenden Zeile.

       R   **F**

a) ☐ ☐ Forderungsausfälle werden im Aufwandskonto «Verluste aus Forderungen» verbucht.

....

b) ☐ ☐ Verluste aus Forderungen bewirken eine Verringerung des Nettoerlöses und des Bruttogewinns.

....

c) ☐ ☐ Wird ein Verlustschein in der gleichen Rechnungsperiode noch beglichen, werden die Forderungsverluste reduziert.

....

d) ☐ ☐ Mahnungen werden immer verbucht, weil sie dem Gläubiger Kosten verursachen.

....

e) ☐ ☐ Der Forderungsausfall wird nach Abschluss des Mahnverfahrens verbucht.

....

f) ☐ ☐ Mit der Bonitätsprüfung wird die Kreditwürdigkeit eines Kunden beurteilt, um Zahlungsausfälle zu vermeiden.

....

g) ☐ ☐ Der Vorschuss der Betreibungskosten wird auf das Konto «Verwaltungsaufwand» gebucht.

....

h) ☐ ☐ Bevor die Betreibung eingeleitet werden kann, sind drei Mahnungen vorgeschrieben.

....

i) ☐ ☐ Verzugszinsen, welche Kunden zahlen müssen, werden auf das Konto «Finanzertrag» gebucht.

....

j) ☐ ☐ Eine Konkursdividende von 20 % bedeutet, dass 80 % der Forderung als Verlust zu verbuchen sind.

....

A 3.2 Verbuchen Sie die folgenden Geschäftsfälle eines Warenhandelsbetriebs im Journal. Führen Sie die aufgeführten Konten.

12.4. Für eine Warenlieferung wird die Rechnung an Kunde Franz Stähli über CHF 8 000.– versandt.

20.5. Kunde Franz Stähli zahlt nicht, die erste Mahnung wird ihm zugestellt.

24.6. Der Kunde hat die Rechnung immer noch nicht bezahlt, die zweite Mahnung wurde heute abgeschickt.

30.8. Die Betreibung gegen den Kunden Franz Stähli wird eingeleitet und der Kostenvorschuss von CHF 70.– wird durch Banküberweisung bezahlt.

22.11. Die Betreibung auf Pfändung gegen Franz Stähli ist abgeschlossen, das Betreibungsamt schickt folgende Abrechnung:

Ihre Forderung: Rechnung vom 12.4.	CHF	8 000.–
+ Kostenvorschuss	CHF	70.–
+ Verzugszinsen	CHF	80.–
Ihre Gesamtforderung	CHF	8 150.–
- Verwertungserlös, Bankgutschrift	CHF	1 500.–
Verlustschein	CHF	6 650.–

Die Bankgutschrift für den Erlös aus der Verwertung der gepfändeten Gegenstände, die Verzugszinsen und der Verlust sind zu verbuchen.

Datum	Soll	Haben	Betrag

Soll   Forderungen L+L   Haben   Soll   **Verluste aus Ford.**   Haben

A 3.3   a) Conny Sutter führt ein Einzelunternehmen und handelt mit elektronischen Bauteilen und Leitsystemen. Verbuchen Sie die folgenden Geschäftsfälle im Journal auf der folgenden Seite.

12.10.	Das Unternehmen liefert Elektroteile für CHF 28 900.50 gegen Rechnung an «Digitec».
13.10.	Eine Rechnung für die Versandspesen der Lieferung an «Digitec» von CHF 590.– trifft ein. Diese Kosten gehen zu Lasten des Unternehmens.
20.10.	«Digitec» schickt defekte Teile im Wert von CHF 2500.– zurück.
30.10.	Dem langjährigen Kunden «PH Electric» wird ein Darlehen von CHF 125000.– gewährt. Der Betrag wird durch die Bank überwiesen.
6.11.	Der Kunde «Home-Computer AG», Weinfelden, musste betrieben werden. Folgende Abrechnung vom Konkursamt trifft ein:

Forderung	CHF	2 390.00	(bereits verbucht)
+ Betreibungskosten	CHF	70.00	(bereits verbucht)
+ Verzugszinsen	CHF	89.00	
Gesamtforderung	CHF	2 549.00	

Die Konkursdividende von 25 % wird auf das Postkonto überwiesen.

15.11.	«Digitec» begleicht die Rechnung vom 12.10. unter Abzug der Rücksendung vom 20.10. und 2 % Skonto durch Überweisung auf das Bankkonto.
20.11.	«FELA Thundorf» liefert Leiterplatten für CHF 21878.95 gegen Rechnung.
1.12.	Nach der erfolglosen Pfändung von Dorothea Kummer hat das Unternehmen am 3.2. in diesem Jahr einen Verlustschein erhalten. Nun überweist die Kundin nachträglich CHF 789.95 auf das Postkonto.
31.12.	Gemäss Inventar beträgt der Warenvorrat Ende Jahr CHF 147240.–. Im Vorjahr betrug der Warenvorrat CHF 135900.–.

Datum	Soll	Haben	Betrag

b) Nennen Sie die Buchungen, die keinen Einfluss auf den Gewinn haben.

Datum	Soll	Haben	Betrag

A 3.4 Kreuzen Sie an, auf welches Konto und auf welcher Seite (Soll oder Haben) die folgenden Geschäftsfälle verbucht werden. Es sind eine oder mehrere Eintragungen möglich.

Nr.	Geschäftsfall	Ford. L+L		Verl. Ford.	
		Soll	Haben	Soll	Haben
1.	Der Kunde zahlt einen Teilbetrag durch Überweisung auf das Bankkonto.				
2.	Da eine Betreibung aussichtslos wäre, wird eine Forderung ausgebucht.				
3.	Ein Kunde gibt für eine Forderung Büromöbel an Zahlung.				
4.	Der Vorschuss der Betreibungskosten wird durch Banküberweisung bezahlt.				
5.	Einer Kundin wird nachträglich ein Rabatt von 10 % gewährt.				
6.	Die Konkursdividende von 17 % wird auf das Bankkonto überwiesen.				
7.	Ein Kunde zahlt nachträglich eine Forderung, die im gleichen Jahr ausgebucht wurde.				
8.	Aufgrund der Zahlungsverzögerung wird einer Kundin ein Verzugszins belastet.				
9.	Für den ungedeckten Teil einer Forderung trifft ein Verlustschein ein.				
10.	Eine Forderung wird in ein längerfristiges Darlehen umgewandelt.				

A 3.5   Geben Sie zu den folgenden Geschäftsfällen des Möbelhauses «Wohn-Komfort AG» die Buchungssätze an. Führen Sie das Konto «Verluste aus Forderungen».

1. Drei Schlafzimmereinrichtungen im Wert von CHF 12 500.– für das Hotel Seeblick werden in Rechnung gestellt.

2. Die «Sauter AG» liefert drei Kirschholztische für CHF 18 600.–. gegen Rechnung.

3. Marc Brunner bezieht eine neue Wohnwand, die heute ausgeliefert und mit CHF 3 400.– in Rechnung gestellt wird.

4. Das Behindertenwohnheim «Regenbogen» schuldet dem Möbelhaus seit mehreren Monaten CHF 5 300.–. Auch nach der dritten Mahnung steht die Rechnung noch offen. Nach intensiven Gesprächen wird ein Nachlassvertrag abgeschlossen, in dem auf 50 % der Forderung verzichtet wird. Die Restsumme wird heute auf das Bankkonto überwiesen.

5. Das Möbelhaus begleicht die Rechnung der «Sauter AG» (vgl. 2) unter Abzug von 2,5 % Skonto durch Banküberweisung.

6. Das Unternehmen musste die Kundin M. Klarer betreiben. Nun trifft ein Verlustschein für die gesamte Forderung von CHF 580.– ein.

7. Der Kunde F. Stark wurde vor zwei Jahren auf Pfändung betrieben. Heute überweist er auf das Postkonto seine Restschuld von CHF 1 340.– gemäss Verlustschein.

8. Marc Brunner (vgl. 3) wird gemahnt mit der Aufforderung, die offene Rechnung innert 30 Tagen zu bezahlen.

9. Gegen das Hotel Seeblick wird die Betreibung eingeleitet. Der Kostenvorschuss von CHF 100.– wird durch die Bank überwiesen.

10. Bezugskosten von CHF 150.– für Warenbezüge werden bar bezahlt.

11. Marc Brunner reagiert auf die Mahnungen nicht. Die Betreibung wird eingeleitet. Der Kostenvorschuss von CHF 70.– wird per Banküberweisung geleistet.

12. Das Möbelhaus hat die Kundin M. Klarer in diesem Frühjahr erfolglos betrieben (vgl. 6). Heute überweist M. Klarer den Betrag von CHF 580.– auf das Postkonto.

13. Das Betreibungsamt überweist den Verwertungserlös gemäss folgender Abrechnung über die Betreibung auf Pfändung gegen Marc Brunner:

Ihre Forderung gemäss Rechnung	CHF	3 400.–
+ Kostenvorschuss	CHF	70.–
+ Verzugszinsen	CHF	60.–
Ihre Gesamtforderung	CHF	3 530.–
- Verwertungserlös, Bankgutschrift	CHF	1 200.–
Verlustschein	CHF	2 330.–

14. Das Konkursverfahren gegen das Hotel Seeblick ist abgeschlossen. Verbuchen Sie die Abrechnung des Konkursamtes:

Ihre Forderung gemäss Rechnung	CHF	12 500.–
+ Kostenvorschuss	CHF	100.–
+ Verzugszinsen	CHF	160.–
Ihre Gesamtforderung	CHF	12 760.–

Konkursdividende: 20 % (Überweisung auf das Postkonto)
Verlustschein: 80 %

A 3.6   Welche Geschäftsfälle können zu den aufgeführten Buchungen geführt haben? Geben Sie jeweils einen möglichen Geschäftsfall im Zusammenhang mit Forderungen in Stichworten an.

	Buchungssatz	Geschäftsfall
a)	Ford. L+L / Warenerlöse	
b)	Bank / Ford. L+L	
c)	Verl. Ford. / Ford. L+L	
d)	Ford. L+L / Finanzertrag	
e)	Bank / Verl. Ford.	
f)	Ford. L+L / Bank	
g)	Warenerlöse / Ford. L+L	
h)	Fahrzeuge / Ford. L+L	
i)	Bank / A.o. Ertrag	
j)	Aktivdarlehen / Ford. L+L	

A 3.7   a) Erstellen Sie mit den folgenden Angaben eine dreistufige Erfolgsrechnung des Warenhandelsbetriebs «TRADE AG» in Kontenform. Die Reihenfolge des Kontenrahmens KMU ist einzuhalten. Die Liegenschaft wird überwiegend betriebsfremd genutzt.

Abschreibungen	44 800.–	Sonstiger Betriebsaufwand	13 100.–
Fahrzeugaufwand	12 100.–	Unterhalt und Reparaturen	5 100.–
Finanzaufwand	7 000.–	Verluste aus Forderungen	135 240.–
Finanzertrag	36 200.–	Verwaltungsaufwand	16 900.–
Liegenschaftsaufwand	62 800.–	Warenaufwand	1 562 600.–
Liegenschaftsertrag	75 400.–	Warenerlöse	2 450 000.–
Personalaufwand	441 400.–	Werbeaufwand	22 900.–
Raumaufwand	43 000.–		

Aufwand	Dreistufige Erfolgsrechnung	Ertrag

b) Die «TRADE AG» verkauft nur gegen Rechnung. Wie gross ist das Ausfallrisiko? Rechnen Sie zur Beantwortung dieser Frage aus, wie viele Prozente der Rechnungsbeträge nicht bezahlt worden sind, und beurteilen Sie das Ergebnis.

Ausfallrisiko:

....

....

Beurteilung:

....

....

A 3.8   Geben Sie zu den folgenden Geschäftsfällen des Warenhandelsbetriebs «D. Markholz» die Buchungssätze an. Führen Sie das Konto «Verluste aus Forderungen».

1. Der Geschäftsinhaber zahlt CHF 8 000.– bar auf das Bankkonto ein.

2. Eine Rechnung für Stelleninserate über CHF 2 370.– geht ein.

3. Die «Delta AG» schuldet CHF 8 900.– (bereits verbucht); sie wird heute gemahnt.

4. Mit dem Kunden R. Ebersmann wird ein Nachlassvertrag abgeschlossen: Forderungsverzicht von 25 % der Forderung von CHF 4 200.–. Der restliche Betrag wird in ein Darlehen umgewandelt.

5. Vor zwei Jahren ist das Betreibungsverfahren gegen den Kunden Frank Maier abgeschlossen worden. Nun überweist er CHF 1 500.– auf das Bankkonto.

6. An die «Xerag» werden Waren geliefert für CHF 6 900.– gegen Rechnung.

7. Der Kunde B. Möckli ist betrieben worden. Die verbuchte Gesamtforderung von CHF 3 600.– muss vollständig abgeschrieben werden, weil das Betreibungsamt beim Schuldner kein pfändbares Vermögen feststellen konnte.

8. Die «Xerag» sendet Waren im Wert von CHF 2 400.– wegen Qualitätsmängeln zurück.

9. Das Verfahren gegen die «Dreamline AG» ist abgeschlossen. Die Konkursverwaltung erstellt die folgende Abrechnung:

Ihre Forderung gemäss Rechnung	CHF	3 600.– (bereits verbucht)
+ Kostenvorschuss	CHF	70.– (bereits verbucht)
+ Verzugszinsen	CHF	30.–
Ihre Gesamtforderung	CHF	3 700.–

Konkursdividende: 12 % (Überweisung auf das Postkonto)

Verlustschein für den Restbetrag

10. Die «Xerag» (vgl. 6 und 8) überweist den Restbetrag unter Abzug von 2 % Skonto auf das Bankkonto.

11. Der Kostenvorschuss von CHF 70.– für die Einleitung der Betreibung gegen die «Delta AG» wird per Bank überwiesen.

12. Der Geschäftsinhaber kauft Kopierpapier für CHF 82.– gegen Barzahlung.

13. Die Rechnung für die Motorfahrzeughaftpflichtversicherung über CHF 882.50 trifft ein.

14. Das Konkursverfahren gegen die «Delta AG» (vgl. 3 und 11) wird mangels Aktiven eingestellt; die Forderung ist vollständig abzuschreiben.

A 3.9* Die «Electronix AG» beschliesst, am 31.12.20.1 eine Wertberichtigung auf den Forderungen einzuführen. Da sie vor allem Schweizer Kunden hat, wird mit einem Risikoansatz von 5% der Kundenforderungen gerechnet. Führen Sie auf dieser und den nächsten Seiten das Konto «Wertberichtigung auf Forderungen» für die Jahre 20.1 bis 20.3.

31.12.20.1
Der Saldo des Kontos «Forderungen L+L» am 31.12.20.1 beläuft sich auf CHF 250000.–. Die «Electronix AG» beschliesst, erstmals eine Wertberichtigung auf den Forderungen von 5% einzuführen.

Führen Sie das Konto «WB Forderungen» und tragen Sie den Buchungssatz ein. Füllen Sie das Bilanzformular aus.

		Soll	WB Ford.	Haben
1.1.	Eröffnung			AB 0.–
31.12.	Saldo Ford. L+L CHF 250000.–, WB auf Forderungen, Ansatz 5%			
31.12.	Abschluss des Kontos WB Ford.			

Datum	Soll	Haben	Text	Betrag

Aktiven		Bilanz (Auszug)	Passiven
Umlaufvermögen		**Fremdkapital**	
...		...	
Forderungen L+L		...	
WB Forderungen		...	
...		...	
...			

31.12.20.2

Der Saldo des Kontos «Forderungen L+L» am 31.12.20.2 beläuft sich auf CHF 310 000.–.
Die mutmasslichen Verluste aus Forderungen werden mit 5 % des Forderungsbestandes eingesetzt.

Führen Sie das Konto «WB Forderungen» und tragen Sie den Buchungssatz ein. Füllen Sie das Bilanzformular aus.

	Soll	WB Ford.	Haben
1.1. Eröffnung			
31.12. Saldo Ford. L+L CHF 310 000.–, WB auf Forderungen, Ansatz 5 %			
31.12. Abschluss des Kontos WB Ford.			

Datum	Soll	Haben	Text	Betrag

Aktiven　　　　　　Bilanz (Auszug)　　　　　　**Passiven**

Umlaufvermögen		Fremdkapital	
...		...	
Forderungen L+L	....	...	
WB Forderungen	....	...	
...		...	
...			

31.12.20.3

Der Saldo des Kontos «Forderungen L+L» am 31.12.20.3 beläuft sich auf CHF 270 000.–. Die mutmasslichen Verluste aus Forderungen werden mit 5 % des Forderungsbestandes eingesetzt.

Führen Sie das Konto «WB Forderungen» und tragen Sie den Buchungssatz ein. Füllen Sie das Bilanzformular aus. Geben Sie zusätzlich an, welchen Einfluss die Anpassung der Wertberichtigung auf den Gewinn des Jahres 20.3 hat.

	Soll	WB Ford.	Haben
1.1.	Eröffnung		
31.12.	Saldo Ford. L+L CHF 270 000.–, WB auf Forderungen, Ansatz 5 %		
31.12.	Abschluss des Kontos WB Ford.		

Datum	Soll	Haben	Text	Betrag

Aktiven — Bilanz (Auszug) — **Passiven**

Umlaufvermögen		Fremdkapital	
...		...	
Forderungen L+L	....	...	
WB Forderungen	....	...	
...		...	
...			

Einfluss auf den Gewinn im Jahr 20.3:

....

....

....

A 3.10*   Die Buchhaltung des Warenhandelsbetriebes «TRADE AG» weist für fünf aufeinander-
folgende Jahre die folgenden Werte aus. Füllen Sie für jedes Jahr in den Tabellen die
leeren Zellen aus.

Jahr 1

Bestand Ford. L+L	Bestand WB Ford.	WB-Ansatz in %	
1.1.: CHF 200 000.–	1.1.: CHF 0.–	0 %	
31.12.: CHF 250 000.–	31.12.: CHF	5 %	Buchungssatz mit Betrag:

Jahr 2

Bestand Ford. L+L	Bestand WB Ford.	WB-Ansatz in %	
1.1.: CHF	1.1.: CHF	.... %	
31.12.: CHF 200 000.–	31.12.: CHF	5 %	Buchungssatz mit Betrag:

Jahr 3

Bestand Ford. L+L	Bestand WB Ford.	WB-Ansatz in %	
1.1.: CHF	1.1.: CHF	.... %	
31.12.: CHF 300 000.–	31.12.: CHF	5 %	Buchungssatz mit Betrag:

Jahr 4

Bestand Ford. L+L	Bestand WB Ford.	WB-Ansatz in %	
1.1.: CHF	1.1.: CHF	.... %	
31.12.: CHF	31.12.: CHF 13 750.–	5 %	Buchungssatz mit Betrag:

Jahr 5

Bestand Ford. L+L	Bestand WB Ford.	WB-Ansatz in %	
1.1.: CHF	1.1.: CHF	.... %	
31.12.: CHF 225 000.–	31.12.: CHF 10 125.–	.... %	Buchungssatz mit Betrag:

A 3.11* Von einem Produktionsbetrieb sind die folgenden Zahlen im Zusammenhang mit den Forderungen der Jahre 20.1 bis 20.3 bekannt. Ergänzen Sie die fehlenden Zahlen in den Tabellen und geben Sie die Buchungssätze für die Anpassung der WB Forderungen an.

20.1

Bestand Forderungen L+L (offene Guthaben)	840 000.–
Ausfallrisiko 4% der Forderungen	↓
Notwendige Wertberichtigung	
- Vorhandene Wertberichtigung	38 000.–
Anpassung der Wertberichtigung	

Datum	Soll	Haben	Text	Betrag

20.2

Bestand Forderungen L+L (offene Guthaben)	
Ausfallrisiko 3% der Forderungen	↓
Notwendige Wertberichtigung	27 300.–
- Vorhandene Wertberichtigung	
Anpassung der Wertberichtigung	

Datum	Soll	Haben	Text	Betrag

20.3

Bestand Forderungen L+L (offene Guthaben)	
Ausfallrisiko 3,5% der Forderungen	↓
Notwendige Wertberichtigung	
- Vorhandene Wertberichtigung	
Anpassung der Wertberichtigung	+ 2 800.–

Datum	Soll	Haben	Text	Betrag

A 3.12*   Geben Sie zu den folgenden Geschäftsfällen eines Handelsunternehmens die Buchungssätze mit Beträgen an.

1. Gegen den Kunden Bielmann wird die Betreibung eingeleitet. Der Kostenvorschuss von CHF 80.– wird durch die Bank überwiesen.

2. Das Unternehmen belastet einem Kunden Verzugszinsen von CHF 230.–.

3. Das Betreibungsamt überweist nach Abschluss eines Verfahrens CHF 3100.– auf das Bankkonto; CHF 1600.– müssen abgeschrieben werden.

4. Die Rückstellung für mutmassliche Forderungsverluste wird um CHF 3700.– erhöht.

5. Eine Kundin, bei der das Unternehmen vor vier Jahren eine Forderung abschreiben musste, zahlt nachträglich CHF 800.– bar.

6. Gemäss Absprache mit einem Kunden wird das Guthaben des Handelsunternehmens von CHF 4500.– in ein Darlehen umgewandelt. Darin inbegriffen ist der noch nicht verbuchte Verzugszins von CHF 300.–.

7. Von einem anderen Kunden wird ein Fahrzeug im Wert von CHF 8000.– an Zahlung genommen. Auf den Rest der Forderung von insgesamt CHF 9100.– muss verzichtet werden.

8. Da eine Betreibung offensichtlich erfolglos wäre, bucht das Unternehmen eine Forderung von CHF 420.– gegenüber einer Kundin aus.

9. Nachdem das Unternehmen die Forderung zu Beginn des Jahres abgeschrieben hat, gibt der Schuldner nun Waren im Wert von CHF 1400.– an Zahlung.

10. Die WB Forderungen können um CHF 1700.– vermindert werden.

Nr.	Soll	Haben	Betrag

Kapitel 4

Abschreibungen

In diesem Kapitel lernen Sie ...

▶ den Zweck und die Auswirkungen von Abschreibungen zu verstehen.

▶ die Anschaffungskosten zu berechnen.

▶ die Abschreibungen nach der linearen und degressiven Methode zu berechnen.

▶ die Abschreibungen direkt und indirekt zu verbuchen.

▶ die Konten von Sachanlagen zu führen und abzuschliessen.

▶ die Verkäufe von Anlagen zu verbuchen.

4 Abschreibungen

4.1 Einführung

Einführungsbeispiel

Roman Meierhofer hat im Januar ein Taxiunternehmen in Baden gegründet. Es handelt sich um ein Einzelunternehmen. Zur Geschäftseröffnung hat der Inhaber ein neues Fahrzeug für CHF 44000.– gekauft. Beim Jahresabschluss überlegt sich Roman Meierhofer, mit welchem Betrag dieses Fahrzeug in die Bilanz übernommen werden soll. Zusätzlich überlegt er sich, wann der entsprechende Aufwand verbucht werden soll und wie er den späteren Ersatz dieses Autos finanzieren kann.

Der Geschäftsinhaber hat folgenden provisorischen Abschluss erstellt. Der Zahlungsverkehr ist vollständig verbucht worden und die Geldkonten sind abgestimmt.

Aktiven	Bilanz 20.1 provisorisch		Passiven
Kasse	1400.–	Verbindlichkeiten L+L	18300.–
Bank	38300.–	Passivdarlehen	63300.–
Forderungen L+L	22100.–	**Reingewinn**	**24200.–**
Fahrzeuge	44000.–		
	105800.–		105800.–

Aufwand	Erfolgsrechnung 20.1 provisorisch		Ertrag
Personalaufwand	72600.–	Ertrag Fahrten	122100.–
Raumaufwand	1800.–		
Fahrzeugaufwand	14300.–		
Sonstiger Betriebsaufwand	9200.–		
Abschreibungen	0.–		
Reingewinn	**24200.–**		
	122100.–		122100.–

4.2   Zweck von Abschreibungen

Der Geschäftsinhaber rechnet damit, dass er das Fahrzeug nach vier Jahren ersetzen muss. Das heisst, der Wert des Autos muss jährlich um CHF 11000.– (¼ des Kaufpreises) vermindert werden. Das Fahrzeug wird deshalb folgendermassen abgeschrieben:

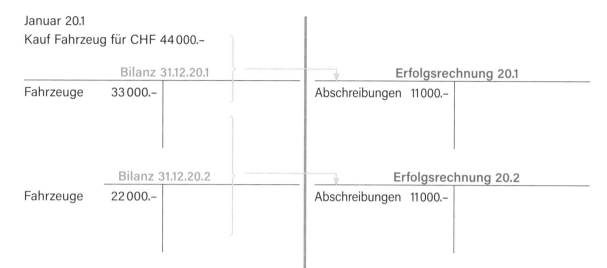

Januar 20.1
Kauf Fahrzeug für CHF 44000.–

Bilanz 31.12.20.1		Erfolgsrechnung 20.1	
Fahrzeuge 33000.–		Abschreibungen 11000.–	

Bilanz 31.12.20.2		Erfolgsrechnung 20.2	
Fahrzeuge 22000.–		Abschreibungen 11000.–	

Das Fahrzeug verliert wegen der Abnützung, Alterung und der allgemeinen technologischen Entwicklung ständig an Wert. Wenn nach einem Jahr immer noch der Kaufpreis in der Bilanz stehen würde, wäre das Auto überbewertet. Der Wert in der Bilanz muss deshalb jedes Jahr angepasst werden. Am Ende der Nutzungsdauer muss der Wert CHF 0.– betragen.

Der Wert des Fahrzeugs nimmt im Laufe der Zeit ab. Diese Wertverminderung der Anlagen muss als Aufwand (= Wertverzehr) berücksichtigt werden. Mit den Abschreibungen wird der entsprechende Aufwand auf die Nutzungsdauer verteilt. In den einzelnen Jahren kann der richtige Erfolg ausgewiesen werden.

Nachdem die notwendigen Abschreibungen gebucht wurden, ergeben sich folgende Zahlen im bereinigten Abschluss.

Aktiven	Bilanz 20.1 bereinigt		Passiven
Kasse	1400.–	Verbindlichkeiten L+L	18300.–
Bank	38300.–	Eigenkapital	63300.–
Forderungen L+L	22100.–	**Reingewinn**	**13200.–**
Fahrzeuge	33000.–		
	94800.–		94800.–

Der Wert des Autos nimmt im ersten Jahr um CHF 11000.– (¼ des Kaufpreises) ab. Damit vermindert sich das gesamte Vermögen und auch der Reingewinn um diesen Betrag.

Aufwand	Erfolgsrechnung 20.1 bereinigt		Ertrag
Personalaufwand	72 600.–	Ertrag Fahrten	122 100.–
Raumaufwand	1 800.–		
Fahrzeugaufwand	14 300.–		
Sonstiger Betriebsaufwand	9 200.–		
Abschreibungen	11 000.–		
Reingewinn	**13 200.–**		
	122 100.–		122 100.–

Die Vermögensabnahme, die durch die Wertverminderung des Fahrzeugs entstanden ist, bewirkt in der Buchhaltung einen Aufwand. Dieser Aufwand führt zu keinem Geldabfluss, das heisst, er ist nicht liquiditätswirksam. Der ausgewiesene Reingewinn wird jedoch um CHF 11 000.– kleiner. Aufgrund des kleineren ausgewiesenen Gewinns kann einerseits weniger Gewinn an den Geschäftsinhaber ausbezahlt werden, andererseits werden die Abschreibungen als Aufwand in die Verkaufspreise einkalkuliert. Das führt zu einem zusätzlichen Mittelzufluss von den Kunden.

> Abschreibungen stellen in der Buchhaltung Aufwände dar und führen zu einem kleineren Gewinn. Abschreibungen sind aber keine Ausgaben, das heisst, sie müssen nicht bezahlt werden (sind nicht liquiditätswirksam).

Mithilfe von Abschreibungen werden liquide Mittel im Unternehmen zurückbehalten, die für die Finanzierung von späteren Ersatzinvestitionen verwendet werden können. Am Ende der Nutzungsdauer einer Anlage sollte das Unternehmen so viel «gespart» haben, dass sie den Kauf einer neuen Sachanlage mit eigenem Geld zahlen kann.

> **Abschreibungen erfüllen folgende Zwecke:**
> 1. Anpassung der Bilanzwerte von Sachanlagen
> 2. Verteilung des Aufwandes auf die Nutzungsdauer (richtiger Erfolgsausweis)
> 3. Förderung der Selbstfinanzierung (Zurückbehalten von liquiden Mitteln für Ersatzinvestitionen)

Die Höhe der Abschreibungen steht häufig nicht eindeutig fest. Wenn in den ersten Jahren überhöhte Abschreibungen vorgenommen wurden, besteht danach ein gewisser Spielraum. Die Steuerbehörde lässt relativ hohe Abschreibungen zu. Deshalb werden in der Praxis die Abschreibungen häufig auch für die Beeinflussung des Ergebnisses und damit zur Steueroptimierung gebraucht.

4.3   Berechnung der Anschaffungskosten

Damit die Abschreibungen berechnet und verbucht werden können, muss zuerst der Ausgangswert (= Anschaffungskosten) bestimmt werden. Dabei geht man von der Rechnung des Lieferanten
aus. Wenn bei dieser Rechnung Rabatte oder Skonti abgezogen werden können, müssen diese bei
der Berechnung der Anschaffungskosten ebenfalls abgezogen werden. Konsequenterweise werden
Rabatte und Skonti im Haben des entsprechenden Anlagekontos gebucht. Sofern die bezahlte Mehrwertsteuer als Vorsteuer geltend gemacht werden kann, muss sie ebenfalls abgezogen werden. Die
Kosten, die im direkten Zusammenhang mit der Beschaffung stehen, müssen dagegen hinzugerech-
net werden. Dazu zählen insbesondere die Kosten für den Transport und die Installation der Anlage.
Diese Kosten werden dann im Soll des betreffenden Anlagekontos gebucht.

Beispiel: Kauf einer Büroeinrichtung
In einem späteren Jahr kauft Taxiunternehmer Roman Meierhofer eine neue Büroeinrichtung für
CHF 25 800.–. Zusätzlich muss er die Transportkosten von CHF 780.– bezahlen. Nachträglich kann
er auf der Rechnung des Lieferanten 10 % Rabatt abziehen.

Rechnung des Lieferanten	25 800.–
- 10 % Rabatt	- 2 580.–
+ Transport	+ 780.–
Anschaffungskosten	24 000.–

Die Buchungen lauten:

Rechnung Büroeinrichtung	**Mobiliar / Verb. L+L**	**25 800.–**
Barzahlung Transportkosten	**Mobiliar / Kasse**	**780.–**
10 % Rabatt	**Verb. L+L / Mobiliar**	**2 580.–**
Zahlung Restbetrag	**Verb. L+L / Bank**	**23 220.–**

> **Berechnung des Anschaffungswerts von Anlagen**
> Kaufpreis brutto (Rechnung des Lieferanten)
> -   Rabatt und/oder Skonto des Lieferanten
> -   Mehrwertsteuer (falls Vorsteuer geltend gemacht werden kann)
> + Transport, Installation der Anlage
> = Anschaffungswert (= Betrag, der abgeschrieben wird)

Kleinere Anschaffungen werden jeweils direkt als Aufwand verbucht, auch falls sie längere Zeit
verwendet werden können. In der Praxis ist es in kleineren Unternehmen üblich, Anschaffungen ab
CHF 1000.– zu aktivieren, das heisst auf ein entsprechendes Aktivkonto zu buchen. In grösseren
Unternehmen kann diese Grenze höher festgelegt werden. Somit sind zwei Voraussetzungen für die
Aktivierung erforderlich:
- Gegenstand kann längere Zeit genutzt werden (Investitionsgut).
- Anschaffungskosten betragen mindestens CHF 1000.–.

4.4   Berechnung der Abschreibungen

Welche Abschreibungsbeträge sollen in den einzelnen Jahren bei der Büroeinrichtung mit einem Anschaffungswert von CHF 24 000.– berücksichtigt werden? Wie werden die Abschreibungen von insgesamt CHF 24 000.– (= Anschaffungswert) auf die Jahre verteilt?

Lineare Abschreibung

Der Taxiunternehmer rechnet mit einer Nutzungsdauer der Büroeinrichtung von 8 Jahren. Die Abschreibung kann gleichmässig über die Jahre verteilt erfolgen. Das bedeutet, dass jedes Jahr ⅛ oder 12,5 % des Anschaffungswerts von CHF 24 000.– abgeschrieben werden. Diese Berechnungsmethode wird lineare Abschreibung (gleichbleibende Abschreibung) genannt.

Berechnung des Abschreibungsbetrages:

$$\frac{\text{Anschaffungskosten}}{\text{Jahre Nutzungsdauer}} = \textbf{Abschreibungen pro Jahr}$$

Berechnung des Prozentsatzes:

$$\frac{100\,\%}{\text{Jahre Nutzungsdauer}} = \textbf{Abschreibungen in \% der Anschaffungskosten}$$

Degressive Abschreibung

Da in den ersten Jahren die Wertverminderung häufig am grössten ist, kann es sinnvoll sein, von Jahr zu Jahr kleinere Beträge abzuschreiben. Für die Berechnung der Abschreibungen geht man in diesem Fall vom Buchwert aus (= aktueller Wert des Anlageobjekts in der Buchhaltung). Da der Buchwert von Jahr zu Jahr sinkt, muss ein grösserer Prozentsatz als bei der linearen Abschreibung verwendet werden. Die Berechnung erfolgt in der Regel mit einem doppelt so hohen Prozentsatz jeweils vom Restwert. In diesem Fall spricht man von einer degressiven Abschreibung (abnehmende Abschreibung).

Die Steuerbehörde schreibt vor, wie viel höchstens abgeschrieben werden kann. Diese Abschreibungssätze werden in der Praxis häufig verwendet, auch wenn die tatsächliche Wertverminderung kleiner wäre. Zum Beispiel dürfen beim Mobiliar höchstens 25 % und bei Fahrzeugen höchstens 40 % degressiv abgeschrieben werden. Bei linearer Abschreibung sind die Prozentsätze zu halbieren.

Lineare Abschreibung
(gleichbleibende Abschreibung)
12,5% vom Anschaffungswert

Jahr	Anschaffungskosten	24000.–
1	Abschr. 12,5% von 24000.–	–3000.–
	Buchwert Ende 1. Jahr	21000.–
2	Abschr. 12,5% von 24000.–	–3000.–
	Buchwert Ende 2. Jahr	18000.–
3	Abschr. 12,5% von 24000.–	–3000.–
	Buchwert Ende 3. Jahr	15000.–
4	Abschr. 12,5% von 24000.–	–3000.–
	Buchwert Ende 4. Jahr	12000.–
5	Abschr. 12,5% von 24000.–	–3000.–
	Buchwert Ende 5. Jahr	9000.–
6	Abschr. 12,5% von 24000.–	–3000.–
	Buchwert Ende 6. Jahr	6000.–
7	Abschr. 12,5% von 24000.–	–3000.–
	Buchwert Ende 7. Jahr	3000.–
8	Abschr. 12,5% von 24000.–	–3000.–
	Buchwert Ende 8. Jahr	0.–

Abschreibung in den Jahren 1 bis 8

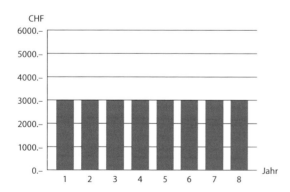

Bei der linearen Abschreibung ist der Abschreibungsbetrag in den verschiedenen Jahren jeweils gleich gross. Die Anschaffungskosten von CHF 24000.– werden während der Nutzungsdauer von 8 Jahren gleichmässig abgeschrieben. Das ergibt einen jährlichen Abschreibungsbetrag von CHF 3000.–.

Degressive Abschreibung
(abnehmende Abschreibung)
25% vom Buchwert
(Restwert, auf ganze Franken gerundet)

Jahr	Anschaffungskosten	24000.–
1	Abschr. 25% von 24000.–	–6000.–
	Buchwert Ende 1. Jahr	18000.–
2	Abschr. 25% von 18000.–	–4500.–
	Buchwert Ende 2. Jahr	13500.–
3	Abschr. 25% von 13500.–	–3375.–
	Buchwert Ende 3. Jahr	10125.–
4	Abschr. 25% von 10125.–	–2531.–
	Buchwert Ende 4. Jahr	7594.–
5	Abschr. 25% von 7594.–	–1899.–
	Buchwert Ende 5. Jahr	5695.–
6	Abschr. 25% von 5695.–	–1424.–
	Buchwert Ende 6. Jahr	4271.–
7	Abschr. 25% von 4271.–	–1068.–
	Buchwert Ende 7. Jahr	3203.–
8	Abschr. 25% von 3203.–	–801.–
	Buchwert Ende 8. Jahr	2402.–

Abschreibung in den Jahren 1 bis 8

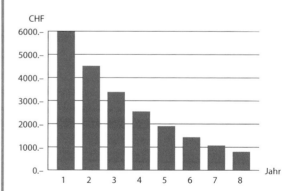

Bei der degressiven Abschreibung wird im ersten Jahr der grösste Betrag abgeschrieben. Die Abschreibung wird jeweils in Prozenten vom Restwert berechnet. Da der Restwert durch die Abschreibungen sinkt, ergibt sich von Jahr zu Jahr ein immer kleinerer Abschreibungsbetrag.

Lineare Abschreibung

Buchwert in den Jahren 1 bis 8

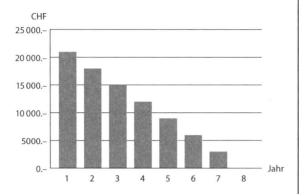

Der Buchwert (Restwert) nimmt während der ganzen Nutzungsdauer gleichmässig ab. Wenn in der obenstehenden Grafik die einzelnen Säulen verbunden werden, ergibt sich eine gerade Linie. Am Ende der vorgesehenen Nutzungsdauer beträgt der Buchwert CHF 0.–.

Damit die Bilanz vollständig ist, werden in der Praxis vollständig abgeschriebene Anlageobjekte mit CHF 1.– (Pro-Memoria-Posten) aufgeführt.

Degressive Abschreibung

Buchwert in den Jahren 1 bis 8

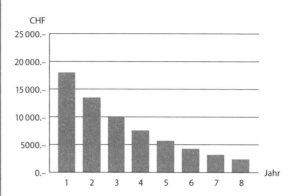

Bei der degressiven Abschreibung sinkt der Buchwert zuerst stark und dann von Jahr zu Jahr immer weniger. Wenn die Säulen verbunden werden, ergibt sich eine Linie, die zuerst steil und dann immer flacher verläuft. Diese Methode führt konsequent angewandt nie zum Buchwert CHF 0.–. Im letzten Jahr der tatsächlichen Nutzungsdauer muss der Rest abgeschrieben werden.

Vorteile lineare Abschreibung

- Einfach zu berechnen (eine Berechnung, die für die ganze Nutzungsdauer gilt).
- Einfach zu planen, da immer der gleiche Betrag berücksichtigt wird.
- Führt zu Buchwert CHF 0.– am Ende der geplanten Nutzungsdauer.

Vorteile degressive Abschreibung

- Entspricht häufig besser der tatsächlichen Wertverminderung.
- Vorsichtiger, da am Anfang grössere Abschreibungen gebucht werden.
- Überhöhte Abschreibungen am Anfang ergeben einen Spielraum in späteren Jahren.

4.5   Verbuchung der Abschreibungen

Bei der Verbuchung der Abschreibungen sind zwei Methoden verbreitet:

- **Direkte Verbuchung:** Abschreibung auf entsprechendem Anlagekonto
- **Indirekte Verbuchung:** Abschreibung auf besonderem Wertberichtigungskonto

Mit einem Beispiel werden die beiden Methoden im Folgenden erklärt.

Direkte Verbuchung

Bei der direkten Verbuchung wird der Abschreibungsbetrag im Haben des entsprechenden Anlagekontos eingetragen. Die Wertverminderung kommt mit einem kleineren Saldo des Anlagekontos zum Ausdruck. Der Schlussbestand des Anlagekontos entspricht dem Buchwert.

Zusätzlich wird der Abschreibungsbetrag als Aufwand beim Konto «Abschreibungen» im Soll berücksichtigt. Die Wertverminderung der Sachanlagen wird dadurch dem Gewinn belastet.

Beispiel

Die Büroeinrichtung mit einem Anschaffungswert von CHF 24 000.– wird direkt und linear abgeschrieben.

1. Jahr

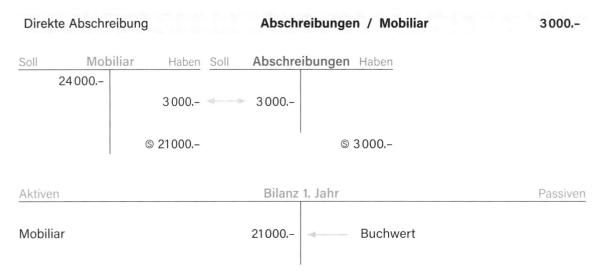

2. Jahr

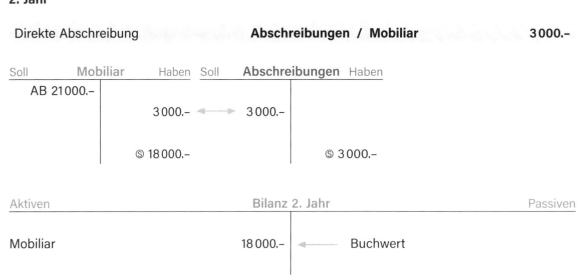

Da bei der direkten Abschreibung die Wertverminderung beim Anlagekonto berücksichtigt wird, ist kein zusätzliches Konto erforderlich. In der Bilanz sind die ursprünglichen Anschaffungswerte nicht mehr ersichtlich.

Indirekte Verbuchung

Bei der indirekten Verbuchung wird der Abschreibungsbetrag im Haben eines besonderen Wertberichtigungskontos eingetragen. Der Saldo des Anlagekontos bleibt unverändert. In der Schlussbilanz wird die Wertverminderung mit dem zusätzlichen Konto als Korrektur vom Anlagekonto abgezählt. Zusätzlich wird der Abschreibungsbetrag als Aufwand beim Konto «Abschreibungen» im Soll berücksichtigt. Die Wertverminderung der Sachanlagen wird dadurch dem Gewinn belastet.

Beispiel

Die Büroeinrichtung mit einem Anschaffungswert von CHF 24000.- wird indirekt und linear abgeschrieben.

1. Jahr

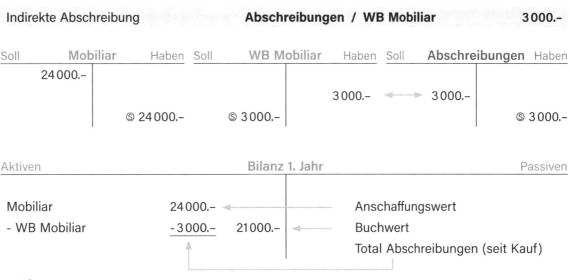

2. Jahr

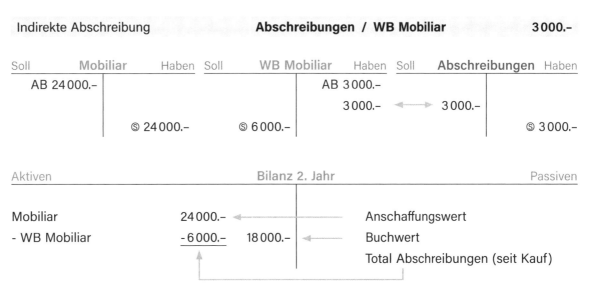

Mit dem Wertberichtigungskonto wird der Bilanzwert der Anlagen korrigiert. Es wird als Minus-Aktivkonto auf der Aktivseite nach dem Anlagekonto aufgeführt und von diesem abgezählt. Es gelten die Buchungsregeln der Passivkonten. Mit der indirekten Abschreibung sind in der Bilanz mehr Informationen ersichtlich; der Buchwert muss allerdings berechnet werden.

4.6 Buchungen beim Verkauf von Anlagen*

Beim Verkauf von Sachanlagen müssen die Konten bereinigt werden, das heisst, auf den Anlagekonten und Wertberichtigungskonten müssen die Beträge, welche die verkauften Anlagen betreffen, herausgenommen werden.

Beispiel 1

Die Büroeinrichtung mit einem Anschaffungswert von CHF 24 000.– wurde während drei Jahren linear (angenommene Nutzungsdauer 8 Jahre) und direkt abgeschrieben. Nun wird die Einrichtung für CHF 8 800.– gegen bar verkauft.

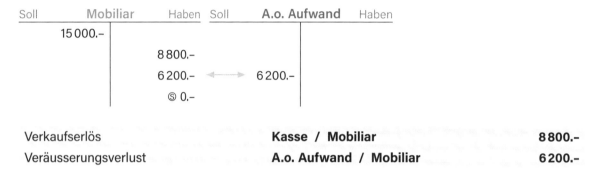

Verkaufserlös	**Kasse / Mobiliar**	**8 800.–**
Veräusserungsverlust	**A.o. Aufwand / Mobiliar**	**6 200.–**

Verluste beim Verkauf von Sachanlagen werden grundsätzlich als ausserordentlicher Aufwand gebucht. Diese Veräusserungsverluste entstehen, weil in früheren Jahren oder im aktuellen Jahr zu wenig abgeschrieben wurde. Deshalb können Verluste im Rahmen der normalen jährlichen Abschreibung über das Konto «Abschreibungen» gebucht werden.

Beispiel 2

Die Büroeinrichtung mit einem Anschaffungswert von CHF 24 000.– wurde während fünf Jahren linear (angenommene Nutzungsdauer 8 Jahre) und indirekt abgeschrieben. Nun wird die Einrichtung für CHF 10 500.– gegen bar verkauft.

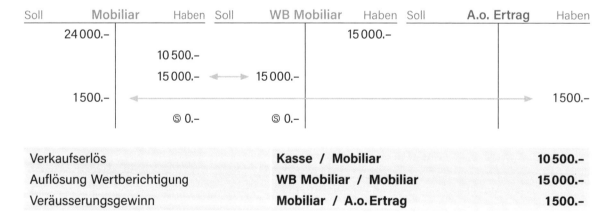

Verkaufserlös	**Kasse / Mobiliar**	**10 500.–**
Auflösung Wertberichtigung	**WB Mobiliar / Mobiliar**	**15 000.–**
Veräusserungsgewinn	**Mobiliar / A.o. Ertrag**	**1 500.–**

Gewinne beim Verkauf von Sachanlagen werden grundsätzlich als ausserordentlicher Ertrag verbucht. In grösseren Unternehmen, in denen häufig Sachanlagen verkauft werden, können Gewinne im Zusammenhang mit der normalen Geschäftstätigkeit über ein besonderes betriebliches Ertragskonto gebucht werden. Einmalige oder sehr hohe Gewinne werden auf jeden Fall als ausserordentlicher Ertrag gebucht.

Übersicht: Buchungen beim Verkauf

In Zusammenhang mit dem Verkauf von Sachanlagen sind die folgenden Buchungen notwendig.

1. Verkaufserlös buchen

Zuerst wird der tatsächliche Erlös aus dem Verkauf der Sachanlagen gebucht.

Beispiel:

Barverkauf Mobilien	**Kasse / Mobiliar**
Kreditverkauf Mobilien	**Ford. L+L / Mobiliar**

2. Allfällige Wertberichtigung auflösen

Sofern die Sachanlagen indirekt abgeschrieben wurden, muss die Wertberichtigung aufgelöst werden. Die Abschreibungen werden vom Wertberichtigungskonto auf das Anlagekonto übertragen.

Beispiel:

Auflösung Wertberichtigung	**WB Mobiliar / Mobiliar**

3. Gewinn oder Verlust buchen

Zur Bereinigung des Anlagekontos muss der Gewinn oder Verlust aus dem Verkauf der Anlagen gebucht werden.

a) Verkaufserlös > Buchwert

Da zu viel abgeschrieben wurde, entsteht beim Verkauf ein Gewinn. Dieser wird grundsätzlich als ausserordentlicher Ertrag (Kontenklasse 8) gebucht.

Beispiel:

Verkaufsgewinn Mobilien	**Mobiliar / A.o. Ertrag**
Verkaufsgewinn Immobilien	**Immobilien / A.o. Ertrag**

b) Buchwert > Verkaufserlös

Da zu wenig abgeschrieben wurde, entsteht beim Verkauf ein Verlust. Dieser wird grundsätzlich als ausserordentlicher Aufwand (Kontenklasse 8) gebucht.

Beispiel:

Verkaufsverlust Mobilien	**A.o. Aufwand / Mobiliar**
Verkaufsverlust Immobilien	**A.o. Aufwand / Immobilien**

Information im Anhang

Im Anhang zur Jahresrechnung müssen ausserordentliche Aufwände und Erträge erläutert werden, sofern diese wesentlich sind. Bei grösseren Gewinnen oder Verlusten aus dem Verkauf von Sachanlagen ist deshalb eine Information im Anhang notwendig.

Mehrwertsteuer

Bei steuerpflichtigen Unternehmen unterliegen die Erlöse aus dem Verkauf von Sachanlagen der Mehrwertsteuer. Im Sinne einer Vereinfachung wird im vorliegenden Grundlagenlehrmittel auf diese Buchungen verzichtet.

Kapitel 4

Aufgaben

A 4.1   Kreuzen Sie jeweils an, ob die Aussage richtig oder falsch ist. Berichtigen Sie falsche Aussagen auf der folgenden Zeile.

        R   **F**

a) ☐ ☐ Die Abschreibungen verkleinern den Reingewinn, sind aber nicht liquiditätswirksam.

....

b) ☐ ☐ Die Transportkosten beim Kauf einer Maschine dürfen nicht aktiviert werden.

....

c) ☐ ☐ Bei der Abschreibung vom Anschaffungswert nimmt der Abschreibungsbetrag von Jahr zu Jahr ab.

....

d) ☐ ☐ Bei Fahrzeugen ist die lineare Abschreibung realistischer als die degressive Abschreibung.

....

e) ☐ ☐ Die degressive Abschreibung ist vorsichtiger, da in den ersten Jahren grössere Abschreibungen verbucht werden.

....

f) ☐ ☐ In Kleinbetrieben werden in der Regel Anschaffungen ab einem Wert von CHF 5000.– aktiviert.

....

g) ☐ ☐ Die Abschreibungen dienen unter anderem dazu, den Aufwand auf die Nutzungsdauer zu verteilen.

....

h) ☐ ☐ Sachanlagen, die über längere Zeit nicht verwendet werden, müssen nicht abgeschrieben werden.

....

i) ☐ ☐ Normalerweise verwendet man bei der linearen Abschreibung im Vergleich zur degressiven den doppelten Prozentsatz.

....

j) ☐ ☐ Bei der linearen Abschreibung beträgt der Restwert am Ende der Nutzungsdauer null Franken.

....

A 4.2 Eine Maschine mit einem Anschaffungswert von CHF 82 000.– kann linear mit 20 % oder degressiv mit 40 % abgeschrieben werden. Berechnen Sie die Abschreibungsbeträge und Restwerte (Buchwerte) in der folgenden Tabelle. Alle Beträge sind auf ganze Franken zu runden.

Jahr	Lineare Abschreibung		Degressive Abschreibung	
	Abschreibung	Restwert	Abschreibung	Restwert
1				
2				
3				
4				
5				

A 4.3 Eine Büroeinrichtung mit einem Anschaffungswert von insgesamt CHF 38 000.– kann linear mit 12,5 % oder degressiv mit 25 % abgeschrieben werden. Berechnen Sie die Abschreibungsbeträge und Restwerte (Buchwerte) in der folgenden Tabelle. Alle Beträge sind auf ganze Franken zu runden.

Jahr	Lineare Abschreibung		Degressive Abschreibung	
	Abschreibung	Restwert	Abschreibung	Restwert
1				
2				
3				
4				
5				
6				
7				
8				

A 4.4 Berechnen Sie für die folgenden Maschinen jeweils den Anschaffungswert und die jährliche Abschreibung.

	a)	b)	c)
Katalogpreis	66 400.–	112 500.–	90 200.–
Rabatt	5 %	6 %	0 %
Skonto	0 %	2 %	3 %
Transport	1560.–	1765.–	780.–
Installation	760.–	0.–	1226.–
Lineare Abschreibung	6 Jahre	8 Jahre	5 Jahre

A 4.5 Die Rechnung für den Kauf einer Lagereinrichtung lautet auf CHF 40 700.–. Bei der Banküberweisung können 2 % Skonto abgezogen werden. Für den Transport müssen zusätzlich CHF 314.– bar bezahlt werden. Die Nutzungsdauer wird auf 10 Jahre geschätzt. Die Lagereinrichtung wird linear abgeschrieben.

a) Geben Sie die Buchungssätze mit Beträgen zu den folgenden Geschäftsfällen an.

Geschäftsfall	Soll	Haben	Betrag
Rechnung des Lieferanten			
2 % Skonto			
Banküberweisung			
Transportkosten			

b) Berechnen Sie den Anschaffungswert.

c) Wie viel wird im vierten Jahr abgeschrieben?

d) Wie gross ist der Buchwert nach sechs Jahren?

A 4.6 Ein Fahrzeug mit einem Anschaffungswert von CHF 56 300.– wird degressiv mit 30 % abgeschrieben. Alle Beträge sind auf ganze Franken zu runden.

a) Wie viel wird im zweiten Jahr abgeschrieben?

b) Wie gross ist der Restwert nach zwei Jahren?

c) Wie viel wird im fünften Jahr abgeschrieben?

d) Wie gross ist der Restwert nach fünf Jahren?

A 4.7   Nachdem ein Fahrzeug während drei Jahren degressiv mit 40 % abgeschrieben wurde, beträgt der Buchwert CHF 10 476.–. Alle Beträge sind auf ganze Franken zu runden.

a) Wie viel beträgt der Anschaffungswert?

b) Wie viel wurde im ersten Jahr abgeschrieben?

c) Wie viel wurde im dritten Jahr abgeschrieben?

d) Wie gross ist der Buchwert nach fünf Jahren?

A 4.8   a) Tragen Sie in den folgenden Konten ein, welche wichtigen Geschäftsfälle im Soll und im Haben verbucht werden. Tragen Sie auch die Anfangsbestände und die Salden auf der richtigen Seite ein.

Soll	Mobiliar	Haben		Soll	WB Mobiliar	Haben

b) Welchen Wert zeigt der Saldo des Kontos «Mobiliar»?

c) Wie wird der Buchwert des Mobiliars am 31.12. (nach Abschreibung) berechnet?

A 4.9   Verbuchen Sie die folgenden Geschäftsfälle und führen Sie die angegebenen Konten.

a) Direkte Abschreibung

Soll	Maschinen	Haben

1. Jahr   AB 0.–

Kauf einer Maschine für
CHF 94 600.– gegen Rechnung

Bankzahlung der Maschine
unter Abzug von 5 % Rabatt

Barzahlung der Transportkosten
von CHF 1330.–

Abschreibung 20 % vom An-
schaffungswert der Maschine

Abschluss des Kontos

Soll	Maschinen	Haben

2. Jahr

Eröffnung

Abschreibung 20 % vom
Anschaffungswert der Maschine

Abschluss des Kontos

Soll	Maschinen	Haben

3. Jahr

Eröffnung

Abschreibung 20 % vom
Anschaffungswert der Maschine

Abschluss des Kontos

b) Indirekte Abschreibung

	Soll	Maschinen	Haben	Soll	WB Masch	Haben

1. Jahr

Kauf einer Maschine für
CHF 94 600.– gegen Rechnung

AB 0.– AB 0.–

Bankzahlung der Maschine
unter Abzug von 5% Rabatt

Barzahlung der Transportkosten
von CHF 1330.–

Abschreibung 20% vom
Anschaffungswert der Maschine

Abschluss der Konten

	Soll	Maschinen	Haben	Soll	WB Masch	Haben

2. Jahr

Eröffnung

Abschreibung 20% vom
Anschaffungswert der Maschine

Abschluss der Konten

	Soll	Maschinen	Haben	Soll	WB Masch	Haben

3. Jahr

Eröffnung

Abschreibung 20% vom
Anschaffungswert der Maschine

Abschluss der Konten

A 4.10   Verbuchen Sie die folgenden Geschäftsfälle und führen Sie die angegebenen Konten.

a) Direkte Abschreibung

Soll	Fahrzeuge	Haben
AB 0.–		

Kauf eines Fahrzeuges für
CHF 37 500.– gegen Rechnung

Bankzahlung des Fahrzeuges
unter Abzug von 2 % Skonto

Kauf eines gebrauchten Autos für
CHF 14 300.– gegen Barzahlung

Abschreibung 30 % vom
Buchwert der vorhandenen
Fahrzeuge

Abschluss des Kontos

b) Indirekte Abschreibung

Soll	Fahrzeuge	Haben	Soll	WB Fz	Haben
AB 0.–					AB 0.–

Kauf eines Fahrzeuges für
CHF 37 500.– gegen Rechnung

Bankzahlung des Fahrzeuges
unter Abzug von 2 % Skonto

Kauf eines gebrauchten Autos für
CHF 14 300.– gegen Barzahlung

Abschreibung 30 % vom Buchwert der vorhandenen Fahrzeuge

Abschluss der Konten

A 4.11 a) Verbuchen Sie die folgenden Geschäftsfälle und führen Sie die Konten «Mobiliar» und «Abschreibungen». Das Mobiliar wird direkt und degressiv mit 25% abgeschrieben.

1. Jahr	Soll	Mobiliar	Haben	Soll	Abschr	Haben
Anfangsbestand	AB 47 050.–					
Kauf einer Büroeinrichtung für CHF 28 400.– gegen Rechnung						
Der Lieferant schreibt CHF 900.– für die Rücknahme eines Schrankes gut.						
Bankzahlung des Restbetrags unter Abzug von 2% Skonto						
Degressive Abschreibung 25%						
Abschluss der Konten						

2. Jahr	Soll	Mobiliar	Haben	Soll	Abschr	Haben
Anfangsbestand						
Kauf von Büromöbeln für CHF 6 200.– mit Banküberweisung						
Die Transportkosten von CHF 300.– werden bar bezahlt.						
Degressive Abschreibung 25%						
Abschluss der Konten						

Zusatzfragen:

b) Wie gross ist der Anschaffungswert der im ersten Jahr gekauften Büroeinrichtung?

c) Wie viel beträgt der Buchwert der Büroeinrichtung nach dem zweiten Jahr?

d) Weshalb könnte mit den vorhandenen Angaben keine lineare Abschreibung erfolgen?

A 4.12 Verbuchen Sie die folgenden Geschäftsfälle und führen Sie die Konten «Fahrzeuge» und «Wertberichtigung Fahrzeuge». Die Fahrzeuge werden indirekt und degressiv mit 40 % abgeschrieben.

1. Jahr	Soll	Fahrzeuge	Haben	Soll	WB Fz	Haben
Anfangsbestand	AB 85 500.–					AB 34 200.–
Kauf eines Lieferwagens für CHF 38 500.– gegen Rechnung						
Bankzahlung der Rechnung unter Abzug von 2 % Skonto						
Barzahlung für den Einbau von Regalen CHF 1470.–						
Degressive Abschreibung 40 %						
Abschluss der Konten						

Berechnung der Abschreibungen:

	Soll	Fahrzeuge	Haben	Soll	WB Fz	Haben
2. Jahr						
Anfangsbestand						
Kauf eines Fahrzeuges für CHF 40 600.– auf Kredit						
Der Autolieferant nimmt ein gebrauchtes Fahrzeug mit CHF 5 000.– (Buchwert) an Zahlung. Die kumulierten Abschreibungen auf diesem Fahrzeug von CHF 12 000.– sind aufzulösen.						
Banküberweisung des Restbetrags für das Fahrzeug						
Degressive Abschreibung 40 %						
Abschluss der Konten						

Berechnung der Abschreibungen:

A 4.13   Geben Sie zu den folgenden Geschäftsfällen (1. bis 30.) eines Transportunternehmens die Buchungssätze mit Beträgen an. Verwenden Sie ausschliesslich die Konten gemäss folgendem Kontenplan. Die Mehrwertsteuer ist nur zu berücksichtigen, wenn es ausdrücklich verlangt wird.

Aktivkonten	Passivkonten	Aufwandskonten	Ertragskonten
Kasse	Verbindlichkeiten L+L	Lohnaufwand	Transportertrag
Bank	Verb. SozV	Sozialvers.A	Finanzertrag
Forderungen L+L	Verb. MWST	Übriger PersonalA	
Vorsteuer 1170	Passivdarlehen	Raumaufwand	
Vorsteuer 1171	Aktienkapital	Treibstoffaufwand	
Forderungen VST	Reserven	Unterh. / Rep. Fz	
Aktivdarlehen	Gewinnvortrag	Sonstiger FahrzeugA	
Mobiliar		VerwaltungsA	
Fahrzeuge		Werbeaufwand	
WB Fahrzeuge		Sonstiger BA	
		Abschreibungen	
		Finanzaufwand	

Buchungen während des Geschäftsjahres:

1. Wir stellen einem Kunden Rechnung für ausgeführte Transporte über CHF 2 530.95 inkl. 7,7 % Mehrwertsteuer. Die Mehrwertsteuer (Nettomethode) ist auch zu verbuchen.

2. Wir kaufen einen neuen Lieferwagen für CHF 44 372.40 inkl. 7,7 % Mehrwertsteuer gegen Rechnung. Die Mehrwertsteuer ist ebenfalls zu verbuchen.

3. Eine Kundin zahlt bar CHF 780.85 inkl. 7,7 % Mehrwertsteuer für einen Transport. Verbuchen Sie auch die Mehrwertsteuer.

4. Die Rechnung für den Kauf einer Büroeinrichtung, CHF 6 031.20 inkl. 7,7 % Mehrwertsteuer, trifft ein. Die Mehrwertsteuer ist ebenfalls zu verbuchen.

5. Für den Transport der Büroeinrichtung zahlen wir bar CHF 673.15 inkl. 7,7 % Mehrwertsteuer. Verbuchen Sie auch die Mehrwertsteuer.

6. Die Rechnung für die Benzinbezüge im letzten Monat von CHF 1062.– trifft ein.

7. Wir erhalten eine Rechnung über CHF 460.– für die Reinigung unserer Büroräume.

8. Wir begleichen die Rechnung für die Reinigung (vgl. 7) unter Abzug eines Sonderrabatts von 5 % mit Banküberweisung.

9. Die Steuerverwaltung überweist die Verrechnungssteuer des Vorjahres von CHF 419.– auf unser Bankkonto.

10. Die Garage stellt uns Rechnung über CHF 1530.– für Servicearbeiten an verschiedenen Fahrzeugen.

11. Wir zahlen Löhne von netto CHF 45 800.– durch die Bank aus.

12. Wir erhalten eine Rechnung für Fahrzeugversicherungen über CHF 12 400.–.

13. Gemäss Vereinbarung mit dem Lieferanten wird unsere bereits verbuchte Schuld von CHF 8 500.– in ein Darlehen umgewandelt.

14. Einem Mitarbeitenden zahlen wir Reisespesen von CHF 118.– bar aus.

15. Wir stellen einem Kunden eine Rechnung über CHF 4 080.– für verschiedene Transporte.

16. Der Kunde (vgl. 15) liefert uns Werbegeschenke im Wert von CHF 1400.– und zahlt den Restbetrag auf unser Bankkonto.

17. Wir überweisen der Steuerverwaltung die Mehrwertsteuer für das vergangene Quartal von CHF 14700.– durch die Bank.

18. Wir kaufen am Postschalter Briefmarken für CHF 230.– gegen Barzahlung.

19. Der Vermieter unserer Büroräume erstellt die Abrechnung über die Nebenkosten. Wir müssen CHF 583.– nachzahlen.

20. Der Darlehensschuldner überweist uns den Zins von CHF 2600.– und die Abzahlung von CHF 10000.– auf unser Bankkonto.

21. Die Druckerei stellt Rechnung für den Druck von Briefpapieren und Umschlägen über CHF 1850.–.

22. Wir zahlen die Rechnung der Druckerei (vgl. 21) unter Abzug von 2% Skonto durch Banküberweisung.

23. Die Rechnung für die Mobiliarversicherung über CHF 860.– trifft ein.

24. Für eine kleine Reparatur an einem Lieferwagen zahlen wir bar CHF 210.–.

25. Wir verrechnen einem Kunden einen Verzugszins von CHF 190.– für eine Rechnung, die wir vor längerer Zeit gestellt haben.

26. Wir überweisen die Miete für die Büroräume von CHF 1600.– durch die Bank.

27. Die Bank schreibt einen Zins von netto CHF 273.– gut. Verbuchen Sie auch die Verrechnungssteuer von 35%.

28. Wir kaufen einen neuen Kleintransporter für CHF 35000.–. Unser alter Kleintransporter wird von der Verkäuferin zum Buchwert von CHF 4000.– an Zahlung genommen. Die kumulierten Abschreibungen auf diesem Fahrzeug belaufen sich auf CHF 19000.–. Verbuchen Sie den Kauf, den Eintausch des alten Fahrzeugs und die Auflösung der kumulierten Abschreibungen auf diesem Fahrzeug.

Buchungen beim Jahresabschluss:

29. Das Mobiliar mit einem Buchwert von CHF 28000.– wird degressiv mit 25% abgeschrieben.

30. Auf den Fahrzeugen werden Abschreibungen von insgesamt CHF 58100.– gebucht.

A 4.14*   Erstellen Sie in den folgenden Fällen die Buchungen im Zusammenhang mit dem Verkauf von Anlagen. Führen Sie die angegebenen Konten und schliessen Sie diese ab.

a)

	Soll	Fahrzeuge	Haben

Betrag, welcher das zu verkaufende Fahrzeug betrifft

Verkauf eines gebrauchten Lieferwagens für CHF 16 500.– gegen Rechnung

     14 800.–

Gewinn oder Verlust aus Verkauf

Abschluss des Kontos

b)

	Soll	Mobiliar	Haben	Soll	WB Mob	Haben

Beträge der zu verkaufenden Büroeinrichtung

Verkauf einer gebrauchten Büroeinrichtung für CHF 6 200.– gegen bar

     26 000.–   17 900.–

Auflösung der Wertberichtigung

Gewinn oder Verlust aus Verkauf

Abschluss der Konten

c)

	Soll	Maschinen	Haben	Soll	WB Masch	Haben
Beträge betreffend die zu verkaufende Maschine	95 200.–					68 700.–
Verkauf einer gebrauchten Maschine für CHF 31 000.– gegen Rechnung						
Auflösung der Wertberichtigung						
Gewinn oder Verlust aus Verkauf						
Abschluss der Konten						

A 4.15* Geben Sie zu den folgenden Geschäftsfällen die Buchungssätze mit Beträgen an.

a) Wir verkaufen ein Fahrzeug mit einem Anschaffungswert von CHF 45 100.–, das indirekt auf CHF 12 300.– abgeschrieben wurde, für CHF 15 500.– gegen Rechnung.

b) Eine Maschine, die seinerzeit CHF 83 500.– gekostet hatte und inzwischen degressiv und direkt auf CHF 15 800.– abgeschrieben wurde, wird für CHF 12 000.– gegen Rechnung verkauft.

c) Eine Liegenschaft mit einem Buchwert von CHF 820 000.– wird für CHF 1 180 000.– verkauft. Der Betrag wird sofort auf das Bankkonto überwiesen. Es besteht keine Wertberichtigung.

d) Wir verkaufen eine Büroeinrichtung, deren Anschaffungswert CHF 42 300.– betrug, für CHF 14 800.– gegen Rechnung. Insgesamt wurden indirekte Abschreibungen von CHF 26 100.– gebucht.

e) Ein gebrauchter Lieferwagen mit einem aktuellen Buchwert von CHF 5 400.– wird für CHF 3 500.– gegen Barzahlung verkauft.

f) Der Anschaffungswert einer Maschine betrug CHF 72 400.–, die Wertberichtigung beträgt aktuell CHF 58 600.–. Nun wird die Maschine für CHF 15 000.– gegen Rechnung verkauft.

A 4.16* Geben Sie zu den folgenden Geschäftsfällen die Buchungssätze mit Beträgen an und führen Sie die Konten «Maschinen», «WB Maschinen» und «Abschreibungen». Die Konten sind abzuschliessen und wieder zu eröffnen.

1. Anfangsbestand «Maschinen» CHF 129 500.–, «WB Maschinen» CHF 72 300.–

2. Eine Maschine, die CHF 41 200.– gekostet hat und indirekt auf CHF 11 600.– abgeschrieben wurde, wird für CHF 10 200.– gegen Rechnung verkauft.

3. Wir kaufen eine neue Produktionsanlage für CHF 48 500.– auf Kredit.

4. Wir zahlen die neue Produktionsanlage unter Abzug von 2 % Skonto durch Banküberweisung.

5. Für den Transport und die Installation der neuen Anlage zahlen wir CHF 1 480.– bar.

6. Wir kaufen eine weitere Maschine für CHF 30 700.–. Der Verkäufer nimmt eine Maschine mit einem Anschaffungswert von CHF 27 600.– zum Buchwert an Zahlung. Den Restbetrag von CHF 18 000.– zahlen wir sofort durch Banküberweisung.

7. Wir schreiben jeweils 30 % degressiv ab.

8. Abschluss und Wiedereröffnung

Kapitel 5

Abgrenzungen und Rückstellungen

In diesem Kapitel lernen Sie ...

▶ den Zweck und die Auswirkungen von Abgrenzungen zu verstehen.

▶ die Begriffe Geldguthaben, Leistungsguthaben, Geldschuld und Leistungsschuld kennen.

▶ Aufwände und Erträge richtig abzugrenzen.

▶ die Bedeutung von Rückstellungen kennen.

▶ Rückstellungen in konkreten Fällen zu buchen.

5 Abgrenzungen und Rückstellungen

5.1 Zeitliche Abgrenzungen

Einführungsbeispiel

Christian Steiner führt eine Schreinerei in einem Dorf im Kanton Aargau. Es handelt sich um ein Einzelunternehmen mit vier Angestellten. Bei Bedarf werden zusätzlich temporäre Arbeitskräfte beschäftigt. Der Inhaber führt das Unternehmen seit vielen Jahren erfolgreich. Neu führt er die Buchhaltung selber und erstellt erstmals den Abschluss in Zusammenarbeit mit seinem bisherigen Treuhänder.

Der Geschäftsinhaber hat die folgende provisorische Erfolgsrechnung erstellt. Der Zahlungsverkehr ist vollständig verbucht worden und die Geldkonten sind abgestimmt (die Salden stimmen mit den effektiven Beständen überein).

Aufwand	provisorische Erfolgsrechnung		Ertrag
Materialaufwand	584 800.–	Betriebsertrag	1 382 500.–
Personalaufwand	391 600.–	Finanzertrag	1 100.–
Raumaufwand	54 000.–		
Unterhalt / Reparaturen	26 700.–		
Fahrzeugaufwand	38 900.–		
Energieaufwand	6 700.–		
Verwaltungsaufwand	9 100.–		
Werbeaufwand	15 300.–		
Sonstiger Betriebsaufwand	7 300.–		
Abschreibungen	95 900.–		
Finanzaufwand	8 100.–		
Reingewinn	**145 200.–**		
	1 383 600.–		1 383 600.–

Bei einer Besprechung mit dem Treuhänder stellt sich heraus, dass diese Erfolgsrechnung noch bereinigt werden muss. Bei der Durchsicht der einzelnen Konten und der entsprechenden Buchungen stellt der Treuhänder unter anderem Folgendes fest:

Konto	Feststellung
Finanzertrag	Der Geschäftsinhaber hat am 31. März einem befreundeten Unternehmer ein Darlehen von CHF 50 000.– gewährt. Gemäss Vertrag wird der Zins von 4 % jeweils im Nachhinein und jährlich bezahlt. Der aufgelaufene Zins für neun Monate von CHF 1500.– gehört in das abgelaufene Geschäftsjahr. Deshalb muss der Ertrag vergrössert werden.
Fahrzeugaufwand	Am 15. Dezember wurden die Versicherungen für die verschiedenen Geschäftsautos von insgesamt CHF 6 200.– für das neue Jahr bereits bezahlt und verbucht. Weil dieser Aufwand für das neue Geschäftsjahr entsteht, gehört er in das nächste Jahr. Deshalb muss der Aufwand des abgelaufenen Jahres entsprechend vermindert werden.
Energieaufwand	Die Stromrechnung für die letzten drei Monate ist am Abschlusstermin noch ausstehend. Den Betrag schätzt Christian Steiner aufgrund der Rechnungen in den Vorjahren auf CHF 1200.–. Da dieser Aufwand im alten Geschäftsjahr verursacht wurde, gehört er in das alte Jahr. Deshalb muss der Aufwand entsprechend vergrössert werden.
Betriebsertrag	Ein Kunde, für den im neuen Jahr ein grösserer Auftrag ausgeführt werden soll, hat am 8. Dezember eine Vorauszahlung von CHF 8 000.– auf das Bankkonto überwiesen (Buchung: Bank / Betriebsertrag). Da die Arbeit erst im neuen Geschäftsjahr ausgeführt wird, gehört dieser Ertrag in das neue Jahr. Deshalb muss der Ertrag im alten Jahr um diesen Betrag vermindert werden.

Damit beim Jahresabschluss der Gewinn richtig ausgewiesen werden kann, müssen diejenigen Aufwände und Erträge berücksichtigt werden, die das entsprechende Geschäftsjahr betreffen. Die Aufwände müssen derjenigen Periode belastet werden, in der sie verursacht wurden. Die Erträge müssen derjenigen Periode gutgeschrieben werden, in denen der Anspruch darauf entstanden ist.

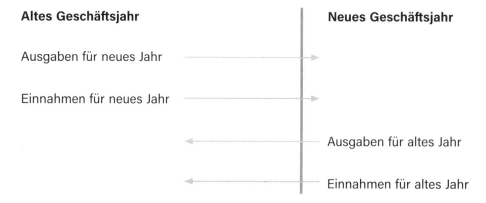

Altes Geschäftsjahr   **Neues Geschäftsjahr**

Ausgaben für neues Jahr

Einnahmen für neues Jahr

                                             Ausgaben für altes Jahr

                                             Einnahmen für altes Jahr

Meistens wird der Abschluss auf den 31. Dezember erstellt. Wenn im alten Jahr Zahlungen erfolgen, die ganz oder teilweise das neue Jahr betreffen, ist eine Abgrenzung notwendig. Wenn im neuen Jahr Zahlungen erfolgen, die ganz oder teilweise das alte Jahr betreffen, ist ebenfalls eine Abgrenzung notwendig.

Für die Überführung der Aufwände und Erträge vom alten Geschäftsjahr in das neue oder umgekehrt vom neuen in das alte Jahr werden die Konten «Aktive Rechnungsabgrenzung (Transitorische Aktiven)» sowie «Passive Rechnungsabgrenzung (Transitorische Passiven)» verwendet. Die Konten **«Aktive Rechnungsabgrenzung (Aktive RA)»** und **«Passive Rechnungsabgrenzung (Passive RA)»** werden nur beim Jahresabschluss verwendet. Nach der Wiedereröffnung im neuen Jahr werden die Buchungen sofort zurückgebucht. Danach weisen beide Abgrenzungskonten keinen Saldo mehr auf.

> Zweck der Abgrenzungsbuchungen ist die periodengerechte Verbuchung der Aufwände und Erträge. Diese ist Voraussetzung für eine korrekte Ermittlung des Gewinns. Daraus ergibt sich, dass bei Abgrenzungsbuchungen immer ein Aufwand- oder Ertragskonto verwendet werden muss.

Wenn die Aufwände und Erträge korrekt abgegrenzt werden, ergibt sich folgende bereinigte Erfolgsrechnung.

Aufwand	bereinigte Erfolgsrechnung		Ertrag
Materialaufwand	584 800.–	Betriebsertrag ❹	1 374 500.–
Personalaufwand	391 600.–	Finanzertrag ❶	2 600.–
Raumaufwand	54 000.–		
Unterhalt / Reparaturen	26 700.–		
Fahrzeugaufwand ❷	32 700.–		
Energieaufwand ❸	7 900.–		
Verwaltungsaufwand	9 100.–		
Werbeaufwand	15 300.–		
Sonstiger Betriebsaufwand	7 300.–		
Abschreibungen	95 900.–		
Finanzaufwand	8 100.–		
Reingewinn	**143 700.–**		
	1 377 100.–		1 377 100.–

❶ Finanzertrag: 1 100.– + 1 500.– = 2 600.–
❷ Fahrzeugaufwand: 38 900.– - 6 200.– = 32 700.–
❸ Energieaufwand: 6 700.– + 1 200.– = 7 900.–
❹ Betriebsertrag: 1 382 500.– - 8 000.– = 1 374 500.–

Auf den folgenden Seiten wird ausführlich erklärt, mit welchen Buchungen die Aufwände und Erträge abgegrenzt werden.

5.1.1 Noch nicht erhaltene Erträge

Der Geschäftsinhaber hat am 31. März einem befreundeten Unternehmer ein Darlehen von CHF 50 000.– gewährt. Gemäss Vertrag wird der Zins von 4 % jeweils im Nachhinein und jährlich bezahlt. Der aufgelaufene Zins von CHF 1500.– wird wie folgt abgegrenzt.

Aufwand	**Erfolgsrechnung 20.1**	Ertrag	Aufwand	**Erfolgsrechnung 20.2**	Ertrag
	Finanzertrag			Finanzertrag	
	+1500.– ◄				–1500.–

Im Abschluss des alten Jahres muss ein zusätzlicher Ertrag berücksichtigt werden. Damit wird der Gewinn grösser.

Der Zinsertrag im neuen Jahr muss entsprechend verkleinert werden. Damit wird der Gewinn kleiner.

Altes Geschäftsjahr

Neues Geschäftsjahr

Soll	Aktive RA	Haben	Soll	**Finanzertrag**	Haben
1500.– ◄				► 1500.–	
	Abgrenzung				
Ⓢ **1500.–**					

Soll	Aktive RA	Haben	Soll	**Finanzertrag**	Haben
AB 1500.–					
	1500.– ◄► 1500.–				2000.–
	Rückbuchung				

Der aufgelaufene Zins von CHF 1500.– gehört in das alte Geschäftsjahr.

Aktive RA: Beim Abschluss besteht ein Anspruch auf eine Zinszahlung = **Geldguthaben.**

Finanzertrag: Ein zusätzlicher Zins soll berücksichtigt werden = **Ertragsnachtrag.**

Der Finanzertrag im neuen Geschäftsjahr muss um CHF 1500.– vermindert werden, da dieser Betrag bereits im alten Jahr berücksichtigt wurde. Mit der Rückbuchung werden die aktiven Rechnungsabgrenzungen aufgelöst und der Finanzertrag verkleinert. Damit wird der Finanzertrag der späteren Zinszahlung korrigiert.

Buchungen

31.12.20.1 Abgrenzung Zins

    Aktive RA / Finanzertrag   1500.–

31.12.20.1 Abschluss Konto Aktive RA

    Schlussbilanz / Aktive RA   1500.–

Buchungen

1.1.20.2 Eröffnung Konto Aktive RA

    Aktive RA / Eröffnungsbilanz   1500.–

1.1.20.2 Rückbuchung Aktive RA

    Finanzertrag / Aktive RA   1500.–

31.3.20.2 Bankzahlung Jahreszins

    Bank / Finanzertrag   2000.–

5.1.2 Im Voraus bezahlte Aufwände

Im Dezember wurden die Versicherungen für die verschiedenen Geschäftsautos im Betrag von insgesamt CHF 6 200.– für das neue Jahr bereits bezahlt und verbucht. Die Versicherungsprämien werden wie folgt abgegrenzt.

Im Abschluss des alten Jahres muss der Fahrzeugaufwand verkleinert werden. Damit wird der Gewinn grösser.

Der Fahrzeugaufwand im neuen Jahr muss entsprechend vergrössert werden. Damit wird der Gewinn kleiner.

Altes Geschäftsjahr

Neues Geschäftsjahr

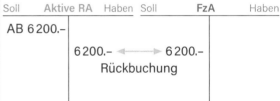

Die bereits bezahlten Autoversicherungen von CHF 6 200.– gehören in das neue Jahr.

Aktive RA: Beim Abschluss besteht ein Anspruch auf eine Leistung = **Leistungsguthaben.**

Fahrzeugaufwand: Der bezahlte Aufwand soll auf das neue Jahr übertragen werden = **Aufwandsvortrag.**

Der Fahrzeugaufwand im neuen Jahr muss um CHF 6 200.– vergrössert werden, da dieser Aufwand für das neue Jahr angefallen ist. Mit der Rückbuchung werden die aktiven Rechnungsabgrenzungen aufgelöst und der Fahrzeugaufwand vergrössert.

Buchungen

12.12.20.1 Bankzahlung Versicherungen

Fahrzeugaufwand / Bank 6 200.–

31.12.20.1 Abgrenzung Versicherungen

Aktive RA / Fahrzeugaufwand 6 200.–

31.12.20.1 Abschluss Konto Aktive RA

Schlussbilanz / Aktive RA 6 200.–

Buchungen

1.1.20.2 Eröffnung Konto Aktive RA

Aktive RA / Eröffnungsbilanz 6 200.–

1.1.20.2 Rückbuchung Aktive RA

Fahrzeugaufwand / Aktive RA 6 200.–

5.1.3 Noch nicht bezahlte Aufwände

Die Stromrechnung für die letzten drei Monate ist am Abschlusstermin noch ausstehend. Der Betrag wird aufgrund der Rechnungen in den Vorjahren auf CHF 1200.– geschätzt. Die ausstehende Rechnung wird wie folgt abgegrenzt.

Im Abschluss des alten Jahres muss ein zusätzlicher Aufwand berücksichtigt werden. Damit wird der Gewinn kleiner.

Der Energieaufwand im neuen Jahr muss entsprechend verkleinert werden. Damit wird der Gewinn grösser.

Altes Geschäftsjahr

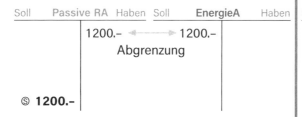

Neues Geschäftsjahr

Die Stromkosten der letzten drei Monate von CHF 1200.– gehören in das alte Geschäftsjahr.

Passive RA: Beim Abschluss besteht eine Verpflichtung für eine Zahlung = **Geldschuld.**

Energieaufwand: Die zusätzlichen Stromkosten sollen berücksichtigt werden = **Aufwandsnachtrag.**

Der Energieaufwand im neuen Jahr muss um CHF 1200.– vermindert werden, da dieser Betrag bereits im alten Jahr berücksichtigt wurde. Mit der Rückbuchung werden die passiven Rechnungsabgrenzungen aufgelöst und der Energieaufwand verkleinert. Damit wird der Aufwand der späteren Zahlung des Stroms korrigiert.

Buchungen

31.12.20.1 Abgrenzung Stromkosten

Energieaufwand / Passive RA	**1 200.–**

31.12.20.1 Abschluss Konto Passive RA

Passive RA / Schlussbilanz	**1 200.–**

Buchungen

1.1.20.2 Eröffnung Konto Passive RA

Eröffnungsbilanz / Passive RA	**1 200.–**

1.1.20.2 Rückbuchung Passive RA

Passive RA / Energieaufwand	**1 200.–**

27.2.20.2 Bankzahlung Strom

Energieaufwand / Bank	**1 200.–**

5.1.4 Im Voraus erhaltene Erträge

Ein Kunde, für den im neuen Jahr ein grösserer Auftrag ausgeführt werden soll, hat am 8. Dezember eine Vorauszahlung von CHF 8000.– auf das Bankkonto überwiesen (Buchung: Bank / Betriebsertrag). Diese Vorauszahlung wird wie folgt abgegrenzt.

Im Abschluss des alten Jahres muss der Betriebsertrag verkleinert werden. Damit wird der Gewinn kleiner.

Der Betriebsertrag im neuen Jahr muss entsprechend vergrössert werden. Damit wird der Gewinn grösser.

Altes Geschäftsjahr

Neues Geschäftsjahr

Die bereits erhaltenen CHF 8000.– gehören in das neue Geschäftsjahr.

Passive RA: Beim Abschluss besteht eine Verpflichtung für eine bereits bezahlte Arbeitsleistung = **Leistungsschuld.**

Betriebsertrag: Der erhaltene Ertrag soll auf das neue Jahr übertragen werden = **Ertragsvortrag.**

Der Betriebsertrag im neuen Jahr muss um CHF 8000.– vergrössert werden, da die entsprechende Leistung erst im neuen Jahr erfolgt. Mit der Rückbuchung werden die passiven Rechnungsabgrenzungen aufgelöst und der Betriebsertrag vergrössert.

In der Rechnung vom 17. Februar über insgesamt CHF 21700.– wird die Vorauszahlung von CHF 8000.– abgezogen (es sind noch zu bezahlen CHF 13700.–).

Buchungen

8.12.20.1 Bankzahlung Kunde

Bank / Betriebsertrag	8000.–

31.12.20.1 Abgrenzung Betriebsertrag

Betriebsertrag / Passive RA	8000.–

31.12.20.1 Abschluss Konto Passive RA

Passive RA / Schlussbilanz	8000.–

Buchungen

1.1.20.2 Eröffnung Konto Passive RA

Eröffnungsbilanz / Passive RA	8000.–

1.1.20.2 Rückbuchung Passive RA

Passive RA / Betriebsertrag	8000.–

17.2.20.2 Rechnung an Kunde

Ford. L+L / Betriebsertrag	13700.–

5.1.5   Zusammenfassung und Regeln

Beim Erstellen von Abgrenzungsbuchungen stellt sich zuerst die Frage, ob beim Jahresabschluss ein Guthaben oder eine Schuld besteht.

Guthaben beim Abschluss	**Schuld beim Abschluss**
Wenn beim Abschluss ein Guthaben besteht, wird das Konto Aktive RA verwendet:	Wenn beim Abschluss eine Schuld besteht, wird das Konto Passive RA verwendet:

Aktive RA / A oder E   **A oder E / Passive RA**

Geldguthaben
(Leistung erbracht, Einnahme noch ausstehend)
Beispiele:
Ausstehende Mietzinserträge

Geldschuld
(Leistung erhalten, Ausgabe noch nicht erfolgt)
Beispiele:
Ausstehende Telefonrechnung

Aktive RA / Liegenschaftsertrag   **Verwaltungsaufwand / Passive RA**

Nicht fakturierte Honorarerträge   Aufgelaufene Passivzinsen

Aktive RA / Honorarertrag   **Finanzaufwand / Passive RA**

Leistungsguthaben
(Ausgabe erfolgt, Leistung noch nicht erhalten)
Beispiele:
Vorausbezahlte Miete

Leistungsschuld
(Einnahme erhalten, Leistung noch nicht erbracht)
Beispiele:
Vorauszahlung eines Mieters

Aktive RA / Raumaufwand   **Liegenschaftsertrag / Passive RA**

Im Voraus bezahlte Mobiliarversicherung   Im Voraus erhaltene Honorare

Aktive RA / Versicherungsaufwand   **Honorarertrag / Passive RA**

> Bei der Abgrenzung beim Abschluss steht Aktive RA immer im Soll, bei der Rückbuchung im neuen Jahr immer im Haben. Der Gewinn wird im alten Jahr grösser, im neuen Jahr kleiner.

> Bei der Abgrenzung beim Abschluss steht Passive RA immer im Haben, bei der Rückbuchung im neuen Jahr immer im Soll. Der Gewinn wird im alten Jahr kleiner, im neuen Jahr grösser.

> **Überlegungen bei den Abgrenzungsbuchungen**
> 1. Besteht beim Abschluss ein Guthaben oder eine Schuld (gemäss obenstehendem Schema)? Guthaben: Aktive RA / ..., Schuld: ... / Passive RA
> 2. Welches Gegenkonto (Aufwands- oder Ertragskonto) ist betroffen?
> 3. Wie viel wurde im alten Jahr verbucht?
>   Wie viel sollte im alten Jahr verbucht sein?
>   Differenz = Betrag der Abgrenzungsbuchung

5.2 Rückstellungen

Bei der Besprechung des provisorischen Abschlusses mit dem Treuhänder erwähnt der Geschäftsinhaber ein Gerichtsverfahren, das ein Kunde eingeleitet hat. Der Kunde hat diverse Mängel an einer Arbeit, die in diesem Jahr ausgeführt wurde, beanstandet. Leider konnte sich der Geschäftsinhaber mit dem Kunden nicht einigen. Die erwarteten Schadenersatzleistungen, Gerichts- und Anwaltskosten werden auf CHF 25 000.– geschätzt.

Aufwand	**Erfolgsrechnung 20.1**	Ertrag	Aktiven	**Bilanz 31.12.20.1**	Passiven
A.o. Aufwand +25 000.–					Rückstellung Prozess +25 000.–

Da der Auftrag mangelhaft ausgeführt wurde, ist der Aufwand im abgelaufenen Geschäftsjahr entstanden. Der Aufwand muss in der Periode verbucht werden, in der er verursacht wurde (periodengerechte Verbuchung). Dass die entsprechende Zahlung erst in einem späteren Jahr erfolgen wird, darf keine Rolle spielen. Im vorliegenden Abschluss muss ein nicht liquiditätswirksamer Aufwand berücksichtigt werden (vorläufig keine Ausgabe). Wenn der ausserordentliche Aufwand nicht berücksichtigt würde, würde im abgelaufenen Jahr ein zu grosser Gewinn ausgewiesen.

In einem späteren Jahr müssen Schadenersatz, Gerichts- und Anwaltskosten bezahlt werden. Es handelt sich um zukünftige Verpflichtungen gegenüber Dritten. Deshalb gehören die Rückstellungen zum Fremdkapital.

Rückstellungen dürfen nicht mit Reserven verwechselt werden. Bei Reserven handelt es sich um zurückbehaltene Gewinne, die zum Eigenkapital gehören.

Rückstellungen werden als ruhende Konten geführt, das heisst, sie werden nach der Wiedereröffnung nicht zurückgebucht.

Buchungen Jahr 20.1
Bildung der Rückstellungen für die Prozesskosten; der Aufwand wird auf CHF 25 000.– geschätzt.

Bildung Rückstellungen	**A.o. Aufwand / Rückstellungen Prozess**	**25 000.–**
Abschluss Konto Rückstellungen	**Rückstellungen Prozess / Schlussbilanz**	**25 000.–**

Buchungen Jahr 20.2
Dem eigenen Anwalt müssen CHF 4500.– (zu Lasten der Rückstellungen) durch die Bank überwiesen werden. Beim Abschluss werden die noch zu bezahlenden Kosten auf insgesamt CHF 30 000.– geschätzt.

Eröffnung Konto Rückstellungen	**Eröffnungsbilanz / Rückstellungen Prozess**	**25 000.–**
Zahlung Anwaltskosten	**Rückstellungen Prozess / Bank**	**4500.–**
Anpassung Rückstellungen	**A.o. Aufwand / Rückstellungen Prozess**	**9500.–**
Abschluss Konto Rückstellungen	**Rückstellungen Prozess / Schlussbilanz**	**30 000.–**

Buchungen Jahr 20.3

Gemäss Gerichtsurteil müssen der Gegenpartei total CHF 28 000.– und dem Gericht CHF 1600.– bezahlt werden. Der eigene Anwalt stellt Rechnung über CHF 3 300.–. Sämtliche Zahlungen erfolgen durch Banküberweisung. Da das Verfahren damit abgeschlossen ist, muss die Rückstellung aufgelöst werden.

Eröffnung Konto Rückstellungen	**Eröffnungsbilanz / Rückstellungen Prozess**	**30 000.–**
Zahlung an Gegenpartei	**Rückstellungen Prozess / Bank**	**28 000.–**
Zahlung an Gericht	**Rückstellungen Prozess / Bank**	**1600.–**
Zahlung an Anwalt	**Rückstellungen Prozess / Bank**	**3 300.–**
Ausgleich Rückstellungen	**A.o. Aufwand / Rückstellungen Prozess**	**2 900.–**

> Rückstellungen müssen für unbestimmte Verpflichtungen (Risiken) und für mögliche Verluste aus laufenden Geschäften gebildet werden (Art. 960e OR). Durch die Bildung von Rückstellungen soll eine periodengerechte Verbuchung der Aufwände und Erträge und damit ein korrekter Erfolgsausweis erreicht werden. Bei Rückstellungen handelt es sich um zukünftige Verpflichtungen gegenüber Dritten (Fremdkapital), deren Betrag und Zahlungstermin unbekannt sind.

5.2.1 Abgrenzung: Rückstellungen – passive Rechnungsabgrenzungen

Rückstellungen haben verschiedene Gemeinsamkeiten mit den passiven Rechnungsabgrenzungen. In einzelnen Fällen können deshalb Unsicherheiten bestehen, welches Konto verwendet werden soll. Die folgende Tabelle soll dazu beitragen, dass das richtige Konto gewählt wird.

Kriterien	Rückstellungen	Passive Rechnungsabgrenzung
Zweck	Periodengerechte Verbuchung von Aufwänden und Erträgen, Berücksichtigung von Risiken und möglichen Verlusten	Periodengerechte Verbuchung von Aufwänden und Erträgen, Abgrenzung über den Jahreswechsel
Betragshöhe	Eher grössere Beträge	Eher kleinere Beträge
Genauigkeit des Betrages	Betrag muss mit einer grossen Unsicherheit geschätzt werden.	Betrag steht genau oder ziemlich genau fest.
Zeitdauer	In der Regel mittel- oder langfristig	Kurzfristig (nur über den Jahreswechsel)
Buchungstechnik	Keine Rückbuchungen bei Wiedereröffnung, bei Bedarf Anpassung beim Abschluss	Rückbuchung nach der Wiedereröffnung

5.2.2 Verschiedene Rückstellungen

Je nach Ursache der Rückstellungen kann der Aufwand für die Bildung von Rückstellungen betrieblich, betriebsfremd oder ausserordentlich sein. Betriebsfremde oder ausserordentliche Aufwände sollen den Betriebserfolg nicht beeinflussen, wirken sich aber auf den Reingewinn aus.

Aufwand für Rückstellungen

Betrieblicher Aufwand	**Betriebsfremder oder a.o. Aufwand**
Der Aufwand wurde durch die normale laufende Geschäftstätigkeit verursacht.	Der Aufwand ist nicht durch die betriebliche Leistungserstellung entstanden oder ausserordentlich.
Beispiele: • Garantieleistungen • Kreditrisiken bei Banken • Grosse Reparaturen • Revisionen von Maschinen	Beispiele: • Sehr hohe Forderungsverluste • Verlust eines gewährten Darlehens • Prozesskosten • Sehr hohe Währungsverluste • Direkte Steuern

Die Rückstellungen können während einigen Monaten oder mehreren Jahren bestehen. Wenn die entsprechenden Zahlungen erfolgt sind, werden sie in der Regel aufgelöst. Ausnahme: Rückstellungen für Garantieleistungen können über Jahre in der Bilanz stehen, da immer wieder Garantiefälle anfallen können.

Zeitdauer der Rückstellungen

Kurzfristige Rückstellungen	**Langfristige Rückstellungen**
Die entsprechenden Verpflichtungen sind innerhalb von 12 Monaten fällig (= kurzfristiges Fremdkapital).	Die entsprechenden Verpflichtungen sind frühestens in 12 Monaten fällig (= langfristiges Fremdkapital).
Beispiele: • Direkte Steuern • Grosse Reparaturen • Sehr hohe Forderungsverluste • Verlust eines gewährten Darlehens	Beispiele: • Prozesskosten • Revisionen von Maschinen • Umstrukturierung des Unternehmens • Rentenverpflichtungen bei Versicherungen

Für zukünftige Investitionen (Anschaffungen von Fahrzeugen, Maschinen und Einrichtungen sowie für Erweiterungen von Liegenschaften) sind steuerlich keine Rückstellungen zulässig. In diesen Fällen handelt es sich nicht um einen Aufwand, der im abgelaufenen Geschäftsjahr verursacht wurde. Bei Investitionen fällt der Aufwand erst bei den Abschreibungen während der Nutzungsdauer an.

Kapitel 5

Aufgaben

A 5.1   Geben Sie bei den folgenden Fällen die verlangten Buchungssätze an und tragen Sie die Zahlen in die Konten ein (beim Konto Aktive RA oder Passive RA mit Abschluss und Wiedereröffnung).

a) Am 30. September haben wir die Prämien für die Mobiliarversicherung von CHF 2800.– für ein ganzes Jahr im Voraus durch die Bank bezahlt.

Nr.	Datum	Geschäftsfall	Soll	Haben	Betrag
1.	30.9.	Zahlung Versicherung			
2.	31.12.	Abgrenzung			
3.	31.12.	Abschluss			
4.	1.1.	Eröffnung			
5.	1.1.	Rückbuchung			

Altes Geschäftsjahr   **Neues Geschäftsjahr**

Soll   Aktive RA Haben   Soll   VersA   Haben │ Soll   Aktive RA Haben   Soll   VersA   Haben

b) Für die beim Abschluss ausstehende Telefonrechnung berücksichtigen wir CHF 800.–. Die Rechnung trifft am 20. Januar ein.

Nr.	Datum	Geschäftsfall	Soll	Haben	Betrag
1.	31.12.	Abgrenzung			
2.	31.12.	Abschluss			
3.	1.1.	Eröffnung			
4.	1.1.	Rückbuchung			
5.	20.1.	Eingang Rechnung			

Altes Geschäftsjahr   **Neues Geschäftsjahr**

Soll   Passive RA Haben   Soll   VerwA   Haben │ Soll   Passive RA Haben   Soll   VerwA   Haben

c) Beim Abschluss berücksichtigen wir CHF 14 800.– für Überstunden, welche unsere Mitarbeitenden geleistet haben, die aber noch nicht ausbezahlt wurden. Die Bankauszahlung erfolgt am 25. Januar.

Nr.	Datum	Geschäftsfall	Soll	Haben	Betrag
1.	31.12.	Abgrenzung			
2.	31.12.	Abschluss			
3.	1.1.	Eröffnung			
4.	1.1.	Rückbuchung			
5.	25.1.	Auszahlung			

Altes Geschäftsjahr   **Neues Geschäftsjahr**

d) Mitte Oktober haben wir Büromaterial für CHF 2 800.– gekauft und bar bezahlt. Beim Abschluss haben wir erst die Hälfte davon verbraucht. Wir buchen den Büromaterialvorrat jeweils als Rechnungsabgrenzung am Jahresende.

Nr.	Datum	Geschäftsfall	Soll	Haben	Betrag
1.	15.10.	Kauf Büromaterial			
2.	31.12.	Abgrenzung			
3.	31.12.	Abschluss			
4.	1.1.	Eröffnung			
5.	1.1.	Rückbuchung			

Altes Geschäftsjahr   **Neues Geschäftsjahr**

e) Am 31. August haben wir ein Darlehen von CHF 90 000.– aufgenommen. Der Zins von 4% wird jeweils jährlich und nachschüssig bezahlt. Die Zahlung erfolgt durch Banküberweisung.

Nr.	Datum	Geschäftsfall	Soll	Haben	Betrag
1.	31.12.	Abgrenzung			
2.	31.12.	Abschluss			
3.	1.1.	Eröffnung			
4.	1.1.	Rückbuchung			
5.	31.8.	Zahlung Jahreszins			

Altes Geschäftsjahr   **Neues Geschäftsjahr**

f) Verschiedene Beratungen von Kunden im Wert von CHF 26 700.– wurden im alten Jahr ausgeführt, aber noch nicht verrechnet. Am 18. Januar stellen wir die entsprechenden Honorarrechnungen, welche noch das alte Geschäftsjahr betreffen.

Nr.	Datum	Geschäftsfall	Soll	Haben	Betrag
1.	31.12.	Abgrenzung			
2.	31.12.	Abschluss			
3.	1.1.	Eröffnung			
4.	1.1.	Rückbuchung			
5.	18.1.	Honorarrechnungen			

Altes Geschäftsjahr   **Neues Geschäftsjahr**

A 5.2 Bei der folgenden Erfolgsrechnung müssen noch verschiedene Abgrenzungen vorgenommen werden. Erstellen Sie unten die Abgrenzungsbuchungen und auf der nächsten Seite die definitive Erfolgsrechnung.

Aufwand	provisorische Erfolgsrechnung		Ertrag
Warenaufwand	1 265 300.–	Warenerlöse	1 870 500.–
Personalaufwand	378 200.–		
Raumaufwand	60 000.–		
Fahrzeugaufwand	12 100.–		
Verwaltungsaufwand	10 400.–		
Werbeaufwand	32 800.–		
Sonstiger Betriebsaufwand	5 300.–		
Abschreibungen	38 900.–		
Finanzaufwand	7 900.–		
Reingewinn	59 600.–		
	1 870 500.–		1 870 500.–

Nr.	Geschäftsfall / Buchungssatz	Betrag	Auswirkung +/- auf Gewinn
	Reingewinn provisorisch		59 600.–
a)	Von Lieferanten werden Rückvergütungen von etwa CHF 2 500.– in Aussicht gestellt.		
b)	Für die Nebenkosten (Heizung) müssen voraussichtlich etwa CHF 4 200.– nachbezahlt werden.		
c)	Die Rechnung des Treuhänders von CHF 3 400.– ist noch ausstehend.		
d)	Verkaufte, noch nicht eingelöste Gutscheine für CHF 8 700.– müssen berücksichtigt werden.		
e)	Die Autoversicherung von CHF 1 600.– wurde bereits für das neue Jahr bezahlt.		
f)	Für Inserate, die im neuen Jahr erscheinen, wurden bereits CHF 2 500.– bezahlt.		
	Reingewinn definitiv		

Aufwand	**definitive Erfolgsrechnung**	Ertrag
Warenaufwand	....	Warenerlöse ....
Personalaufwand	....	
Raumaufwand	....	
Fahrzeugaufwand	....	
Verwaltungsaufwand	....	
Werbeaufwand	....	
Sonstiger Betriebsaufwand	....	
Abschreibungen	....	
Finanzaufwand	....	
Reingewinn	....	

A 5.3   Verbuchen Sie die folgenden Abgrenzungen beim Abschluss am 31.12. und führen Sie die Konten «Aktive RA», «Passive RA» und «Raumaufwand».

a) Die bisherigen Buchungen im Konto Raumaufwand betragen: Soll CHF 62 300.–, Haben CHF 3 100.–. In den Abgrenzungskonten sind noch keine Geschäftsfälle verbucht worden.

b) Ende Oktober haben wir die Miete eines Lagerraums von insgesamt CHF 1 200.– für die folgenden drei Monate im Voraus bezahlt.

c) Die Rechnung des Reinigungsinstituts für das 4. Quartal ist noch ausstehend. Wir rechnen mit einer Belastung von CHF 2 800.–.

d) Wir haben die Miete unserer Geschäftsräume von CHF 4 600.– für den Januar bereits bezahlt.

e) Wir schätzen, dass wir noch Nebenkosten von CHF 1 400.– für das alte Jahr nachzahlen müssen.

f) Die Konten sind abzuschliessen.

Soll	**Aktive RA**	Haben	Soll	**Passive RA**	Haben	Soll	**RaumA**	Haben

A 5.4 Der provisorische Gewinn eines Taxiunternehmens beträgt CHF 80 200.–. Ergänzen Sie in der folgenden Tabelle die Abgrenzungsbuchungen und berechnen Sie den definitiven Gewinn.

Nr.	Geschäftsfall Buchungssatz	Betrag	Auswirkung +/– auf Gewinn
	Reingewinn provisorisch		80 200.–
a)	Die Fahrzeugversicherungen für das nächste Jahr von CHF 9 400.– wurden bereits im alten Jahr bezahlt.		
b)	Benzinrechnungen für die letzten zwei Monate von CHF 2 500.– sind noch ausstehend.		
c)	Mitarbeitende haben Anspruch auf Spesen von CHF 800.–. Die Auszahlung erfolgt im neuen Jahr.		
d)	Der Büromaterialvorrat im Wert von CHF 1500.– wird am Jahresende als Rechnungsabgrenzung gebucht.		
e)	Die Kosten des Buchhaltungsabschlusses von CHF 2 200.– werden berücksichtigt.		
f)	Die ausstehende Rechnung für eine Autoreparatur von CHF 1200.– wird berücksichtigt.		
g)	Einem Mitarbeiter haben wir einen Vorschuss von CHF 4 500.– für den Januar-Lohn ausbezahlt.		
h)	Die Rechnung für Inserate von CHF 1800.– ist noch nicht eingetroffen.		
	Reingewinn definitiv		

A 5.5   Kreuzen Sie in den folgenden Fällen an, ob beim Abschluss des Handelsunternehmens vom 31. Dezember ein Geldguthaben (GG), ein Leistungsguthaben (LG), eine Geldschuld (GS) oder eine Leistungsschuld (LS) besteht. Geben Sie zusätzlich den Buchungssatz für die Abgrenzungsbuchung an. Es stehen die folgenden Konten zur Verfügung.

Aktivkonten	Passivkonten	Aufwandskonten	Ertragskonten
Kasse	Verbindlichkeiten L+L	Warenaufwand	Warenerlöse
Bank	Passive RA	Lohnaufwand	Finanzertrag
Forderungen L+L	Passivdarlehen	Sozialvers.A	
Warenvorrat	Rückstellungen	Raumaufwand	
Aktive RA	Eigenkapital	Fahrzeugaufwand	
Aktivdarlehen		VerwaltungsA	
Mobiliar		Werbeaufwand	
Fahrzeuge		Sonstiger BA	
		Abschreibungen	
		Finanzaufwand	

	Geschäftsfall	GG	LG	GS	LS	Buchungssatz
1.	Wir berücksichtigen den Vorrat an Werbegeschenken als Rechnungsabgrenzung am Jahresende.					
2.	Wir haben im Dezember bereits die Miete für den Januar bezahlt.					
3.	Ein Kunde hat eine Vorauszahlung geleistet; unsere Lieferung ist noch nicht erfolgt.					
4.	Der aufgelaufene Zins eines aufgenommenen Darlehens wird abgegrenzt.					
5.	Wir haben die Verkehrssteuer für unsere Fahrzeuge für das neue Jahr bereits bezahlt.					
6.	Die Rechnung für Servicearbeiten an einem Geschäftsauto ist noch nicht eingetroffen.					
7.	Die Stromrechnung für die letzten drei Monate ist beim Abschluss noch ausstehend.					
8.	Die Betriebshaftpflichtversicherung wurde im September für ein Jahr im Voraus bezahlt.					
9.	Wir buchen den beim Abschluss aufgelaufenen Zins eines Aktivdarlehens.					
10.	Verschiedene Mitarbeitende haben noch Anspruch auf Entschädigungen von Überstunden.					

A 5.6 Nennen Sie die Buchungssätze und Beträge zu den unten stehenden Geschäftsfällen, die beim Jahresabschluss eines Treuhandunternehmens am 31. Dezember zu berücksichtigen sind. Es stehen die folgenden Konten zur Verfügung.

Aktivkonten	Passivkonten	Aufwandskonten	Ertragskonten
Kasse	Verbindlichkeiten L+L	Lohnaufwand	Honorarertrag
Bank	Passive RA	Sozialvers.A	Finanzertrag
Forderungen L+L	Passivdarlehen	Übriger PersonalA	
Aktive RA	Rückstellungen	Raumaufwand	
Mobiliar	Eigenkapital	Fahrzeugaufwand	
Fahrzeuge		VerwaltungsA	
		Werbeaufwand	
		Sonstiger BA	
		Abschreibungen	
		Finanzaufwand	

1. Die Rechnung für das Geschäftsessen im Dezember ist noch nicht eingetroffen. Die angenommenen Kosten betragen CHF 1700.–.

2. Im Oktober wurde Büromaterial für CHF 2400.– eingekauft. Zwei Drittel des Aufwandes sollen dem neuen Jahr belastet werden.

3. Ende November haben wir CHF 1200.– für die Miete eines Lagerraums für drei Monate im Voraus bezahlt.

4. Einem Mitarbeiter haben wir einen Vorschuss von CHF 3000.– für den Januar-Lohn ausbezahlt.

5. Für die ausstehende Telefonrechnung des Dezembers werden CHF 850.– berücksichtigt.

6. Wir haben verschiedene Aufträge im Betrag von CHF 18600.– für Kunden ausgeführt, aber noch nicht in Rechnung gestellt.

7. Mitte Jahr wurde die Prämie für die Mobiliarversicherung von CHF 1400.– für ein Jahr im Voraus bezahlt.

8. Der seit der letzten Zinszahlung aufgelaufene Zins des Passivdarlehens von CHF 2100.– ist zu berücksichtigen.

9. Die Rechnung für die Benzinbezüge des Dezembers von CHF 600.– trifft erst im neuen Jahr ein.

10. Wir erwarten eine Rückerstattung von Nebenkosten von CHF 1600.–. Der Vermieter wird die Abrechnung im neuen Jahr erstellen.

11. Im Dezember sind Stelleninserate erschienen. Die Rechnung über CHF 3100.– ist am Abschlusstermin noch ausstehend.

12. Im neuen Jahr werden wir den Mitarbeitenden erfolgsabhängige Vergütungen für das abgelaufene Jahr von CHF 12000.– auszahlen.

13. Eine Kundin hat für eine Beratung eine Vorauszahlung von CHF 5000.– überwiesen. Der Auftrag wird erst im neuen Jahr ausgeführt.

14. Für die ausstehende Stromrechnung der letzten Monate des abgelaufenen Jahres berücksichtigen wir CHF 800.–.

15. Wir übernehmen die Abonnementskosten von Fachzeitschriften für unsere Mitarbeitenden. Für das neue Jahr haben wir dafür bereits CHF 640.– bezahlt.

A 5.7 Nennen Sie die Buchungssätze und Beträge zu den unten stehenden Geschäftsfällen, die beim Jahresabschluss einer Privatschule am 31. Dezember zu berücksichtigen sind. Es stehen die folgenden Konten zur Verfügung.

Aktivkonten	Passivkonten	Aufwandskonten	Ertragskonten
Kasse	Verbindlichkeiten L+L	Lehrmittelaufwand	Schulgelder
Post	Passive RA	Lohnaufwand	Lehrmittelertrag
Bank	Passivdarlehen	Sozialvers.A	
Forderungen L+L	Rückstellungen	Übriger PersonalA	
Aktive RA	Eigenkapital	Raumaufwand	
Mobiliar		VersicherungsA	
PC-Anlagen		VerwaltungsA	
		Werbeaufwand	
		Sonstiger BA	
		Abschreibungen	
		Finanzaufwand	

1. Die beim Abschluss vorhandenen Lehrmittel im Wert von CHF 2700.– werden als Rechnungsabgrenzung gebucht.

2. Verschiedenen Mitarbeitenden müssen wir im neuen Jahr noch Überstunden von CHF 9600.– auszahlen, die sie im alten Jahr geleistet haben.

3. Vor einigen Monaten wurden neue Prospekte für CHF 3200.– gedruckt. Ende Jahr ist noch rund die Hälfte der Prospekte vorhanden.

4. Von den erhaltenen Schulgeldern sind CHF 46000.– bereits für das neue Jahr bestimmt.

5. Der bis zum Abschlusstermin aufgelaufene Zins des Passivdarlehens von CHF 1900.– ist zu berücksichtigen.

6. Für Inserate, die in den Monaten November bis März erscheinen, haben wir im Voraus CHF 6800.– bezahlt. Ende Jahr sind erst 40% der Inserate erschienen.

7. Ein Lieferant von Lehrmitteln hat uns für die Bezüge im alten Geschäftsjahr eine Rückvergütung von CHF 2300.– zugesichert.

8. Für die ausstehende Stromrechnung der letzten drei Monate berücksichtigen wir CHF 1800.–.

9. Ende November haben wir die Leasingraten für die Kopiergeräte von insgesamt CHF 3900.– für drei Monate im Voraus überwiesen.

10. Ende September wurde die Mobiliarversicherung von CHF 1600.– für ein Jahr im Voraus bezahlt.

11. Wir berücksichtigen CHF 600.– für die noch nicht eingetroffene Telefonrechnung für den Dezember.

12. Wir haben im Dezember bereits die Miete für den Januar von CHF 7300.– durch Banküberweisung bezahlt.

13. Eine Rechnung über CHF 4600.– für im alten Jahr erhaltene Lehrmittel ist beim Abschluss noch ausstehend.

14. Das Reinigungsinstitut hat für die letzten beiden Monate noch keine Rechnung gestellt. Wir rechnen mit einem Aufwand von CHF 2800.–.

15. Mitte Dezember haben wir verschiedenen Mitarbeitenden Vorschüsse für den Januar-Lohn von CHF 6500.– ausbezahlt.

A 5.8   Handelt es sich in den folgenden Fällen um die Bildung oder die Rückbuchung der Rechnungsabgrenzung? Nennen Sie dazu ein Beispiel eines möglichen Geschäftsfalles (kurze, präzise Umschreibung).

	Buchungssatz	Bildung	Rückbuchung	Geschäftsfall
a)	Aktive RA / VerwaltungsA			
b)	EnergieA / Passive RA			
c)	LohnA / Aktive RA			
d)	Aktive RA / FinanzE			
e)	Passive RA / WerbeA			
f)	RaumA / Aktive RA			
g)	Passive RA / WaE			
h)	Aktive RA / FahrzeugA			
i)	LohnA / Passive RA			
j)	VersicherungsA / Aktive RA			

A 5.9 Im Zusammenhang mit einem neuen Marketingkonzept lässt die «Heinzer AG» neue Prospekte drucken und kauft eine grössere Menge Werbematerial ein. Im Jahr 20.1 treffen dafür Rechnungen über CHF 38 300.– und im Jahr 20.2 Rechnungen über CHF 14 500.– ein. Aufgrund des erwarteten Verbrauchs der Prospekte und des Werbematerials soll der ganze Aufwand gleichmässig den Jahren 20.1 bis 20.3 belastet werden.

Führen Sie das Abgrenzungskonto und das Konto «Werbeaufwand» für die Jahre 20.1 bis 20.3 und geben Sie die Buchungssätze mit Beträgen an (Eröffnungs- und Abschlussbuchungen sind nicht verlangt, nur Anfangsbestände und Salden eintragen).

A 5.10 Nennen Sie die Buchungssätze mit Beträgen zu den folgenden Geschäftsfällen und führen Sie das Konto «Passivdarlehen» sowie das notwendige Abgrenzungskonto und das notwendige Finanzkonto (Eröffnungs- und Abschlussbuchungen sind nicht verlangt, nur Anfangsbestände und Salden eintragen).

1. Jahr

31. März	«Gisiger GmbH» gewährt uns ein Darlehen und überweist uns CHF 90 000.– auf das Bankkonto. Das Darlehen wird zu 4 % jeweils am 31. März für die abgelaufenen 12 Monate verzinst.
31. Dez.	Wir berücksichtigen den aufgelaufenen Zins auf dem Darlehen von «Gisiger GmbH». Die Konten sind abzuschliessen.

2. Jahr

01. Jan.	Wiedereröffnung der Konten
31. März	Bankbelastung
	a) Jahreszins auf dem Darlehen
	b) CHF 10 000.– als Teilrückzahlung der Darlehensschuld
31. Dez.	Wir berücksichtigen den aufgelaufenen Zins auf dem Darlehen der «Gisiger GmbH». Die Konten sind abzuschliessen.

3. Jahr

01. Jan.	Wiedereröffnung der Konten
31. März	Bankbelastung
	a) Jahreszins auf dem Darlehen
	b) CHF 10 000.– als Teilrückzahlung der Darlehensschuld
31. Dez.	Wir berücksichtigen den aufgelaufenen Zins auf dem Darlehen der «Gisiger GmbH». Die Konten sind abzuschliessen.

A 5.11 Ein Kunde hat umfangreiche Mängel an einer Arbeit, die wir im abgelaufenen Jahr ausgeführt haben, beanstandet. Die Ursachen dieser Mängel konnten noch nicht ermittelt werden. Leider konnten wir uns mit ihm nicht einigen. Wir müssen davon ausgehen, dass es zu einem Gerichtsverfahren kommt.

Geben Sie zu den folgenden Geschäftsfällen der Jahre 20.1 bis 20.3 die Buchungssätze mit Beträgen an und führen Sie das Konto «Rückstellung Prozess».

Jahr 20.1

Soll	Rückstellung Prozess	Haben

Wir begleichen die Teilrechnung unseres Anwalts von CHF 4 000.– durch Banküberweisung.

Wir schätzen, dass wir nach Abschluss des Verfahrens für Schadenersatzzahlungen, Anwalts- und Gerichtskosten insgesamt CHF 30 000.– zahlen müssen.

Abschluss des Kontos «Rückstellung Prozess»

Jahr 20.2

Soll	Rückstellung Prozess	Haben

Eröffnung des Kontos «Rückstellung Prozess»

Zu Lasten der Rückstellung zahlen wir unserem Anwalt weitere CHF 2 000.– durch die Bank.

Aufgrund der Abklärungen und Besprechungen mit dem Anwalt schätzen wir die insgesamt noch zu bezahlenden Kosten auf CHF 45 000.–.

Abschluss des Kontos «Rückstellung Prozess»

Jahr 20.3

Soll	Rückstellung Prozess	Haben	
			Eröffnung des Kontos «Rückstellung Prozess»
			Das Verfahren ist abgeschlossen. Wir müssen der Gegenpartei insgesamt CHF 32 000.–, dem Gericht CHF 2 700.– und unserem Anwalt CHF 6 500.– durch die Bank überweisen.
			Die restliche Rückstellung wird aufgelöst.
			Abschluss des Kontos «Rückstellung Prozess»

A 5.12 Nennen Sie die Buchungssätze mit Beträgen zu den folgenden Geschäftsfällen im Zusammenhang mit Rückstellungen.

a) Für die Umstrukturierung des Unternehmens bilden wir in den nächsten drei Jahren eine Rückstellung von insgesamt CHF 1 500 000.–. Buchen Sie die Bildung der Rückstellung im ersten Abschluss.

b) In den Vorjahren haben wir eine Rückstellung für die Revision einer Maschine von CHF 60 000.– gebildet. Die tatsächlichen Kosten betragen CHF 78 900.– und werden durch die Bank überwiesen.

c) Ein Bauunternehmen bildet jeweils pauschale Rückstellungen für Garantiefälle im Umfang von 1,5 % des Umsatzes. Im Vorjahr betrug der Umsatz CHF 4,3 Mio. und im laufenden Jahr CHF 4,7 Mio. Buchen Sie die Anpassung der Rückstellung (Garantieaufwand). Die Rückstellung wurde in diesem Jahr nicht beansprucht.

d) Für das 100-Jahr-Jubiläum plant ein Unternehmen verschiedene Kundenanlässe und Kundengeschenke. Für die geschätzten Kosten von total CHF 120 000.– werden in den vier vorangehenden Jahren gleichmässig Rückstellungen gebildet. Wie lautet die Buchung im vierten Jahr?

e) Die Kosten im Zusammenhang mit dem Jubiläum (vgl. Aufgabe d) betragen insgesamt CHF 109 100.–. Sie werden durch Banküberweisung beglichen. Die restliche Rückstellung wird aufgelöst.

A 5.13   Geben Sie zu den unten stehenden Geschäftsfällen (1. bis 30.) eines Handelsunternehmens die Buchungssätze mit Beträgen an. Verwenden Sie ausschliesslich die Konten gemäss folgendem Kontenplan. Die Mehrwertsteuer ist nur zu berücksichtigen, wenn es ausdrücklich verlangt wird.

Aktivkonten	Passivkonten	Aufwandskonten	Ertragskonten
Kasse	Verbindlichkeiten L+L	Warenaufwand	Warenerlöse
Bank	Verb. MWST	Lohnaufwand	Finanzertrag
Forderungen L+L	Passive RA	Sozialvers.A	
Vorsteuer 1170	Passivdarlehen	Übriger PersonalA	
Vorsteuer 1171	Rückstellungen	Raumaufwand	
Ford. VST	Eigenkapital	Fahrzeugaufwand	
Warenvorrat		Energieaufwand	
Aktive RA		VerwaltungsA	
Aktivdarlehen		Werbeaufwand	
Mobiliar		Sonstiger BA	
Fahrzeuge		Abschreibungen	
		Finanzaufwand	

Buchungen während des Geschäftsjahres:

1. Wir verkaufen Waren für CHF 2 670.95 inkl. 7,7 % Mehrwertsteuer auf Kredit. Die Mehrwertsteuer (Nettomethode) ist auch zu verbuchen.

2. Gemäss Abrechnung der Kasse betragen die Tageseinnahmen CHF 12 547.05 inkl. 7,7 % Mehrwertsteuer. Verbuchen Sie auch die Mehrwertsteuer.

3. Wir kaufen neue Regale für CHF 6 946.65 inkl. 7,7 % Mehrwertsteuer für unser Lager gegen Rechnung. Die Mehrwertsteuer ist ebenfalls zu verbuchen.

4. Ein Warenlieferant stellt uns Rechnung über CHF 1 981.70 inkl. 7,7 % Mehrwertsteuer. Verbuchen Sie auch die Mehrwertsteuer.

5. Wir zahlen die Miete des Ladenlokals von CHF 8 200.– durch Banküberweisung.

6. Die Rechnung für den Stromverbrauch in den letzten drei Monaten von CHF 1 600.– trifft ein.

7. Wir kaufen Büroverbrauchsmaterial für CHF 230.– gegen Barzahlung.

8. Die Bank schreibt uns Zinsen von brutto CHF 580.– unter Abzug von 35 % Verrechnungssteuern gut.

9. Wir überweisen einen Zins von CHF 2 100.– und eine Abzahlung unserer Darlehensschuld von CHF 10 000.– durch die Bank.

10. Beim Eingang von Waren zahlen wir Transportkosten von CHF 150.– bar. Gemäss Vereinbarung übernimmt der Lieferant diese Kosten.

11. Einem Mitarbeiter zahlen wir Reisespesen von CHF 160.– bar aus.

12. Wir erhalten eine Rechnung für Stelleninserate über CHF 2 700.–.

13. Wir kaufen ein neues Geschäftsauto für CHF 34 800.– gegen Rechnung.

14. Wir zahlen die Rechnung für das Fahrzeug (vgl. 13) unter Abzug von 2 % Skonto durch Banküberweisung.

15. Ein Kunde schuldet uns seit längerer Zeit CHF 12 280.–. Wir verrechnen ihm zusätzlich einen Verzugszins von CHF 360.–. CHF 10 000.– werden umgewandelt in ein Darlehen, den Rest überweist er auf unser Bankkonto.

16. Der Treuhänder stellt Rechnung über CHF 3 400.- für Beratungen im Zusammen-hang mit der Buchhaltung.

17. Wir zahlen eine verbuchte Lieferantenrechnung von CHF 4 100.- unter Abzug von 3 % Skonto durch Banküberweisung.

18. Wir begleichen die soeben eingetroffene Telefonrechnung des letzten Monats über CHF 620.- durch Banküberweisung.

19. Verschiedene Kunden zahlen Waren im Gesamtwert von CHF 1320.- mit ihrer Kreditkarte.

20. Die Kreditkartenorganisation überweist den Betrag für die verkauften Waren (vgl. 19) mit Abzug einer Kommission von 4 % auf unser Bankkonto.

Buchungen beim Jahresabschluss:

21. Der Bestand von Handelswaren hat gegenüber dem Vorjahr um CHF 18 600.- zugenommen.

22. Das Mobiliar wird um CHF 14 500.- und die Fahrzeuge werden um CHF 9 200.- abgeschrieben.

23. Von einem Lieferanten erwarten wir eine Rückvergütung von etwa CHF 7 200.-. Die Abrechnung wird erst im neuen Jahr eintreffen.

24. Beim Abschluss stehen an Kunden verkaufte Geschenkgutscheine im Wert von CHF 6 900.- offen.

25. Der während acht Monaten aufgelaufene Zins von 5 % des gewährten Darlehens von CHF 60 000.- ist zu berücksichtigen.

26. Der Spediteur hat für Versandfrachten von CHF 900.-, die zu unseren Lasten gehen, noch keine Rechnung gestellt.

27. Die Rechnung für Benzinbezüge im alten Jahr von CHF 700.- trifft erst im neuen Jahr ein.

28. Wir haben einem Kunden Waren für CHF 1500.- geliefert. Die Rechnung können wir aber erst nach dem Abschlusstermin erstellen.

29. Mitte Jahr haben wir die Prämie der Mobiliarversicherung von CHF 2 800.- für ein ganzes Jahr im Voraus bezahlt.

30. Eine Mitarbeiterin hat dieses Jahr einen Weiterbildungskurs besucht. Die Rechnung über CHF 950.- ist beim Abschluss noch ausstehend.

Kapitel 6

Löhne und Gehälter

In diesem Kapitel lernen Sie ...

► eine Lohnabrechnung zu erstellen.

► Versicherungsabzüge zu berechnen.

► Personalkosten zu ermitteln.

► eine Lohnabrechnung zu verbuchen.

► Spezialfälle zu erfassen und zu buchen.

6 Löhne und Gehälter

6.1 Die Lohnabrechnung

Einführungsbeispiel

Nachfolgend ist die Lohnabrechnung von Peter Schwarz, kaufmännischer Angestellter und ledig, wiedergegeben.

LOHNABRECHNUNG			Personal-Nr.	7955
			Aarau/Olten	/ 55

Persönlich
Herr
Schwarz Peter
Tramstrasse 1
5034 Suhr

Bezeichnung	Basis/Anzahl	Ansatz	Betrag	Gesamt
Monatsgehalt			① 5 000.00	
BRUTTO				5 000.00
AHV, IV, EO-Beitrag ②	5 000.00	5,30%	-265.00	
ALV-Beitrag ③	5 000.00	1,10%	-55.00	
PK-Beitrag ④			-234.75	
Nichtberufsunfall ⑤	5 000.00	0,50%	-25.00	
Sozialabzüge				-579.75
Auszahlungsbetrag				⑥ 4 420.25
Postfinance	50-99999-9			4 420.25

Erklärungen zur Lohnabrechnung (Stand 1.1.2022)

① **Bruttolohn** gemäss Arbeitsvertrag (evtl. plus Kinder- und Ausbildungszulagen)

② – ⑤ **Sozialversicherungsabzüge**

Auf Lohn- und Gehaltszahlungen[1] sind Sozialversicherungsbeiträge zu entrichten, wobei diese zwischen Arbeitnehmer und Arbeitgeber aufgeteilt werden. Es sind folgende Sozialversicherungsbeiträge zu berücksichtigen:

② **Die Alters- und Hinterlassenenversicherung (AHV), die Invalidenversicherung (IV) und die Erwerbsersatzordnung (EO)**

Die obligatorische Beitragspflicht beginnt mit dem Jahr nach Vollendung des 17. Altersjahres und dauert so lange, wie die Erwerbstätigkeit ausgeübt wird. Arbeitgeber und Arbeitnehmer teilen sich die Beiträge von 10,6 % der Lohnsumme hälftig.

---

[1] Der Begriff «Löhne» wird v. a. für in der Produktion tätige Arbeitnehmende (= Arbeiter und Arbeiterinnen) verwendet, der Ausdruck «Gehälter» für in der Administration tätiges Personal.

③ Die Arbeitslosenversicherung (ALV)

Auf dem Lohn bis CHF 148 200.– je Arbeitsverhältnis sind 2,2 % ALV-Beitrag zu entrichten. Arbeitnehmer und Arbeitgeber teilen sich den ALV-Beitrag hälftig.

④ Die Pensionskasse (BVG, PK)

Die berufliche Vorsorge ist für alle Mitarbeitenden mit einem Jahreslohn von mindestens CHF 21 510.– obligatorisch (Stand 1.1.2022). Die Finanzierung erfolgt durch Arbeitnehmer- und Arbeitgeberbeiträge, wobei der Arbeitgeber mindestens die Hälfte übernehmen muss. Die Pensionskassenbeiträge belaufen sich auf ca. 9 % bis 28 % des versicherten Lohnes, was ca. 7 % bis 21 % des Bruttolohnes entspricht. Die Beiträge variieren je nach Vorsorgeeinrichtung und steigen mit zunehmendem Alter.

⑤ Die Unfallversicherung

Alle Arbeitnehmerinnen und Arbeitnehmer sind obligatorisch gegen Berufsunfälle (= Unfälle bei der Arbeit) und Nichtberufsunfälle (= Unfälle in der Freizeit) zu versichern. Über 100 000 Schweizer Betriebe sind bei der SUVA (= Schweizerische Unfallversicherungsanstalt, Luzern) versichert. Es sind Betriebe mit erhöhter Unfallgefahr (alle Industrieunternehmen, die meisten Handwerks- und Gewerbebetriebe) sowie die öffentliche Verwaltung einschliesslich Post und SBB. Andere Unternehmen (z. B. Banken, Reisebüros usw.) können ihre Mitarbeitenden auch bei einer privaten Versicherungsgesellschaft oder einer Krankenkasse versichern.

a) Die Berufsunfallversicherung (BU)

Die Versicherungsprämien für Berufsunfall gehen zu Lasten des Arbeitgebers. Der Ansatz ist je nach Branche unterschiedlich und schwankt zwischen 0,02 % für Betriebe mit kleiner Unfallgefahr (z. B. kaufmännische Büros 0,1847 %) und 34,18 % für Betriebe mit erheblicher Unfallgefahr. In der Realität liegt der Prämiensatz allerdings meistens unter 10 % (z. B. Gerüstbau 6,8306 %, Adventuresport 8,7227 %). Das dabei angewandte Bonus-Malus-System fördert die Arbeitsplatzsicherheit und das kostenbewusste Verhalten.

b) Die Nichtberufsunfallversicherung (NBU)

Die Versicherungsprämien für den Nichtberufsunfall können ganz oder teilweise dem Arbeitnehmer belastet werden.

⑥ Ausbezahlter Lohn (Nettolohn)

Der ausbezahlte Lohn (Nettolohn) entspricht dem Bruttolohn abzüglich der Sozialversicherungsbeiträge des Arbeitnehmers. Dieser Betrag wird durch den Arbeitgeber auf das Konto des Arbeitnehmers überwiesen.

Da die auf Lohn- und Gehaltszahlungen zu entrichtenden Sozialversicherungsbeiträge von Arbeitnehmer und Arbeitgeber getragen werden, ergeben sich für den Arbeitgeber sog. Lohnzusatzkosten. Lohnzusatzkosten sind Sozialversicherungsbeiträge, welche vom Arbeitgeber nebst dem Bruttolohn zu entrichten sind. Sie «verteuern» den Arbeitnehmer.

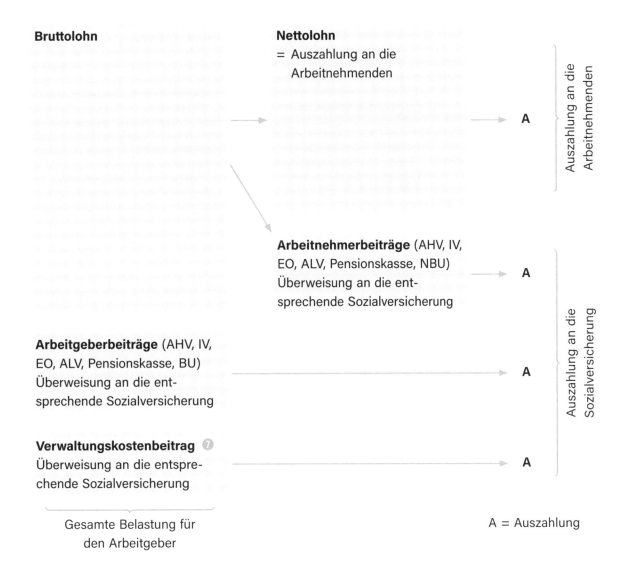

Bruttolohn

Nettolohn
= Auszahlung an die
Arbeitnehmenden

A

Auszahlung an die Arbeitnehmenden

Arbeitnehmerbeiträge (AHV, IV,
EO, ALV, Pensionskasse, NBU)
Überweisung an die entsprechende Sozialversicherung

A

Arbeitgeberbeiträge (AHV, IV,
EO, ALV, Pensionskasse, BU)
Überweisung an die entsprechende Sozialversicherung

A

Auszahlung an die Sozialversicherung

Verwaltungskostenbeitrag ❼
Überweisung an die entsprechende Sozialversicherung

A

Gesamte Belastung für
den Arbeitgeber

A = Auszahlung

❼ **Der Verwaltungskostenbeitrag**
Der Arbeitgeber bezahlt einen Verwaltungskostenbeitrag (VKB) von maximal 3 % der abzuliefernden AHV-, IV- und EO-Beiträge an die Ausgleichskasse. Dies entspricht 0,318 % der Bruttolohnsumme.[2] Je grösser die zu entrichtende Beitragssumme ist, desto kleiner werden die Verwaltungskostenansätze.

Auf der nachfolgenden Seite sind die Sozialversicherungsbeiträge übersichtlich dargestellt.

[2] Beispiel:

Bruttolohnsumme	CHF	100 000.00	100,0 %	
AHV-, IV-, EO-Beiträge total	CHF	10 600.00	10,6 %	der Bruttolohnsumme
Verwaltungskostenbeitrag	CHF	318.00	3 %	der AHV-, IV-, EO-Beiträge
			= 0,318 %	der Bruttolohnsumme

Aufteilung der Sozialversicherungsbeiträge auf Arbeitnehmer und Arbeitgeber

SOZIALVERSICHERUNGSBEITRÄGE

STAATLICHE VORSORGE

AHV, IV, EO, ALV

Alters- und Hinterlassenenversicherung (AHV)

Invalidenversicherung (IV)

Erwerbsersatzordnung (EO)

Arbeitslosenversicherung (ALV)

Total: 12,8 % der Bruttolohnsumme

Arbeitgeberanteil		**Arbeitnehmeranteil**	
AHV		AHV	
IV	5,30 %	IV	5,30 %
EO		EO	
ALV	1,10 %	ALV	1,10 %

BERUFLICHE VORSORGE

Pensionskasse, BVG

Total: i. d. R. > 15 % der versicherten Lohnsumme

Arbeitgeberanteil	**Arbeitnehmeranteil**
Mindestens die Hälfte	Vom Arbeitgeber nicht getragener Anteil

Unfallversicherung (UVG)

Berufsunfallversicherung (BU)

Nichtberufsunfallversicherung (NBU)

Total: variiert je nach Risiko der Branche

Arbeitgeberanteil	**Arbeitnehmeranteil**
Ganze BU; ganze oder teilweise Übernahme der NBU auf freiwilliger Basis	Ganze NBU, sofern nicht durch den Arbeitgeber getragen

6.2   Die Verbuchung der Lohnabrechnung*

Nettolohn und Arbeitnehmerbeiträge stellen für den Arbeitgeber einen direkten Lohnaufwand dar und werden auf das Konto «Lohnaufwand» gebucht. Dem Arbeitnehmer wird aber nur die Nettolohnsumme ausbezahlt (Bruttolohn abzüglich alle Arbeitnehmerbeiträge)!

Arbeitgeberbeiträge (Lohnzusatzkosten) sind nicht als Lohnaufwand, sondern als Sozialversicherungsaufwand zu buchen. Sie vermindern die Nettolohnsumme nicht, stellen aber zusätzliche Personalkosten dar.

Lohnaufwendungen und Sozialversicherungsaufwendungen werden unter dem Begriff Personalaufwand zusammengefasst. Unter dem Personalaufwand versteht man die Gesamtheit aller an die arbeitsvertraglich beschäftigten Arbeitnehmerinnen und Arbeitnehmer ausbezahlten Entschädigungen (Lohn, Spesen, Weiterbildung) sowie die obligatorischen und freiwilligen Sozialversicherungsabgaben. Anstelle der beiden Konten «Lohnaufwand» und «Sozialversicherungsaufwand» wird in Schulbeispielen oft nur ein Konto geführt, das Konto «Personalaufwand».

Soll	Lohnaufwand	Haben
▪ Löhne		
▪ Gehälter		
▪ Erfolgsprämien usw.		
▪ Arbeitnehmerbeiträge für AHV/IV/EO/ALV/ BVG/NBU		

Soll	Sozialversicherungsaufwand	Haben
Arbeitgeberbeiträge		
▪ AHV/IV/EO/ALV		
▪ BVG		
▪ BU		
▪ VKB		

zusammengefasst unter dem Begriff bzw. im Konto «Personalaufwand»

In der Praxis werden häufig separate Lohnkonten für die verschiedenen Bereiche geführt und für die Sozialversicherungen getrennte Konten (z. B. für AHV, BVG, Unfallversicherungen) verwendet. Die im Lohnaufwand bzw. Sozialversicherungsaufwand verbuchten AHV-/IV-/EO- und ALV-Beiträge stellen eine Schuld gegenüber der Ausgleichskasse dar und sind wie die geschuldeten Beiträge an die Pensionskasse bzw. an die Unfallversicherung im Passivkonto «Verbindlichkeiten Sozialversicherungen» einzutragen.

Verbuchung des Einführungsbeispiels
Wie verbucht der Arbeitgeber von Peter Schwarz die Lohnzahlung (vgl. S. 151) und die Beiträge an die Sozialversicherungen? Auf der folgenden Seite ist die Verbuchung der Lohnabrechnung von Peter Schwarz festgehalten.

	Soll	Haben	Betrag	LohnA Soll	LohnA Haben	SozVA Soll	SozVA Haben	Verb. SozV Soll	Verb. SozV Haben
Bruttolohn	keine Buchung		5 000.00						
Arbeitnehmerbeiträge									
5,30 % AHV, IV, EO	Lohnaufwand	Verb. Sozialvers.	265.00	265.00					265.00
1,10 % ALV	Lohnaufwand	Verb. Sozialvers.	55.00	55.00					55.00
Pensionskasse	Lohnaufwand	Verb. Sozialvers.	234.75	234.75					234.75
NBU	Lohnaufwand	Verb. Sozialvers.	25.00	25.00					25.00
Nettolohn	Lohnaufwand	Bank	4 420.25	4 420.25					
Arbeitgeberbeiträge									
5,30 % AHV, IV, EO	Sozialvers.A	Verb. Sozialvers.	265.00			265.00			265.00
1,10 % ALV	Sozialvers.A	Verb. Sozialvers.	55.00			55.00			55.00
Pensionskasse	Sozialvers.A	Verb. Sozialvers.	440.00			440.00			440.00
BU	Sozialvers.A	Verb. Sozialvers.	14.00			14.00			14.00
0,318 % VKB	Sozialvers.A	Verb. Sozialvers.	15.90			15.90			15.90
Salden	ER	Lohnaufwand	5 000.00		Ⓢ 5 000.00				
	ER	Sozialvers.A	789.90				Ⓢ 789.90		
	Verb. Sozialvers.	Schlussbilanz	1 369.65					Ⓢ 1 369.65	
				5 000.00	5 000.00	789.90	789.90	1 369.65	1 369.65

Berechnung der gesamten Personalkosten für den Arbeitgeber:

Bruttolohn	CHF	5 000.00	→	Saldo Lohnaufwand
Lohnzusatzkosten	CHF	789.90	→	Saldo Sozialversicherungsaufwand
Personalkosten	CHF	5 789.90		

Die Personalkosten umfassen den Bruttolohn sowie alle vom Arbeitgeber bezahlten Beiträge.

> **Berechnung der Personalkosten**
>
> Bruttolöhne
> + Arbeitgeberbeiträge (Lohnzusatzkosten)
> _____
> = Personalkosten

Zu den Personalkosten gehören auch noch Weiterbildungskosten und Spesen.

6.3 Spezialfälle*

Vorschüsse auf den Lohn

Oft werden Arbeitnehmenden bereits vor dem Monatsende Vorschüsse auf den Monatslohn ausbezahlt. Die Lohnabrechnung sieht dann folgendermassen aus:

Nettolohn Juli	CHF	5 600.–
- bereits bezogener und verbuchter Barvorschuss vom 27. Juni	CHF	2 300.–
Banküberweisung Nettolohn Juli	CHF	3 300.–

Nettolohn Juli (Rest)	**Lohnaufwand / Bank**	**3 300.–**

Der Barvorschuss vom 27. Juni ist bereits verbucht, Buchungssatz: Lohnaufwand / Kasse 2 300.–. Deshalb wird Ende Juli nicht der ganze Nettolohn, sondern nur noch der Rest des Nettolohns überwiesen. Die Sozialversicherungsbeiträge werden vom ganzen Monatsbruttolohn berechnet.

Verrechnung von Naturallohn (Kost und Logis, vor allem im Gastgewerbe)

In Hotels oder Restaurants ist es üblich, dass das Personal in Hotelzimmern wohnt und dort auch verpflegt wird. Die Zimmer- und Verpflegungskosten werden vom Lohn abgezogen.

Nettolohn Juli	CHF	3 600.–
- Kosten für Verpflegung und Zimmer im Hotel	CHF	1 300.–
Lohn Juli, bar ausbezahlt	CHF	2 300.–

Nettolohn Juli	**Lohnaufwand / Kasse**	**3 600.–**
Verpflegung und Zimmer	**Kasse / Ertrag aus Beherbergung und Verpflegung**	**1 300.–**

Es ist sinnvoll, den Nettolohn gemäss Arbeitsvertrag und Lohnabrechnung zu verbuchen. Andere Leistungen, wie z. B. Spesen, sind nicht sozialversicherungspflichtig und werden deshalb über das Konto «Übriger Personalaufwand» verbucht.

Verrechnung von Spesen und Warenbezügen zu reduzierten Preisen
Spesen für Aussendienstmitarbeitende können bei der Lohnabrechnung berücksichtigt werden. Oft werden Spesenvorschüsse gewährt. Nach Abgabe der Spesenabrechnung wird eine Differenz dem Mitarbeiter gutgeschrieben oder belastet. Ferner können auch noch Warenbezüge berücksichtigt werden.

Die Lohnabrechnung für den Mitarbeiter K. Reiser sieht folgendermassen aus:

Nettolohn Juli	CHF	4600.–
- am 2.7. ausbezahlter Spesenvorschuss bar	CHF	1000.–
+ Spesen für Montage in Frankreich gemäss Beleg	CHF	1345.–
- Warenbezüge zu reduziertem Verkaufspreis (MWST wird nicht berücksichtigt)	CHF	500.–
Banküberweisung	CHF	4445.–

Für die Verbuchung gibt es mehrere Varianten. Wenn jedoch der Grundsatz angewendet wird, dass der Nettolohn immer ausgewiesen und verbucht werden soll, löst obige Lohnabrechnung folgende Buchungen aus:

Nettolohn Juli	**Lohnaufwand / Bank**	**4600.–**
Spesen	*kein Buchungssatz, da bereits verbucht*	
Abrechnung Spesen	**Übriger Personalaufwand / Bank**	**345.–**
Warenbezug	**Bank / Warenerlöse**	**500.–**

Das Verrechnungskonto ist das Bankkonto, das netto, d. h. nach Berücksichtigung des Warenbezugs, mit CHF 4445.– belastet wird.

Kapitel 6

Aufgaben

A 6.1   Vervollständigen Sie nachfolgende Lohnabrechnung für Manuela Steiger, kaufmännische Angestellte in einem Hotel.

Gehaltsabrechnung für den Monat April

Salär	Brutto		CHF	4 000.–

Abzüge	5,30 % AHV / IV / EO von	CHF		
	1,10 % ALV von	CHF		
	Pensionskasse	CHF	160.–	
	1,47 % NBU von	CHF		
	Total		CHF	
	Netto		CHF	

A 6.2   Erstellen Sie aufgrund der nachfolgenden Angaben die entsprechenden Lohnabrechnungen für den Arbeitnehmer.

		a)	b)
1.	Bruttolohn	7 000.–	3 800.–
2.	AHV- / IV- / EO-Abzug	5,30 %	5,30 %
3.	ALV-Abzug	1,10 %	1,10 %
4.	Pensionskasse	490.–	270.–
5.	NBU-Abzug	1,63 %	1,47 %
6.	Nettolohn	?	?

A 6.3 Vervollständigen Sie das nachfolgende Schema mittels entsprechender Berechnung der Lohnzahlung an Michèle Seiler (Angestellte in einem Lagerhaus) für den Monat Februar.

Bruttolohn CHF 4 200.–

Arbeitnehmeranteil 5,30 % AHV/IV/EO von CHF .... CHF ....

1,10 % ALV von CHF .... CHF ....

BVG (PK) vom versicherten Lohn CHF 294.–

1,47 % NBU von CHF .... CHF .... - CHF ....

Nettolohn CHF ....

Lohnzusatzkosten =

Arbeitgeberanteil 5,30 % AHV/IV/EO von CHF .... CHF ....

1,10 % ALV von CHF .... CHF ....

BVG (PK) vom versicherten Lohn CHF 420.–

1,54 % BU von CHF .... CHF ....

3,00 % VKB[3] von CHF .... CHF .... CHF ....

Fragen zu obiger Lohnabrechnung:
a) Wie hoch ist der Betrag (AHV, IV, EO, ALV, VKB), den der Arbeitgeber von Michèle Seiler der Ausgleichskasse abliefern muss?
b) Wie viele Franken kostet Michèle Seiler ihren Arbeitgeber im Monat?

A 6.4 Die monatlich auszuzahlende Bruttolohnsumme eines Unternehmens beläuft sich auf CHF 400 000.–.

a) Berechnen Sie die monatliche Nettolohnsumme, wenn sich die Arbeitnehmeranteile an der Pensionskasse auf CHF 28 000.– belaufen (NBU-Satz = 1,47 %).

b) Berechnen Sie die Arbeitgeberbeiträge, wenn der Arbeitgeberanteil an der Pensionskasse CHF 40 000.– und der Verwaltungskostenbeitrag 1,5 % der abzuliefern-den AHV- / IV- / EO-Beiträge betragen (BU-Satz = 0,43 %).

---

[3] Verwaltungskostenbeitrag in Prozenten der abzuliefernden AHV- / IV- / EO-Beiträge.

A 6.5   Verbuchen Sie die nachstehenden, ausgewählten Geschäftsfälle für das Einzelunternehmen «Möbel Schreinerei Meier» (MSM). Die MSM stellt in der Werkstatt eigene Designermöbel her (Produktionsertrag) und handelt mit importierten Fertigmöbeln aus Skandinavien (Warenerlöse).

Geschäftsfälle während des Geschäftsjahres:

1. Vor einer Woche hat die MSM dem Kunden Bloch die Rechnung für die Produktion und Montage eines Einbauschranks gesendet und verbucht. Die Post schreibt dem Konto der Schreinerei CHF 13 181.– mit dem Vermerk «unter Abzug von 2 % Skonto» gut. Zahlung und Skonto sind getrennt zu verbuchen.

2. Die MSM hat am 30.4. ein Darlehen von CHF 100 000.– bei der Bank aufgenommen, Zinstermine 31.10. und 30.4., Zinsfuss 3,75 %. Am 31. Oktober werden ab dem Geschäftskonto (TKB Weinfelden) der fällige Darlehenszins sowie CHF 20 000.– als Amortisation des Darlehens abgebucht.

3. Vor drei Jahren erhielt die MSM von der Betreibung gegen Kunde Meister einen Verlustschein über CHF 4 320.–. Heute begleicht Meister gegen Aushändigung des Verlustscheins seine Schuld bar.

4. Die MSM hat eine neue Hobelmaschine für CHF 14 400.– auf Kredit gekauft. Da die Maschine mit den falschen elektrischen Anschlüssen geliefert worden ist, gewährte der Lieferant nachträglich noch 10 % Rabatt. Nur die Rechnung ist bereits verbucht worden. Heute lässt Meier ab dem Bankkonto des Geschäfts die Restschuld überweisen.

5. Die «Immer AG» sendet der MSM die Rechnung von CHF 699.40 für Service- und Reparaturarbeiten an der Bandsäge.

6. Auf dem Betriebsgelände der MSM ist ein Brand ausgebrochen, Lösungsmittel sind ausgelaufen und haben das Grundwasser verschmutzt. Für allfällige Schadenersatzzahlungen bildet die MSM eine Rückstellung von CHF 34 000.–.

Buchungen am 31. Dezember:

7. Der Marchzins auf dem Darlehen (vgl. 2) ist noch zu berücksichtigen.

8. Das Elektrogeschäft «Keller AG» hat eine Reparatur an der Produktionsanlage am 22. Dezember durchgeführt. Die Rechnung ist noch nicht eingetroffen, der Kostenvoranschlag beträgt CHF 1 560.–.

9. Die Konten «Werkzeuge» und «Wertberichtigung Werkzeuge» weisen vor Abschreibung die folgenden Beträge auf:

Werkzeuge Soll	CHF	145 000.–
Werkzeuge Haben	CHF	35 000.–
WB Werkzeuge Soll	CHF	7 000.–
WB Werkzeuge Haben	CHF	48 000.–

    Per 31. Dezember sollen die Werkzeuge um 40 % degressiv abgeschrieben werden.

10. Die MSM passt jedes Jahr die Rückstellungen für Garantiearbeiten auf 5 % des Saldos des Kontos Produktionsertrag an. Vor der Anpassung sehen die Konten wie folgt aus:

Produktionsertrag Soll	CHF	46 400.–
Produktionsertrag Haben	CHF	2 963 200.–
Rückstellungen für Garantiearbeiten Soll	CHF	68 420.–
Rückstellungen für Garantiearbeiten Haben	CHF	132 830.–

11. Der Bestand an Handelswaren aus Skandinavien hat um CHF 45 000.– abgenommen.

A 6.6* Maria Studer, Bankangestellte, verdient im Monat CHF 6000.– brutto. Verbuchen Sie die Lohnzahlung (Banküberweisung), die Arbeitnehmer- und die Arbeitgeberbeiträge, tragen Sie diese in die Konten ein und schliessen Sie die Konten ab.

	Soll	Haben	Betrag	LohnA Soll	LohnA Haben	SozVA Soll	SozVA Haben	Verb. SozV Soll	Verb. SozV Haben
Bruttolohn									
Arbeitnehmerbeiträge									
5,30 % AHV, IV, EO									
1,10 % ALV									
Pensionskasse CHF 308.–									
1,47 % NBU									
Nettolohn									
Arbeitgeberbeiträge									
5,30 % AHV, IV, EO									
1,10 % ALV									
Pensionskasse CHF 442.–									
0,17 % BU									
0,318 % VKB									
Salden									
Lohnaufwand									
SozialversicherungsA									
Verb. Sozialvers.									

A 6.7* a) Aus der «Condor AG» sind folgende Zahlen für den Monat August bekannt:

Bruttolöhne			80 000.–
Arbeitnehmerbeiträge	5,30 % AHV / IV / EO	4 240.–	
	1,10 % ALV	880.–	
	Pensionskasse	4 480.–	
	NBU-Prämien	1176.–	10 776.–
Nettolöhne	Banküberweisung		69 224.–
Arbeitgeberbeiträge	5,30 % AHV / IV / EO	4 240.–	
	1,10 % ALV	880.–	
	Pensionskasse	6 400.–	
	BU-Prämien	720.–	12 240.–

Da die «Condor AG» mit der kantonalen Ausgleichskasse monatlich abrechnet, ist ein Verwaltungskostenbeitrag von CHF 254.40 zu berücksichtigen. Die Überweisung an die Ausgleichskasse (AK) erfolgt über das Postkonto.

Verbuchen Sie die obige Lohnabrechnung, tragen Sie die verbuchten Beträge in die Konten ein und schliessen Sie die Konten ab.

Geschäftsfall	Soll	Haben	Betrag
Bruttolöhne			
Arbeitnehmerbeiträge			
Nettolöhne			
Arbeitgeberbeiträge			
Verw.kostenbeitrag			
Überweisung an AK			

Soll	**LohnA**	Haben	Soll	**SozVA**	Haben	Soll	**Verb. SozV**	Haben

b) Der Handelsbetrieb «RiRo AG» verwendet für die Verbuchung der Personalaufwendungen folgende Konten:

2000 Verbindlichkeiten L+L

2270 Verbindlichkeiten Sozialversicherungen

5200 Lohnaufwand

5270 Sozialversicherungsaufwand

5280 Übriger Personalaufwand
(für die Personalsuche, Aus- und Weiterbildung, Personalanlässe usw.)

5290 Temporäre Arbeitnehmer

Verbuchen Sie die Geschäftsfälle 1 bis 10 für die «RiRo AG».

1. Angaben zur Lohnabrechnung für den Monat Dezember; die Auszahlung der Löhne erfolgt über das Postkonto.

Bruttolöhne	240 000.–
Arbeitnehmerbeiträge total	28 488.–
Arbeitgeberbeiträge total	36 880.–

2. Banküberweisung von Spesenentschädigungen 2 000.–

3. Ein Mitarbeiter hat einen externen Kurs für ein Verkaufstraining besucht. Der Rechnungsbetrag beläuft sich auf 1 600.–

4. Der Geschäftsleitung wird eine Erfolgsbeteiligung per Banküberweisung ausbezahlt 20 000.–

5. Die verbuchten BVG-Prämien für die letzten 2 Monate werden durch die Post an die Pensionskasse überwiesen 60 000.–

6. Einem Personalvermittler werden für temporär verpflichtete Arbeitnehmer bar ausbezahlt 1 000.–

7. Rechnung für Stelleninserate 5 000.–

8. Einer Arbeitnehmerin werden Nachtzulagen per Bank überwiesen 200.–

9. Dem Mitarbeiter Franz Keck wird ein Lohnvorschuss auf den Januarlohn bar ausbezahlt 1 200.–

10. Die Löhne der Aussendienstmitarbeitenden werden separat abgerechnet. Der Mitarbeiter Marc Arnold kommt aus einem Auslandsaufenthalt zurück. Bei der Lohnabrechnung werden die Spesen und ein privater Warenbezug zu ermässigtem Verkaufspreis berücksichtigt.
Verbuchen Sie die folgende Abrechnung von Marc Arnold:

Dezember, Bruttolohn	6 700.–
- Arbeitnehmerbeiträge total	-795.–
- Spesenvorschuss bar vom 1.12.	-1 800.–
+ Abgerechnete Spesen Dezember	+2 050.–
- Warenbezüge ermässigter Preis	-884.–
Bankbelastung	5 271.–

A 6.8*   Sarah Leuenberger handelt mit verschiedenen Lampen. Für ihr Unternehmen gilt folgender Kontenplan:

Aktiven	Passiven	Aufwand	Ertrag
Kasse	Verbindlichkeiten L+L	Warenaufwand	Warenerlöse
Post	Verb. SozV	Lohnaufwand	Beratungsertrag
Forderungen L+L	Eigenkapital	Sozialvers.aufwand	
Warenvorrat		Sonstiger Betriebsaufwand	
Mobiliar			

Der Geschäftsverkehr für Januar bis November ist bereits summarisch im Hauptbuch eingetragen. Für die Lampen aller Marken ist nur ein Warenvorratskonto zu führen.

a) Bilden Sie die Buchungssätze für den Monat Dezember und tragen Sie diese ins Hauptbuch ein.

1. Kauf von 10 Lampen Lumino gegen Rechnung   4 000.–

2. Bezugsspesen (nicht verbucht) zu Lasten von Sarah Leuenberger
   mittels Postüberweisung bezahlt   160.–

3. Verkauf von 4 Lampen Dekor über den Ladentisch   1 800.–

4. Kauf neuer PCs für das Verkaufslokal auf Kredit   4 200.–

5. Postüberweisung an den Lieferanten Lumino (vgl. 1) nach Abzug von 2 % Skonto

6. Auszahlung der Löhne an die zwei Mitarbeiterinnen durch Postüberweisung:

Bruttolöhne		6 000.–	
Arbeitnehmerbeiträge	5,30 % AHV / IV / EO	?	
	1,10 % ALV	?	
	Pensionskasse	340.–	
	NBU-Prämien	88.–	?
Nettolöhne	Postüberweisung		?
Arbeitgeberbeiträge	5,30 % AHV / IV / EO	?	
	1,10 % ALV	?	
	Pensionskasse	600.–	
	BU-Prämien	54.–	?

7. Sarah Leuenberger bezieht eine Lampe der Marke Heller für den
   Eigengebrauch zum Einstandswert   250.–

8. Verkauf von 20 Lampen Heller an Detailhändler:

Verkaufspreis	7 000.–
- Sonderrabatt	- 140.–
Barzahlung	6 860.–

9. Postüberweisung für die Miete   2 400.–

10. Bareinnahmen aus der Beratungstätigkeit für die Beleuchtung
    in einer Bank   1 200.–

11. Detailhändler zahlen ihre Rechnungen auf das Postkonto   14 000.–

12. Postgiro des Lieferanten für Rücksendungen von Lampen   500.–

13. Der Inventarwert ist wie folgt zu berechnen:

    20 Lampen Lumino zum Einstandspreis von CHF 408.– / Lampe

    15 Lampen Dekor zum Einstandspreis von CHF 320.– / Lampe

    30 Lampen Heller zum Einstandspreis von CHF 250.– / Lampe

b) Schliessen Sie die Konten ab und erstellen Sie die Erfolgsrechnung sowie die Schlussbilanz II, wobei der Erfolg mit dem Eigenkapital zu verrechnen ist.

c) Zeigen Sie auf, wie der Einstandspreis (Einstandswert) einer Lampe Lumino berechnet wurde.

Bestandsrechnung

Kasse	
105 800	104 922

Verb. L+L	
191 745	212 200

Post	
212 400	205 400

Verb. SozV	
16 812	20 548

Ford. L+L	
48 000	4 000

Eigenkapital	
20 750	40 000

Warenvorrat	
21 120	

Mobiliar	
17 400	5 400

Erfolgsberechnung

Warenaufwand	
192 250	6 080

Warenerlöse	
10 660	342 000

Lohnaufwand	
66 000	

Beratungsertrag	
	16 800

Sozialvers.aufwand	
11 513	

Sonstiger BA	
43 600	700

Aktiven	Schlussbilanz II	Passiven	Aufwand	Erfolgsrechnung	Ertrag

Verbuchung des Erfolgs:

Soll	Haben	Text	Betrag

Berechnung des Einstandspreises:

A 6.9* Verbuchen Sie die Geschäftsfälle des Einzelunternehmens P. Wenger, Warenhandel.

1. a) Kauf von Waren gegen Rechnung   20000.–
    b) Verkauf von Waren auf Kredit, Frankolieferung   14000.–
    c) Versandfrachten auf obigen Warenverkäufen bar bezahlt   250.–

2. Die geschuldeten Sozialversicherungsbeiträge werden durch die Post
    an die Ausgleichskasse überwiesen   9170.–

3. Postgiro der Ausgleichskasse für die Erwerbsausfallentschädigung eines
    Mitarbeiters im Militärdienst   320.–

4. Einer Mitarbeiterin werden als Dienstaltersgeschenk per Bank überwiesen[4] 5000.–

5. Gemäss Kassastreifen betragen die noch nicht gebuchten Verkäufe
    im Laden   14000.–

6. Bezahlung einer bereits verbuchten Lieferantenrechnung innert 10 Tagen:

    Rechnungsbetrag   10000.–
    - Skonto   -200.–
    Postüberweisung   9800.–

7. Die Arbeitnehmerbeiträge betragen:

    5,30 % AHV / IV / EO   3710.–
    1,10 % ALV   ?
    Pensionskasse   4200.–
    NBU-Beiträge   1029.–   ?

8. Die Nettolöhne werden durch die Bank überwiesen   ?

9. Die Arbeitgeberbeiträge betragen:

    5,30 % AHV / IV / EO   3710.–
    1,10 % ALV   ?
    Pensionskasse   6600.–
    BU-Beiträge   630.–   ?

10. Der Unternehmer bezieht Waren für den Eigengebrauch zu Einstandspreisen 200.–

11. Postüberweisung der geschuldeten Beiträge für die Unfallversicherung an
    die SUVA   1659.–

12. Ein Lieferant überweist einen Umsatzbonus auf das Postkonto   300.–

13. Lohnauszahlungen für drei 17-jährige KV-Lernende durch die Bank   2250.–

14. Verrechnung von Warenbezügen (zu verminderten Verkaufspreisen)
    von Angestellten mit dem Lohn   400.–

15. Die SUVA schreibt für zu viel überwiesene BU-Prämien gut   432.–

16. Für den Vertreter F. Schnell liegt folgende Auszahlung vor:[4]

    Nettolohn Dezember   4805.–
    + Spesen für Dez. gemäss Belegen   +1000.–
                                        5805.–

    - Spesenvorschuss Dezember   -1200.–
      (verbucht und ausbezahlt)
    Netto-Barauszahlung   4605.–

17. Warenvorrat am Jahresanfang CHF 16000.–; Warenvorrat am Jahresende
    CHF 22000.–. Bestandesänderung?

18. Der Reingewinn wird durch die Post an den Inhaber ausbezahlt   10000.–

---

[4] Die Sozialversicherungsbeiträge sind nicht zu berücksichtigen.

Kapitel 7

Einzelunternehmen

In diesem Kapitel lernen Sie ...

▶ das Einzelunternehmen und seine wichtigsten Merkmale kennen.

▶ die Buchungen im Zusammenhang mit der Gründung zu erstellen.

▶ die Konten «Eigenkapital» und «Privat» zu führen und abzuschliessen.

▶ die Bezüge und Gutschriften zu verbuchen.

▶ das Unternehmereinkommen zu berechnen.

7 Einzelunternehmen

7.1 Gründung eines Einzelunternehmens

Einführungsbeispiel

Sabine Hofer hat vor acht Jahren die Berufslehre als Malerin abgeschlossen. Seither arbeitete sie in verschiedenen Malergeschäften der Region. Nun gründet sie ein eigenes Unternehmen. Da es sich um einen Kleinbetrieb handelt und sie alleinige Eigentümerin sein will, steht als Rechtsform das Einzelunternehmen im Vordergrund. Sie möchte wissen, welche Voraussetzungen, Vorteile und Nachteile ein Einzelunternehmen aufweist.

Sabine Hofer beabsichtigt, im ersten Jahr zwei Mitarbeitende zu beschäftigen. In einer Gewerbeliegenschaft in der Region kann sie geeignete Räumlichkeiten für Büro, Werkstatt, Lager und Einstellplätze für die Fahrzeuge mieten. Mit einem Fachmann erstellt sie die folgende Zusammenstellung der notwendigen Betriebsmittel und des entsprechenden Kapitalbedarfs.

Planung des Kapitalbedarfs			
Investitionen		**Finanzierung**	
(Verwendung der Mittel)		(Herkunft der Mittel)	
Werkzeuge, Einrichtungen Werkstatt		Bankkredit (Kreditlimite beim	
und Lager	20 000.–	Kontokorrent)	40 000.–
Fahrzeuge	50 000.–	Darlehen des Vaters	30 000.–
Büroeinrichtung	15 000.–	Lieferantenkredite	10 000.–
Vorräte, Kundenguthaben,		Eigene Mittel	
Flüssige Mittel	60 000.–	(Ersparnisse von Sabine Hofer)	65 000.–
	145 000.–		145 000.–

Übersicht Einzelunternehmen

Kapital, Arbeitskraft

| Sabine Hofer | → | Sabine Hofer |
| Malerin | | Malergeschäft |

Eigentümerin

Unternehmen = Gegenstand der Buchhaltung

Lohn, Zins, Gewinn

Voraussetzungen

- Eigentümer ist eine natürliche Person.
- Im Gesetz ist kein Mindestkapital vorgesehen. Für die Finanzierung des Unternehmens und die Aufnahme von Krediten ist ein genügend grosses Eigenkapital notwendig.
- Das Einzelunternehmen entsteht mit der Aufnahme der Geschäftstätigkeit. Es sind keine Formalitäten zu beachten.
- Ab einem Jahresumsatz von CHF 100 000.– sind Handels- und Gewerbebetriebe in das Handelsregister einzutragen. Der Eintrag ist nicht Voraussetzung für die Entstehung eines Einzelunternehmens. Der Familienname des Eigentümers muss in der Firma (= Name des Unternehmens) enthalten sein. Die gleiche Firma kann am betreffenden Ort nur einmal verwendet werden.

Merkmale

- Der Eigentümer haftet unbegrenzt, das heisst, er verbürgt sich mit seinem ganzen privaten Vermögen. Wenn also in dem Unternehmen Geld fehlt, muss er mit seinen privaten Mitteln (Sparkonto usw.) die Geschäftsschulden begleichen.
- Der Geschäftsinhaber ist für die Geschäftsführung zuständig. Er kann aber auch Dritte damit beauftragen.
- Der Geschäftsinhaber erhält den ganzen Gewinn, muss aber auch den ganzen Verlust übernehmen. Bei der Gewinnverwendung müssen keine Reserven gebildet werden.
- Das Einzelunternehmen ist nicht steuerpflichtig. Der Geschäftsinhaber versteuert das Einkommen und Vermögen des Unternehmens in der privaten Steuererklärung.

Eignung

Das Einzelunternehmen ist für kleinere Unternehmen mit wenigen Mitarbeitenden, einem eher kleinen Kapitalbedarf sowie einem geringen Geschäftsrisiko geeignet. Diese Rechtsform wird häufig gewählt, wenn die persönliche Leistung im Vordergrund steht.

7.2 Die Verbuchung der Gründung

Im Zusammenhang mit der Gründung des Unternehmens werden am Anfang des ersten Geschäftsjahres die folgenden Geschäftsfälle verbucht.

Die Geschäftsinhaberin überweist von ihrem privaten Konto auf das neu eröffnete Bankkonto des Unternehmens CHF 65 000.–. Der Vater von Sabine Hofer überweist das Darlehen von CHF 30 000.– auf dasselbe Bankkonto.

Überweisung vom privaten Konto	**Bank / Eigenkapital**	**65 000.-**
Auszahlung Darlehen	**Bank / Passivdarlehen**	**30 000.-**

Die Geschäftsinhaberin beschafft Werkzeuge und Betriebseinrichtungen für CHF 16 200.– (Konto «Betriebseinrichtungen») sowie zwei Fahrzeuge für CHF 50 800.– gegen Bankzahlung. Für die gekauften Büromöbel erhält sie eine Rechnung über CHF 11 000.–. Sie überweist für die Informatikanlage CHF 3 700.– durch die Bank.

Kauf Einrichtungen	**Betriebseinrichtungen / Bank**	**16 200.-**
Kauf Fahrzeuge	**Fahrzeuge / Bank**	**50 800.-**
Kauf Büromöbel	**Mobiliar / Verb. L+L**	**11 000.-**
Kauf Informatikanlage	**Mobiliar / Bank**	**3 700.-**

Nach der Verbuchung der aufgeführten Geschäftsfälle im Zusammenhang mit der Gründung weist die Bilanz des Einzelunternehmens «Sabine Hofer Malergeschäft» folgende Zahlen auf:

Aktiven	Gründungsbilanz		Passiven
Bank	24 300.–	Verb. L+L	11 000.–
Betriebseinrichtungen	16 200.–	Passivdarlehen	30 000.–
Mobiliar	14 700.–	Eigenkapital	65 000.–
Fahrzeuge	50 800.–		
	106 000.–		106 000.–

Mit der Aufnahme der eigentlichen Geschäftstätigkeit entsteht weiterer Kapitalbedarf. Zuerst muss jeweils das Verbrauchsmaterial (Farbe, Abdeckungs- und Verputzmaterial) beschafft werden, dann müssen die Aufträge ausgeführt, den Kunden verrechnet und die Zahlungen der Kunden abgewartet werden. Das bedeutet, dass die Forderungen aus Lieferungen und Leistungen und die Vorräte, welche später auch auf der Aktivseite der Bilanz stehen werden, ebenfalls durch entsprechendes Kapital finanziert werden müssen. Weitere Betriebseinrichtungen müssten in nächster Zeit noch gekauft werden. Sabine Hofer steht dafür die Kreditlimite der Bank zur Verfügung.

7.3   Die Konten «Eigenkapital» und «Privat»

Innerhalb der Bilanzgruppe Eigenkapital werden je nach Rechtsform des Unternehmens unterschiedliche Konten gebraucht. Beim Einzelunternehmen sind es die beiden Konten «Eigenkapital» und «Privat».

Konto «Eigenkapital»

Die Buchhaltung wird für das Unternehmen geführt. Aus Sicht des Unternehmens bedeutet Eigenkapital deshalb eine Schuld gegenüber der Geschäftsinhaberin. Es handelt sich um das Kapital, das die Geschäftsinhaberin in das Unternehmen eingebracht hat. Dieses Kapital ist zum grossen Teil nicht mehr in Form von liquiden Mitteln vorhanden, die für irgendwelche Anschaffungen verwendet werden können. Wofür die von der Eigentümerin eingesetzten Mittel verwendet wurden, ist auf der Aktivseite der Bilanz ersichtlich. Über das Konto «Eigenkapital» werden die grösseren, längerfristigen Geldverschiebungen, der Übertrag des Privatkontos sowie der Gewinn oder Verlust verbucht. Es gelten die Buchungsregeln von Passivkonten: Zunahmen werden im Haben, Abnahmen im Soll verbucht.

Soll	Eigenkapital	Haben
	Anfangsbestand	
Kapitalrückzüge	Kapitalerhöhungen	
Überführungen in das Privatvermögen (neu private Nutzung)	Sacheinlagen (private Gegenstände werden nun geschäftlich genutzt)	
Übertrag Konto «Privat» (bei Sollüberschuss)	Übertrag Konto «Privat» (bei Habenüberschuss)	
Reinverlust (Jahresverlust)	Reingewinn (Jahresgewinn)	
Saldo (Übertrag in Schlussbilanz)		

Beispiele von Buchungen

Während des ersten Geschäftsjahres bezieht die Geschäftsinhaberin CHF 20 000.– vom Bankkonto und kauft damit privat Aktien. Im Weiteren bringt sie ein Fahrzeug mit einem Wert von CHF 15 800.–, das sie bisher privat verwendet hat, in das Unternehmen ein.

Kapitalrückzug	**Eigenkapital / Bank**	**20 000.–**
Sacheinlage Fahrzeug	**Fahrzeuge / Eigenkapital**	**15 800.–**

Beim Abschluss weist das Privatkonto einen Habenüberschuss von CHF 23 950.– auf. Der Saldo des Privatkontos wird auf das Eigenkapital übertragen. Im ersten Geschäftsjahr entsteht ein Verlust von CHF 8 100.–, welcher dem Kapital belastet wird.

Übertrag Privatkonto	**Privat / Eigenkapital**	**23 950.–**
Verlustübertrag	**Jahresverlust / Erfolgsrechnung**	**8 100.–**
Verlustverbuchung 1. Geschäftsjahr	**Eigenkapital / Jahresverlust**	**8 100.–**

Konto «Privat»

Die laufenden Bezüge und Gutschriften werden über das Privatkonto verbucht. Dieses Konto soll eine saubere Trennung von geschäftlichen und privaten Zahlungen ermöglichen. Beim Abschluss wird das Konto «Privat» immer auf das Konto «Eigenkapital» übertragen und erscheint deshalb nicht in der Schlussbilanz. Es kann auch als Hilfskonto oder Unterkonto zum Eigenkapital bezeichnet werden. Es gelten die Buchungsregeln von Passivkonten: Zunahmen werden im Haben, Abnahmen im Soll verbucht.

Soll	Privat	Haben
	Kein Anfangsbestand	
Geldbezüge (Privatverbrauch)	Gutschrift Eigenlohn	
Warenbezüge	Gutschrift Eigenzins	
Zahlungen von privaten Rechnungen über das Geschäftskonto	Private Zahlungen für das Geschäft (zum Beispiel Spesen)	
Privatanteile (z. B. private Benutzung des Geschäftsautos)		
Übertrag auf das Konto «Eigenkapital» (bei Habenüberschuss)	Übertrag auf das Konto «Eigenkapital» (bei Sollüberschuss)	
Kein Saldo		

Beispiele von Buchungen

Die Eigentümerin bezieht während des ersten Geschäftsjahres CHF 17 900.– aus der Kasse für laufende private Auslagen. Sie zahlt private Rechnungen von CHF 29 200.– über das Bankkonto des Unternehmens. Für die private Benutzung des Geschäftsautos werden ihr CHF 5 000.– belastet.

Privatbezüge	**Privat / Kasse**	**17 900.–**
Private Rechnungen	**Privat / Bank**	**29 200.–**
Privatanteil Fahrzeug	**Privat / Fahrzeugaufwand**	**5 000.–**

Für das ganze Geschäftsjahr wird ein Eigenlohn von CHF 72 000.– und ein Eigenzins von CHF 3 250.– gutgeschrieben. Die Geschäftsinhaberin hat Reisespesen von CHF 800.– mit der privaten Kreditkarte bezahlt. Dieser Betrag wird ihr nachträglich gutgeschrieben.

Gutschrift Eigenlohn	**Lohnaufwand / Privat**	**72 000.–**
Gutschrift Eigenzins	**Finanzaufwand / Privat**	**3 250.–**
Gutschrift Reisespesen	**Übriger Personalaufwand / Privat**	**800.–**

Eigenlohn und Eigenzins können auch ausbezahlt werden (Buchung: Lohnaufwand bzw. Finanzaufwand / Bank). Auf der folgenden Seite sind die Konten «Eigenkapital» und «Privat» mit den entsprechenden Eintragungen ersichtlich. Damit kann auch das Unternehmereinkommen berechnet werden.

7.4   Das Unternehmereinkommen

Die Konten «Privat» und «Eigenkapital» weisen für das erste Geschäftsjahr die folgenden Eintragungen auf:

Soll	Privat		Haben
Privatbezüge bar	17 900.–	Gutschrift Eigenlohn	72 000.–
Private Rechnungen	29 200.–	Gutschrift Eigenzins	3 250.–
Privatanteil Fahrzeuge	5 000.–	Gutschrift Reisespesen	800.–
Saldo-Übertrag auf EK	23 950.–		
	76 050.–		76 050.–

Soll	Eigenkapital		Haben
		Anfangsbestand	65 000.–
Kapitalrückzug	20 000.–	Sacheinlage Fahrzeug	15 800.–
		Saldo-Übertrag von Privat	23 950.–
Reinverlust	8 100.–		
Saldo	**76 650.–**		
	104 750.–		104 750.–

Wie viel hat die Geschäftsinhaberin im ersten Geschäftsjahr mit ihrem Unternehmen insgesamt verdient? Das Unternehmereinkommen setzt sich aus Eigenlohn, Eigenzins und Reingewinn zusammen. In der Praxis werden Eigenlohn und Eigenzins häufig nicht verbucht. Das führt dazu, dass die entsprechenden Aufwände kleiner und der Reingewinn grösser werden. Das Unternehmereinkommen bleibt unverändert.

Mit Eigenlohn / Eigenzins		**Ohne Eigenlohn / Eigenzins**	
Eigenlohn	72 000.–	Eigenlohn	0.–
Eigenzins	3 250.–	Eigenzins	0.–
Reinverlust	– 8 100.–	Reingewinn	67 150.–
Unternehmereinkommen	67 150.–	Unternehmereinkommen	67 150.–

Das gesamte Unternehmereinkommen wird mit der privaten Steuererklärung der Geschäftsinhaberin besteuert. Das steuerbare Einkommen wird durch die Verbuchung von Eigenlohn und Eigenzins somit nicht beeinflusst. Die Ausgleichskasse berechnet die Beiträge an die Alters- und Hinterlassenenversicherung (AHV) auf der Grundlage des Unternehmereinkommens. Die definitiven AHV-Beiträge werden auf der Basis des folgenden Einkommens berechnet:

Unternehmereinkommen

-    Eigenkapitalzinsen

+   persönliche AHV-Beiträge (verbuchte Beiträge der Unternehmerin)

=   AHV-pflichtiges Einkommen

7.5 Warenbezüge und Privatanteile*

Damit geschäftliche und private Zahlungen oder Leistungen klar getrennt sind und der Gewinn korrekt ermittelt werden kann, müssen die Warenbezüge der Geschäftsinhaberin sowie die Privatanteile verbucht werden. Diese Buchungen sind auch aus steuerlichen Gründen notwendig.

Warenbezüge

Für die Berechnung der Einkommenssteuer und der Mehrwertsteuer müssen die Warenbezüge der Geschäftsinhaberin berücksichtigt werden. Die Waren wurden durch das Unternehmen eingekauft und dann für private Bedürfnisse verbraucht. Die Steuerbehörde hat für verschiedene Branchen (Lebensmittelgeschäfte, Bäckereien, Metzgereien, Restaurants usw.) pauschale Beträge festgelegt, die verbucht werden müssen. Aus Sicht des Unternehmens handelt es sich um Warenverkäufe. Gemäss Kontenrahmen KMU werden diese in der Kontenklasse 3 verbucht. Beim Einkauf der Waren wurde die Vorsteuer geltend gemacht. Da diese Waren für private Zwecke verwendet werden, muss die Vorsteuer vermindert werden.

Die Buchungssätze für die Warenbezüge lauten:

Warenbezüge der Inhaberin	**Privat / Eigenverbrauch**
Verminderung der Vorsteuer	**Privat / Vorsteuerkorrektur 1174**

Privatanteile

Die Steuerbehörde überprüft, ob Aufwände verbucht sind, die ganz oder teilweise für private Bedürfnisse angefallen sind. Die privaten Lebenshaltungskosten dürfen nicht dem Gewinn des Unternehmens belastet werden. Bei der Steuerveranlagung werden Privatanteile von diesen Aufwänden aufgerechnet, sofern sie nicht bereits verbucht sind. Häufig werden zum Beispiel sämtliche Kosten der Fahrzeuge als Geschäftsaufwand verbucht. Wenn ein Auto auch für private Fahrten benutzt wird, muss ein entsprechender Anteil des Aufwands als Privatanteil verbucht werden. Die Steuerverwaltung berechnet dafür pro Monat 0,8 % vom Kaufpreis des Autos. In der Mehrwertsteuerabrechnung muss eine Vorsteuerverminderung berücksichtigt werden.

Die Buchungssätze für den Privatanteil lauten:

Privatanteil Fahrzeuge	**Privat / Fahrzeugaufwand**
Verminderung der Vorsteuer	**Privat / Vorsteuerkorrektur 1174**

Auch bei anderen Aufwänden müssen Privatanteile verbucht werden. Bei vielen Einzelunternehmen werden unter anderem sämtliche Telefonkosten (Festnetz und Handy) über das Geschäft bezahlt und dem Gewinn des Unternehmens belastet. In diesen Fällen muss für die private Nutzung der Telefone ein Privatanteil verbucht werden.

Bei Aufgaben mit weniger detaillierten Kontenplänen stehen die Konten «Eigenverbrauch» und «Vorsteuerkorrektur 1174» oft nicht zur Verfügung. In diesen Fällen kann anstelle des Kontos «Eigenverbrauch» das Konto «Warenerlöse» und anstelle des Kontos «Vorsteuerkorrektur 1174» das entsprechende Vorsteuerkonto (1170 oder 1171) verwendet werden.

Kapitel 7

Aufgaben

A 7.1   Kreuzen Sie jeweils an, ob die Aussage richtig oder falsch ist. Berichtigen Sie falsche Aussagen auf der folgenden Zeile.

          R   **F**

a)   ☐   ☐   In der Firma eines Einzelunternehmens muss immer der Familienname des Eigentümers stehen.

b)   ☐   ☐   Das Eigenkapital bedeutet eine Schuld des Unternehmens gegenüber dem Eigentümer.

c)   ☐   ☐   Das Privatkonto steht in der Schlussbilanz direkt nach dem Konto «Eigenkapital».

d)   ☐   ☐   Die Verbuchung eines Eigenzinses führt zu einem höheren Unternehmereinkommen.

e)   ☐   ☐   Der Eigentümer eines Einzelunternehmens kann eine natürliche oder juristische Person sein.

f)   ☐   ☐   Für die Gründung eines Einzelunternehmens ist kein bestimmtes Kapital vorgeschrieben.

g)   ☐   ☐   Der Bezug von CHF 20 000.– vom Bankkonto des Geschäfts für eine private Kapitalanlage wird über das Privatkonto verbucht.

h)   ☐   ☐   Die Verbuchung eines Privatanteils des Fahrzeugaufwandes vergrössert den Gewinn.

i)   ☐   ☐   Das Privatkonto dient einer sauberen Trennung von geschäftlichen und privaten Zahlungen.

j)   ☐   ☐   Die Verbuchung privater Geldbezüge führt zu einem höheren Gewinn.

A 7.2 a) Geben Sie zu den folgenden Geschäftsfällen im Zusammenhang mit der Gründung eines Einzelunternehmens die Buchungssätze mit Beträgen an.

1. Der Geschäftsinhaber bezieht CHF 10 000.– von einem privaten Konto und legt das Geld in die Geschäftskasse.
2. Der Eigentümer bringt ein Fahrzeug mit einem Wert von CHF 18 500.– in das Unternehmen ein.
3. Ein Bekannter gewährt ein Darlehen von CHF 30 000.– und überweist den Betrag auf das Bankkonto des Unternehmens.
4. Der Inhaber kauft für das Geschäft Computer für CHF 3 200.– gegen Barzahlung (aus der Geschäftskasse).
5. Der Eigentümer überweist CHF 50 000.– von seinem Sparkonto auf das Bankkonto des Geschäfts.
6. Die beschafften Produktionsanlagen im Betrag von CHF 58 000.– werden durch Banküberweisung sofort bezahlt.
7. Aus der Geschäftskasse werden CHF 5 000.– auf das neu eröffnete Postkonto einbezahlt.
8. Die Büroeinrichtung im Wert von CHF 16 700.– wird auf Kredit gekauft.

b) Erstellen Sie eine Bilanz nach der Gründung.

A 7.3 Kreuzen Sie in der folgenden Tabelle an, wo die angegebenen Geschäftsfälle im Konto «Eigenkapital» beziehungsweise «Privat» verbucht werden.

	Geschäftsfall	Eigenkapital		Privat	
		Soll	Haben	Soll	Haben
a)	Gutschrift des Eigenzinses				
b)	Sacheinlage eines Fahrzeuges				
c)	Privatbezüge aus der Geschäftskasse				
d)	Abschluss Privatkonto (Haben-Überschuss)				
e)	Bankauszahlung des Eigenlohnes				
f)	Bankzahlung von privaten Rechnungen				
g)	Privatanteil vom Geschäftsfahrzeug				
h)	Reinverlust				

A 7.4   Geben Sie zu den folgenden Geschäftsfällen die Buchungssätze an und führen Sie die Konten «Eigenkapital» und «Privat». Berechnen Sie zusätzlich das Unternehmereinkommen.

1. Der Anfangsbestand des Eigenkapitals beträgt CHF 170 000.–.

2. Der Geschäftsinhaber hat insgesamt CHF 49 200.– vom Bankkonto für laufende private Zwecke bezogen.

3. Für Reisespesen, die der Eigentümer privat bezahlt hat, werden ihm CHF 860.– gutgeschrieben.

4. Der Geschäftsinhaber bezieht CHF 34 000.– vom Bankkonto des Geschäfts und kauft damit Aktien als private Kapitalanlage.

5. Ein Eigenlohn von CHF 72 000.– wird dem Inhaber gutgeschrieben.

6. Dem Geschäftsinhaber werden CHF 5 000.– für die private Benutzung des Geschäftsautos belastet.

7. Für diverse Warenbezüge werden dem Eigentümer CHF 8 100.– belastet.

8. Dem Geschäftsinhaber wird ein Zins von 5 % des Anfangskapitals gutgeschrieben.

9. Der Saldo des Privatkontos wird auf das Eigenkapital übertragen.

10. Der Reingewinn von CHF 14 700.– wird dem Inhaber gutgeschrieben.

A 7.5   Geben Sie zu den folgenden Geschäftsfällen die Buchungssätze an und führen Sie die Konten «Eigenkapital» und «Privat». Berechnen Sie zusätzlich das Unternehmereinkommen.

1. Der Anfangsbestand des Eigenkapitals beträgt CHF 215 000.–.

2. Dem Geschäftsinhaber wird ein Eigenlohn von CHF 80 000.– gutgeschrieben.

3. Der Eigentümer zahlt die Steuerrechnung von CHF 26 200.– über das Bankkonto des Geschäfts.

4. Der Eigenzins von 4 % des Anfangskapitals wird durch Banküberweisung ausbezahlt.

5. Insgesamt hat der Eigentümer CHF 57 800.– vom Bankkonto bezogen und für laufende private Zwecke verbraucht.

6. Der Eigentümer hat die Mobiliarversicherung seiner Wohnung von CHF 730.– über das Bankkonto des Geschäfts bezahlt.

7. Für geplante Anschaffungen überweist der Eigentümer CHF 42 000.– von einem privaten Konto auf das Bankkonto des Unternehmens.

8. Für die private Benutzung der Festnetz- und Mobiltelefone werden dem Eigentümer CHF 600.– belastet.

9. Der Saldo des Privatkontos wird auf das Eigenkapital übertragen.

10. Der Reinverlust von CHF 4 500.– wird dem Inhaber belastet.

A 7.6   Erstellen Sie in der folgenden Tabelle die Buchungssätze zu den aufgeführten Geschäftsfällen. Geben Sie an, ob der Reingewinn und das steuerbare Einkommen zunehmen (+), abnehmen (-) oder unverändert bleiben (=).

	Geschäftsfall Buchungssatz	Reingewinn	Steuerbares Einkommen
a)	Für die private Benutzung des Geschäftsautos wird ein Privatanteil verbucht.		
b)	Der Saldo des Privatkontos wird auf das Eigenkapital übertragen (Soll-Überschuss).		
c)	Der Eigenzins wird dem Geschäftsinhaber gutgeschrieben.		
d)	Private Warenbezüge werden dem Eigentümer belastet.		
e)	Beim Abschluss wird eine Abnahme des Warenlagers verbucht.		
f)	Der Eigentümer bringt ein Fahrzeug in das Unternehmen ein.		
g)	Der Eigenlohn wird dem Geschäftsinhaber durch die Bank ausbezahlt.		
h)	Die Bank schreibt den Zins auf dem Geschäftskontokorrent gut.		
i)	Der Eigentümer bezieht Geld aus der Geschäftskasse für private Zwecke.		
j)	Privat bezahlte Reisespesen werden dem Geschäftsinhaber gutgeschrieben.		

A 7.7   a) Von einem Einzelunternehmen sind die folgenden Zahlen bekannt. Führen Sie die
                   Konten «Eigenkapital» und «Privat» und ermitteln Sie die fehlenden Grössen.

1.	Saldovortrag Eigenkapital	134 000.–
2.	Barbezüge	52 000.–
3.	Gutschrift Eigenlohn	84 000.–
4.	Gutschrift Eigenzins 5 % vom Anfangskapital	?
5.	Steuern (über Bankkonto bezahlt)	21 000.–
6.	Warenbezüge zu Einstandspreisen	2 700.–
7.	Abschluss des Privatkontos	?
8.	Erfolg (auf Eigenkapital zu buchen)	?
9.	Saldo Eigenkapital	142 800.–

Soll	Privat	Haben		Soll	Eigenkapital	Haben

   b) Hat der Inhaber mehr aus dem Betrieb für private Zwecke bezogen, als ihm gut-
       geschrieben wurde? Begründen Sie Ihre Antwort.

A 7.8 Vor dem Jahresabschluss weisen die Konten «Privat» und «Eigenkapital» folgende Eintragungen auf.

Soll	Privat	Haben
65 200.–		1700.–

Soll	Eigenkapital	Haben
44 200.–		189 200.–

Vor der Verbuchung der folgenden Nachträge weist die Erfolgsrechnung Aufwände von insgesamt CHF 982 300.– und Erträge von total CHF 1 108 400.– auf.

Verbuchen Sie die folgenden Nachträge und schliessen Sie die Konten ab.

1. Der Geschäftsinhaberin wird ein Eigenlohn von CHF 75 000.– sowie ein Eigenzins von CHF 8 200.– gutgeschrieben.
2. Warenbezüge von CHF 4 400.– und Bezüge von Bargeld für private Zwecke von CHF 10 600.– werden der Eigentümerin belastet.
3. Der Saldo des Privatkontos wird auf das Eigenkapital übertragen.
4. Der Reingewinn oder Reinverlust wird mit dem Eigenkapital verrechnet.

Nr.	Soll	Haben	Text	Betrag

A 7.9   Erstellen Sie die Nachtragsbuchungen, die Bilanz und die Erfolgsrechnung eines Einzel-unternehmens. Der Buchungsverkehr des Geschäftsjahres (in Kurzzahlen) ist bereits zusammengefasst in den Konten eingetragen.

a) Erstellen Sie ein Journal für die folgenden Nachträge beim Abschluss. Es dürfen nur die Konten verwendet werden, die auf der nächsten Seite aufgeführt sind. Tragen Sie die Buchungen in den Konten ein und schliessen Sie diese ab.

1. Gemäss Inventar beträgt der Warenbestand 202. Buchen Sie die Lager-veränderung.

2. Für den Monat Dezember wird der Inhaberin ein Eigenlohn von 5 gutgeschrieben.

3. Im Dezember wurden Lohnvorschüsse für den Januar von 6 ausbezahlt.

4. Die Kosten einer privaten Auslandreise der Eigentümerin von 4 wurden zusam-men mit Geschäftsreisen dem Personalaufwand belastet. Korrigieren Sie.

5. Das Mobiliar wird degressiv mit 25 % abgeschrieben.

6. Für die ausstehende Stromrechnung werden 2 berücksichtigt.

7. Der Eigenzins von 5 % wird der Geschäftsinhaberin gutgeschrieben.

8. Kunden haben insgesamt 8 für vorgesehene Warenlieferungen vorausbezahlt.

9. Die Inhaberin hat Waren für den Privatverbrauch von 3 bezogen. Dieser Betrag wird ihr belastet.

10. Die Miete für den Januar von 5 wurde bereits bezahlt.

11. Die Fahrzeuge werden degressiv mit 40 % abgeschrieben.

12. Der Saldo des Privatkontos wird auf das Eigenkapital übertragen.

b) Erstellen Sie die Schlussbilanz I und die Erfolgsrechnung.

c) Der Erfolg wird mit dem Eigenkapital verrechnet. Erstellen Sie die Schlussbilanz II.

Kasse		Bank		Ford. L+L		Warenvorrat	
125	120	146	81	161	109	185	

Aktive RA		Mobiliar		Fahrzeuge		Verb. L+L	
		80		25		129	204

Passive RA		Privat		Eigenkapital	
		41	55		280

Warenaufwand		Personalaufwand		Raumaufwand		Sonst. Betriebsaufwand	
541	38	186		45		19	

Abschreibungen		Finanzaufwand		Warenerlöse		Finanzertrag	
				64	857		3

A 7.10   Erstellen Sie die Nachtragsbuchungen, die Bilanz und die Erfolgsrechnung des Treu-
               handunternehmens K. Huber. Der Buchungsverkehr des Geschäftsjahres (in Kurzzah-
               len) ist bereits zusammengefasst in den Konten eingetragen.

a)   Erstellen Sie ein Journal für die folgenden Nachträge beim Abschluss. Es dürfen nur
       die Konten verwendet werden, die auf der nächsten Seite aufgeführt sind. Tragen
       Sie die Buchungen in den Konten ein und schliessen Sie diese ab.

   1.   Der Geschäftsinhaber hat ein Fahrzeug mit einem aktuellen Wert von 20 in das
        Unternehmen eingebracht. Buchen Sie diese Sacheinlage.

   2.   Der aufgelaufene Zins des Passivdarlehens von 2 wird abgegrenzt.

   3.   Die Mitarbeitenden haben beim Abschluss Anspruch auf eine Umsatzbeteili-
        gung von 32, die im neuen Jahr ausbezahlt wird.

   4.   Für den Monat Dezember wird dem Inhaber ein Eigenlohn von 7 gutgeschrieben.

   5.   Das Mobiliar wird linear mit 12 abgeschrieben.

   6.   Der Eigentümer hat Geschäftsessen mit wichtigen Kunden aus eigenen Mitteln
        bezahlt. Dafür werden ihm 3 gutgeschrieben.

   7.   Die ausstehende Rechnung für eine grössere Büromateriallieferung von 2 wird
        abgegrenzt.

   8.   Die Fahrzeugversicherungen von 4 wurden bereits für das neue Jahr bezahlt.

   9.   Der Eigenzins von 9 wird dem Geschäftsinhaber gutgeschrieben.

   10. Eine Rechnung für die Reinigung der Büroräume ist noch ausstehend. Wir gren-
        zen dafür einen Betrag von 5 ab.

   11. Auf den Fahrzeugen werden Abschreibungen von 19 gebucht.

   12. Das Privatkonto wird abgeschlossen.

b)   Erstellen Sie die Schlussbilanz I und die Erfolgsrechnung.

c)   Der Erfolg wird mit dem Eigenkapital verrechnet. Erstellen Sie die Schlussbilanz II.

Kasse		Bank		Ford. L+L		Aktive RA	
35	32	582	431	622	539		

Mobiliar		Fahrzeuge		Verb. L+L		Passive RA	
73		58		119	138		

Passivdarlehen		Privat		Eigenkapital	
	80	58	81	30	205

Personalaufwand		Raumaufwand		Verwaltungsaufwand		Sonst. Betriebsaufwand	
448		76		27		19	

Abschreibungen		Finanzaufwand		Honorarertrag		Finanzertrag	
		4		42	685		2

Kapitel 8

Aktiengesellschaft

In diesem Kapitel lernen Sie ...

► die Aktiengesellschaft und ihre wichtigsten Merkmale kennen.

► die Gründung einer Aktiengesellschaft zu verbuchen.

► die besonderen Konten der Aktiengesellschaft zu führen.

► die Gewinnverteilung zu verbuchen.

► die Rechnungslegungsvorschriften für Aktiengesellschaften kennen.

► die verschiedenen Arten von Unterbilanzen kennen.

► einfache Kapitalerhöhungen zu verbuchen.

8 Aktiengesellschaft

8.1 Gründung einer Aktiengesellschaft

Einführungsbeispiel

Sabine Hofer hat vor fünf Jahren ein Malergeschäft in der Rechtsform eines Einzelunternehmens gegründet. Inzwischen konnte sie das Geschäft vergrössern und beschäftigt bereits sechs Mitarbeitende. Da sie mit einem weiteren Wachstum rechnet, besteht ein Bedarf an zusätzlichem Eigenkapital. Sie kann selber nur noch wenige Mittel ins Unternehmen einbringen und möchte die persönliche Haftung beschränken. Zwei bewährte Mitarbeiter würden sich am Unternehmen beteiligen. Deshalb beabsichtigt sie, eine Aktiengesellschaft zu gründen, die «Hofer Malergeschäft AG».

In der Bilanz des Einzelunternehmens «Sabine Hofer Malergeschäft» sind die folgenden, vereinfachten Zahlen ersichtlich:

Aktiven	Bilanz Einzelunternehmen		Passiven
Kasse	1400.–	Verbindlichkeiten L+L	33600.–
Bank	28700.–	Passivdarlehen	40000.–
Forderungen L+L	60200.–	Eigenkapital	93400.–
Betriebseinrichtungen	14200.–		
Mobiliar	20400.–		
Fahrzeuge	42100.–		
	167000.–		167000.–

Damit für das weitere Wachstum genügend Mittel zur Verfügung stehen, soll das Aktienkapital CHF 200000.– betragen. Es wird vollständig einbezahlt oder durch Sacheinlagen eingebracht. Sabine Hofer übernimmt Aktien mit einem Nennwert von insgesamt CHF 100000.–. Sie bringt ihr Einzelunternehmen als Sacheinlage in die neue Aktiengesellschaft ein und zahlt den Restbetrag auf das Bankkonto ein. Die beiden neuen Teilhaber, Stefan Frei und Markus Gisler, übernehmen Aktien mit einem Nennwert von je CHF 50000.–. Beide zahlen den Betrag auf das Bankkonto ein.

Übersicht Aktiengesellschaft

Kapital, evtl. Arbeitskraft

Sabine Hofer
Stefan Frei
Markus Gisler

**Hofer
Malergeschäft AG**

(Aktionäre)

(Unternehmen)
= Gegenstand
der Buchhaltung

**Vermögensrechte,
Mitgliedschaftsrechte,
eventuell Lohn**

Voraussetzungen

- Eigentümer (Aktionär) ist mindestens eine natürliche oder juristische Person. Bei grossen Gesellschaften, deren Aktien an der Börse gehandelt werden (kotierte Aktien), können sehr viele Personen Eigentümer sein.
- Das vorgeschriebene Mindestkapital beträgt CHF 100000.–. Davon müssen vorläufig mindestens 20%, aber wenigstens CHF 50000.– einbezahlt oder durch Sacheinlagen eingebracht werden.
- Für die Gründung einer Aktiengesellschaft müssen zuerst die Statuten erstellt und öffentlich beurkundet werden. Die Aktionäre müssen die Einzahlungen auf ein Sperrkonto bei einer Bank vornehmen. Verwaltungsrat und Revisionsstelle müssen bestimmt werden.
- Die Aktiengesellschaft muss im Handelsregister eingetragen werden. Sie entsteht erst durch den Eintrag im Handelsregister. Die Firma kann mit Personennamen, Sach- oder Fantasiebezeichnungen und dem Zusatz «AG» gebildet werden. Die gleiche Firma kann in der ganzen Schweiz nur einmal verwendet werden.

Merkmale

- Die Aktiengesellschaft haftet nur mit ihrem Gesellschaftsvermögen. Eine persönliche Haftung der Aktionäre ist ausgeschlossen.
- Der Verwaltungsrat, welcher von der Generalversammlung gewählt wird, ist für die Geschäftsführung zuständig. Er kann aber auch Dritte damit beauftragen.
- Die Aktionäre haben Vermögensrechte (Anspruch auf Dividende und Bezugsrecht bei der Ausgabe von neuen Aktien) und Mitgliedschaftsrechte (Recht auf Teilnahme an der Generalversammlung, Stimm- und Wahlrecht, Auskunftsrecht).
- Die Aktiengesellschaft ist als juristische Person selber steuerpflichtig. Sie versteuert den erwirtschafteten Gewinn und das Eigenkapital.

Eignung

Die Aktiengesellschaft ist für grössere Unternehmen oder Unternehmen mit einem grossen Kapitalbedarf oder einem grösseren Geschäftsrisiko geeignet.

8.2   Die Verbuchung der Gründung*

Im Zusammenhang mit der Gründung der Aktiengesellschaft werden die folgenden Geschäftsfälle verbucht.

Das Aktienkapital von CHF 200 000.– stellt eine Forderung gegenüber den Aktionären dar. Die Aktionäre sind verpflichtet, den Nennwert der übernommenen Aktien einzuzahlen oder durch Sacheinlagen einzubringen.

Kapitalverpflichtung, Zeichnung	**Ford. Aktionäre / Aktienkapital**	**200 000.–**

Sabine Hofer bringt ihr Einzelunternehmen als Sacheinlage in die Aktiengesellschaft ein und zahlt den Restbetrag vom Nennwert ihrer Aktien auf das Bankkonto ein. Dieser Vorgang wird als Liberierung bezeichnet.

Einbringung Kasse	**Kasse / Ford. Aktionäre**	**1 400.–**
Einbringung Bank	**Bank / Ford. Aktionäre**	**28 700.–**
Einbringung Ford. L+L	**Ford. L+L / Ford. Aktionäre**	**60 200.–**
Einbringung Betriebseinrichtungen	**Betriebseinr. / Ford. Aktionäre**	**14 200.–**
Einbringung Mobiliar	**Mobiliar / Ford. Aktionäre**	**20 400.–**
Einbringung Fahrzeuge	**Fahrzeuge / Ford. Aktionäre**	**42 100.–**
Einbringung Verb. L+L	**Ford. Aktionäre / Verb. L+L**	**33 600.–**
Einbringung Passivdarlehen	**Ford. Aktionäre / Passivdarlehen**	**40 000.–**
Einzahlung Restbetrag	**Bank / Ford. Aktionäre**	**6 600.–**

Bei Sacheinlagen ist die Verwendung des Kontos «Forderungen gegenüber Aktionären» (Ford. Aktionäre) zu empfehlen. Wenn nur Einzahlungen vorgesehen sind, kann auf dieses Konto verzichtet werden. Für das Konto «Forderungen gegenüber Aktionären» gelten die Regeln der Aktivkonten: Zunahmen werden im Soll, Abnahmen im Haben verbucht. Für Sacheinlagen ist eine besondere Prüfungsbestätigung der Revisionsstelle erforderlich.

Soll	Forderungen gegenüber Aktionären	Haben
Kapitalverpflichtung		Einzahlungen
Einbringung von Passiven		Einbringung von Aktiven (Sacheinlagen)
		Umbuchung nicht einbezahltes Kapital
		Saldo 0 (muss ausgeglichen sein)

Stefan Frei und Markus Gisler zahlen den Betrag für die übernommenen Aktien auf das Bankkonto des Unternehmens ein.

Einzahlung Frei	**Bank / Ford. Aktionäre**	**50 000.–**
Einzahlung Gisler	**Bank / Ford. Aktionäre**	**50 000.–**

Nach der Verbuchung der aufgeführten Geschäftsfälle im Zusammenhang mit der Gründung weist die Bilanz der Aktiengesellschaft folgende Zahlen auf:

Aktiven	Gründungsbilanz		Passiven
Kasse	1400.–	Verbindlichkeiten L+L	33 600.–
Bank	135 300.–	Passivdarlehen	40 000.–
Forderungen L+L	60 200.–	Aktienkapital	200 000.–
Betriebseinrichtungen	14 200.–		
Mobiliar	20 400.–		
Fahrzeuge	42 100.–		
	273 600.–		273 600.–

Das Unternehmen verfügt damit über die notwendigen Mittel für ein weiteres Wachstum. Einige Anschaffungen könnten mit eigenen Mitteln finanziert werden. Das relativ grosse Eigenkapital würde auch die Aufnahme von Krediten erleichtern.

8.3 Die Verbuchung der Gewinnverwendung

8.3.1 Zeitlicher Ablauf des Abschlusses

Der zeitliche Ablauf des Abschlusses wird durch gesetzliche Vorgaben beeinflusst und kann vereinfacht wie folgt dargestellt werden:

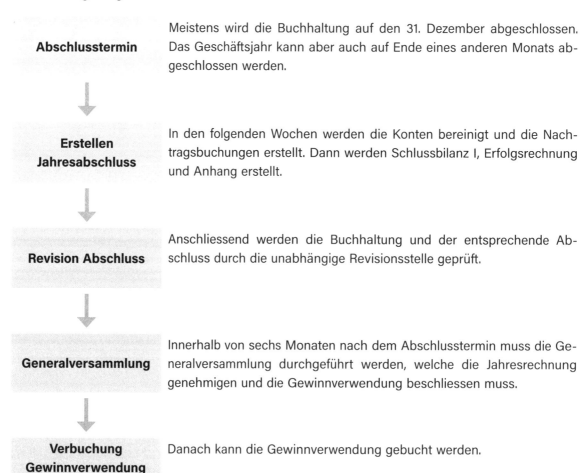

Abschlusstermin
Meistens wird die Buchhaltung auf den 31. Dezember abgeschlossen. Das Geschäftsjahr kann aber auch auf Ende eines anderen Monats abgeschlossen werden.

Erstellen Jahresabschluss
In den folgenden Wochen werden die Konten bereinigt und die Nachtragsbuchungen erstellt. Dann werden Schlussbilanz I, Erfolgsrechnung und Anhang erstellt.

Revision Abschluss
Anschliessend werden die Buchhaltung und der entsprechende Abschluss durch die unabhängige Revisionsstelle geprüft.

Generalversammlung
Innerhalb von sechs Monaten nach dem Abschlusstermin muss die Generalversammlung durchgeführt werden, welche die Jahresrechnung genehmigen und die Gewinnverwendung beschliessen muss.

Verbuchung Gewinnverwendung
Danach kann die Gewinnverwendung gebucht werden.

8.3.2 Die besonderen Konten von Aktiengesellschaften

Für die Verbuchung der Gewinnverwendung und die korrekte Bilanzierung werden bei Aktiengesellschaften die folgenden besonderen Konten verwendet:

Aktiven	Bilanz	Passiven
	Fremdkapital	
	Dividenden	
	Noch nicht ausbezahlte Gewinnanteile, kurzfristige Schuld gegenüber den Aktionären	
	Verbindlichkeit VST	
	Auf Gewinnausschüttungen abgezogene Verrechnungssteuer, kurzfristige Schuld gegenüber Steuerverwaltung	
	Eigenkapital	
	Aktienkapital	
	Grundkapital gemäss Statuten und Handelsregistereintrag, ursprüngliches Kapital zum Nennwert	
	Gesetzliche Kapitalreserve	
	Von Aktionären über den Nennwert hinausgehende einbezahlte Beträge (Agio)	
	Gesetzliche Gewinnreserve	
	Zurückbehaltene (nicht ausgeschüttete) Gewinne	
	Freiwillige Gewinnreserve	
	Zusätzliche Reserven gemäss Statuten bzw. Beschluss der Generalversammlung	
	Gewinnvortrag	
	Nicht verteilter Rest des Gewinns, Konto wird auch für die Verbuchung der Gewinnverteilung verwendet	} Bilanzgewinn
Nicht einbezahltes Kapital	Jahresgewinn oder Jahresverlust	
Wird als Aktivkonto als letzter Posten des Anlagevermögens aufgeführt (bedeutet betriebswirtschaftlich eine Korrektur des Eigenkapitals)	Unternehmensgewinn oder -verlust des Geschäftsjahres	

8.3.3 Die Verbuchung von Gewinnen

Die Schlussbilanz I des dritten Geschäftsjahres der «Hofer Malergeschäft AG» enthält die folgenden Zahlen:

Aktiven	Schlussbilanz I		Passiven
Kasse	3 100.–	Verbindlichkeiten L+L	55 300.–
Bank	91 300.–	Passivdarlehen	40 000.–
Forderungen L+L	94 600.–	Aktienkapital	200 000.–
Vorräte	8 200.–	Gesetzliche Gewinnreserve	18 200.–
Betriebseinrichtungen	59 500.–	Gewinnvortrag	1 600.–
Mobiliar	22 400.–	Reingewinn	29 700.–
Fahrzeuge	65 700.–		
	344 800.–		344 800.–

Die Generalversammlung beschliesst, den gesetzlichen Gewinnreserven CHF 12 000.– zuzuweisen und eine Dividende von 9 % den Aktionären auszuzahlen. Diese Gewinnverteilung führt zu folgenden Eintragungen im Konto «Gewinnvortrag» und zu den unten stehenden Buchungen.

Gewinnverteilungsplan

Gewinnvortrag	1 600.–
+ Jahresgewinn	29 700.–
Bilanzgewinn	31 300.–
- Zuweisung Gesetzliche Gewinnreserve	12 000.–
- 9 % Dividende (vom Aktienkapital)	18 000.–
Neuer Gewinnvortrag	1 300.–

	Soll	Gewinnvortrag	Haben
Anfangsbestand			1 600.–
Jahresgewinn			29 700.–
Zuweisung Ges. Gewinnreserve	12 000.–		
9 % Dividende	18 000.–		
Saldo	Ⓢ **1 300.–**		
	31 300.–		31 300.–

Anfangsbestand Gewinnvortrag	**EB / Gewinnvortrag**	1 600.–
Übertrag Jahresgewinn	**ER / Jahresgewinn**	29 700.–
Verbuchung Jahresgewinn	**Jahresgewinn / Gewinnvortrag**	29 700.–
Zuweisung Ges. Gewinnreserve	**Gewinnvortrag / Ges. Gewinnreserve**	12 000.–
Zuweisung Dividenden	**Gewinnvortrag / Dividenden**	18 000.–
Abschluss Gewinnvortrag	**Gewinnvortrag / SB II**	1 300.–

Nach der Verbuchung des Gewinns weist die Schlussbilanz II die folgenden Zahlen aus:

Aktiven	Schlussbilanz II		Passiven
Kasse	3 100.–	Verbindlichkeiten L+L	55 300.–
Bank	91 300.–	Dividenden	18 000.–
Forderungen L+L	94 600.–	Passivdarlehen	40 000.–
Vorräte	8 200.–	Aktienkapital	200 000.–
Betriebseinrichtungen	59 500.–	Gesetzliche Gewinnreserve	30 200.–
Mobiliar	22 400.–	Gewinnvortrag	1 300.–
Fahrzeuge	65 700.–		
	344 800.–		344 800.–

Bei der Ausschüttung der Dividenden an die drei Aktionäre muss die Aktiengesellschaft 35 % Verrechnungssteuern abziehen und der Steuerverwaltung abliefern. Die folgenden Buchungen sind bei der Dividendenauszahlung notwendig.

Auszahlung Nettodividende (65 %)	**Dividenden / Bank**	**11 700.–**
Abzug Verrechnungssteuer (35 %)	**Dividenden / Verbindlichkeit VST**	**6 300.–**

Die abgezogene Verrechnungssteuer muss umgehend an die Steuerverwaltung überwiesen werden. Diese Zahlung führt zur nachstehenden Buchung. Die drei Aktionäre können die Verrechnungssteuer mit ihrer privaten Steuererklärung zurückfordern.

Überweisung Verrechnungssteuer	**Verbindlichkeit VST / Bank**	**6 300.–**

Durch die Auszahlung der Dividenden werden die flüssigen Mittel der Aktiengesellschaft verringert. Eine zu hohe Dividendenausschüttung kann die Liquidität der AG zu stark belasten. Es besteht bei der Festlegung der Höhe der Dividenden ein Zielkonflikt zwischen der Aktiengesellschaft und den Aktionären. Die Aktiengesellschaft ist an einer ausreichenden Liquidität und angemessenen Reserven interessiert, die Aktionäre dagegen möchten eine möglichst hohe Gewinnausschüttung.

8.3.4   Die Verbuchung von Verlusten

In einem späteren Geschäftsjahr entstehen bei der «Hofer Malergeschäft AG» grosse wirtschaftliche und finanzielle Probleme. Die Schlussbilanz I enthält die folgenden Zahlen:

Aktiven	Schlussbilanz I		Passiven
Kasse	3 100.–	Verbindlichkeiten L+L	105 700.–
Bank	65 600.–	Passivdarlehen	40 000.–
Forderungen L+L	92 800.–	Aktienkapital	200 000.–
Vorräte	20 400.–	Gesetzliche Gewinnreserve	21 100.–
Betriebseinrichtungen	31 800.–	Gewinnvortrag	1 200.–
Mobiliar	42 100.–		
Fahrzeuge	58 300.–		
Reinverlust	53 900.–		
	368 000.–		368 000.–

Das Konto «Verlustvortrag» wird für die Verbuchung des Verlusts verwendet. Die Generalversammlung beschliesst, den Reinverlust durch Auflösung der Reserven und des Gewinnvortrags so weit wie möglich zu decken. Leider genügen diese Posten nicht für die vollständige Deckung des Verlusts. Der restliche Verlust muss als Verlustvortrag ausgewiesen werden. Mit diesem Verlust wird das tatsächliche Eigenkapital vermindert. Deshalb muss der Verlustvortrag gemäss OR als Minus-Passivkonto nach dem Aktienkapital aufgeführt werden.

Übertrag Jahresverlust	**Jahresverlust / ER**	**53 900.–**
Verbuchung Jahresverlust	**Verlustvortrag / Jahresverlust**	**53 900.–**
Verwendung Gewinnvortrag	**Gewinnvortrag / Verlustvortrag**	**1 200.–**
Auflösung Ges. Gewinnreserve	**Ges. Gewinnreserve / Verlustvortrag**	**21 100.–**
Abschluss Verlustvortrag	**SB II / Verlustvortrag**	**31 600.–**

Nach der Verbuchung des Verlusts ergibt sich die folgende Bilanz:

Aktiven	Schlussbilanz II		Passiven
Kasse	3 100.–	Verbindlichkeiten L+L	105 700.–
Bank	65 600.–	Passivdarlehen	40 000.–
Forderungen L+L	92 800.–	Aktienkapital	200 000.–
Vorräte	20 400.–	- Verlustvortrag	- 31 600.–
Betriebseinrichtungen	31 800.–		
Mobiliar	42 100.–		
Fahrzeuge	58 300.–		
	314 100.–		314 100.–

8.4   Rechnungslegungsvorschriften*

8.4.1   Revisionsvorschriften

Die Buchhaltungen von Aktiengesellschaften müssen grundsätzlich durch eine Revisionsstelle überprüft werden (Art. 727 ff. OR). Für diese Tätigkeit kommt eine Person oder eine Treuhandgesellschaft in Frage, welche die notwendigen fachlichen Voraussetzungen erfüllt und von der zu prüfenden Gesellschaft unabhängig und als Revisionsstelle zugelassen ist. Bei grösseren Gesellschaften ist eine umfassende Prüfung (ordentliche Revision) vorgeschrieben. Bei den anderen Aktiengesellschaften genügt eine vereinfachte Kontrolle (eingeschränkte Revision). Bei Gesellschaften mit nicht mehr als zehn Vollzeitstellen kann auf eine Revision verzichtet werden, wenn alle Aktionäre damit einverstanden sind.

8.4.2   Anhang zur Jahresrechnung

Alle Unternehmen mit Ausnahme von Einzelunternehmen und Personengesellschaften müssen nicht nur eine Bilanz und eine Erfolgsrechnung, sondern auch den sogenannten Anhang erstellen. Im Anhang stehen wichtige zusätzliche Informationen zum Abschluss. Damit soll erreicht werden, dass Drittpersonen (Gläubiger, Aktionäre usw.) sich ein besseres Bild der wirtschaftlichen Lage des Unternehmens machen können. Ein minimaler Inhalt des Anhangs ist vorgeschrieben, weitere Informationen können freiwillig aufgeführt werden. Folgende Angaben sind unter anderen vorgeschrieben (Art. 959c und Art. 663b^{bis} OR).

Angaben im Anhang der Jahresrechnung
- Auskunft über die in der Jahresrechnung angewandten Grundsätze
- Angaben und Erläuterungen zu Positionen der Bilanz und der Erfolgsrechnung
- Grössere Auflösungen von stillen Reserven
- Detailangaben zu den Beteiligungen
- Angaben über eigene Aktien
- Verbindlichkeiten aus Leasinggeschäften
- Verpfändete Aktiven und Aktiven unter Eigentumsvorbehalt
- Bürgschaften (Eventualverpflichtungen) zu Gunsten Dritter
- Vergütungen an die Verwaltungsräte und Mitglieder der Geschäftsleitung
  (bei Gesellschaften, deren Aktien an der Börse gehandelt werden)

Stille Reserven können gemäss Obligationenrecht unbeschränkt gebildet werden «zur Sicherung des dauernden Gedeihens des Unternehmens» (Art. 960a Abs. 4 OR). Wenn durch die Auflösung von stillen Reserven ein wesentlich besseres Ergebnis ausgewiesen wird, muss im Anhang darüber Auskunft gegeben werden. Aussenstehende, vor allem Gläubiger und Aktionäre, sollen nicht mit zu guten Zahlen getäuscht werden.

8.5 Die verschiedenen Arten von Unterbilanzen*

Aktiengesellschaften sind verpflichtet, einen Teil des Gewinns zurückzubehalten und damit Reserven zu bilden. Wenn später Verluste anfallen, können diese teilweise durch die Auflösung der Reserven ausgebucht werden. Sind jedoch diese Reserven bereits aufgebraucht, müssen die weiteren Verluste in der Bilanz vorgetragen werden. Der Verlustvortrag führt dazu, dass das effektive Eigenkapital kleiner wird. Bei einem Verlustvortrag sind auf jeden Fall Massnahmen notwendig, damit sich die finanzielle Lage des Unternehmens wieder verbessert. Wenn der Verlustvortrag eine bestimmte Höhe erreicht hat, sind Massnahmen sogar gesetzlich vorgeschrieben.

Da der Verlustvortrag zu einer Verminderung des tatsächlichen Eigenkapitals führt, wird er nach dem Eigenkapital als Minusposten aufgeführt. Im folgenden Schema wird der Verlustvortrag zur einfacheren und übersichtlicheren Darstellung dem Eigenkapital gegenübergestellt.

Aktiven	Bilanz per 31.12.20.1	Passiven
Umlaufvermögen		Fremdkapital
Anlagevermögen		
	V3	
Verlustvortrag (Varianten 1–3)	V2	Aktienkapital
	V1	50 %

Variante 1: Verlustvortrag < 50 % des Aktienkapitals
Die aufgelaufenen Verluste betragen weniger als die Hälfte des Aktienkapitals. In diesem Fall liegt eine **Unterbilanz ohne gesetzliche Folgen** vor. Es sind noch keine Massnahmen vorgeschrieben, aber wegen des schlechten Geschäftsverlaufs notwendig.

Variante 2: Verlustvortrag > 50 % des Aktienkapitals
Bereits mehr als die Hälfte des Aktienkapitals ist durch die aufgelaufenen Verluste aufgebraucht. In diesem Fall besteht eine **Unterbilanz mit gesetzlichen Folgen**. Der Verwaltungsrat muss umgehend eine ausserordentliche Generalversammlung einberufen und Sanierungsmassnahmen beantragen (Art. 725 Abs. 1 OR).

Variante 3: Verlustvortrag > Aktienkapital oder Fremdkapital > Aktiven
Das gesamte Aktienkapital ist durch die aufgelaufenen Verluste aufgebraucht. Die Schulden gegenüber Dritten (Fremdkapital) sind grösser als das ganze Vermögen. In diesem Fall liegt eine **Überschuldung** vor. Der Verwaltungsrat muss den Richter benachrichtigen («die Bilanz deponieren»), welcher im Normalfall den Konkurs eröffnet (Art. 725 Abs. 2 OR).

8.6 Gewinnverteilungen gemäss Art. 671 OR*

Aktiengesellschaften müssen vorgeschriebene minimale Zuweisungen an die gesetzlichen Reserven vornehmen. Zusätzlich können sie weitere Beträge den gesetzlichen oder den freien Reserven zuweisen. Die folgenden Zuweisungen sind vorgeschrieben (Art. 671 Abs.1 und 2 OR).

Beispiel: Gewinnverteilung gemäss Art. 671 OR

Bei der Gewinnverteilung einer Aktiengesellschaft soll den Reserven das Minimum gemäss OR zugewiesen werden. Zusätzlich soll eine freie Reserve von CHF 5000.– gebildet werden. Die Dividende soll so viele ganze Prozente wie möglich betragen. Folgende Zahlen sind bekannt:

Aktienkapital	300000.–	
Gesetzliche Gewinnreserve	41200.–	in% des AK = 13,73% (< 20%)
Freiwillige Gewinnreserve	10000.–	
Gewinnvortrag	2100.–	
Jahresgewinn	35600.–	

Gewinnverteilungsplan

Gewinnvortrag	2100.–	
+ Jahresgewinn	35600.–	
Bilanzgewinn	37700.–	
- 1. Zuweisung Ges. Gewinnreserve (5% vom RG)	1780.–	da ges. Gewinnres. < 20% des AK
Verfügbarer Gewinn	35920.–	
- Grunddividende (5% vom AK)	15000.–	
- Freiwillige Gewinnreserve	5000.–	
Rest für zusätzliche Dividende	15920.–	Berechnung der Zusatzdividende:
- Zusätzliche Dividende (4% vom AK)	12000.–	Rest geteilt durch 1,1% vom AK
- 2. Zuweisung Ges. Gewinnreserve (10% von zus. Div.)	1200.–	15920.– : 3300.– = 4,82 = 4%
Neuer Gewinnvortrag	2720.–	

Wenn die Dividende in Prozent berechnet wird, ist das tatsächlich einbezahlte Aktienkapital massgebend. Das nicht einbezahlte Aktienkapital muss somit vom Aktienkapital abgezählt werden.

8.7   Kapitalerhöhungen*

Im Laufe der Jahre entsteht bei vielen Unternehmen ein zusätzlicher Kapitalbedarf. Damit weiterhin eine gute und sichere Finanzierung des Unternehmens besteht, muss das Eigenkapital angemessen vergrössert werden. Eine ausreichende Eigenfinanzierung ist eine wichtige Voraussetzung für eine gute Kreditfähigkeit des Unternehmens. Durch die Bildung von Reserven kann längerfristig das Eigenkapital etwas vergrössert werden. Bei einem grösseren Wachstum des Unternehmens oder für die Übernahme eines anderen Unternehmens ist jedoch häufig eine Kapitalerhöhung durch Ausgabe zusätzlicher Aktien erforderlich.

Wenn das Unternehmen bereits über Reserven verfügt, werden die neuen Aktien zu einem höheren Preis als dem Nennwert herausgegeben. Dieser Mehrerlös bei der Ausgabe von Aktien (= Agio) muss den gesetzlichen Reserven zugewiesen werden. Die bisherigen Aktionäre haben bei Kapitalerhöhungen ein Bezugsrecht. Das bedeutet, dass sie Anspruch auf den Bezug neuer Aktien im Verhältnis ihrer bisherigen Beteiligung haben.

Beispiel Kapitalerhöhung
Die Generalversammlung beschliesst, das Aktienkapital von CHF 2 000 000.– auf CHF 3 000 000.– zu erhöhen. Die neuen Aktien mit einem Nennwert von CHF 100.– werden für CHF 170.– herausgegeben und durch die Aktionäre auf das Bankkonto einbezahlt.

Aktiven	Bilanz	Passiven
Bank +1 700 000.–	**Aktienkapital** +1 000 000.–	
Aktionäre zahlen den Ausgabepreis (10 000 Aktien zu CHF 170.– auf das Bankkonto ein.)	Der Nennwert der neuen Aktien erhöht das Aktienkapital (10 000 Aktien zu CHF 100.–).	
	Gesetzliche Kapitalreserve +700 000.–	
	Der Aufpreis (Agio) muss den Reserven zugewiesen werden (10 000 Aktien zu CHF 70.–).	

Erhöhung Aktienkapital	**Bank / Aktienkapital**	**1 000 000.–**
Agio, Zuweisung Reserven	**Bank / Gesetzliche Kapitalreserve**	**700 000.–**

Mit der Unternehmenssteuerreform 2 wurde die Möglichkeit eingeführt, dass Aktiengesellschaften in späteren Jahren die Kapitalreserven für steuerfreie Auszahlungen an die Aktionäre verwenden können. Aufgrund des Kapitaleinlageprinzips können Beträge, welche die Aktionäre in das Unternehmen einbezahlt haben, steuerfrei wieder ausbezahlt werden. Damit fallen keine Verrechnungssteuern und Einkommenssteuern an. Dem Staat sind damit sehr grosse Steuererträge weggefallen, weshalb diese steuerfreien Auszahlungen ab dem Jahr 2020 beschränkt wurden. Neu sind diese steuerfreien Ausschüttungen nur zulässig, wenn mindestens gleich viele normale, steuerpflichtige Dividenden ausbezahlt werden.

Kapitel 8

Aufgaben

A 8.1   Kreuzen Sie jeweils an, ob die Aussage richtig oder falsch ist. Berichtigen Sie falsche Aussagen auf der folgenden Zeile.

R   F

a) ☐ ☐ Für die Gründung einer Aktiengesellschaft sind mindestens drei natürliche oder juristische Personen notwendig.

b) ☐ ☐ Die Mindesteinzahlung des Aktienkapitals beträgt 50% sowie mindestens CHF 50 000.–.

c) ☐ ☐ Das Konto «Dividenden» gehört in der Bilanz von Aktiengesellschaften zum kurzfristigen Fremdkapital.

d) ☐ ☐ Die Generalversammlung beschliesst die Höhe der Dividende, wobei die vorgeschriebenen Reservenzuweisungen erfolgen müssen.

e) ☐ ☐ Alle Aktionäre können an der Generalversammlung teilnehmen und haben eine Stimme.

f) ☐ ☐ Gesetzliche Gewinnreserven sind zurückbehaltene Gewinne, welche zum Eigenkapital gehören.

g) ☐ ☐ In der Bilanz und Erfolgsrechnung von Aktiengesellschaften müssen jeweils auch die Zahlen des Vorjahres aufgeführt werden.

h) ☐ ☐ Zwei Aktiengesellschaften, die sich in zwei verschiedenen Kantonen befinden, dürfen die gleiche Firma verwenden.

i) ☐ ☐ Eine Aktiengesellschaft entsteht mit der Unterzeichnung der Statuten durch die Gründer.

j) ☐ ☐ In den Statuten einer Aktiengesellschaft kann eine persönliche Haftung der Aktionäre vorgesehen werden.

A 8.2* a) Geben Sie zu den folgenden Geschäftsfällen im Zusammenhang mit der Gründung einer Aktiengesellschaft die Buchungssätze mit Beträgen an.

1. Das Aktienkapital beträgt CHF 300 000.– und wird vorläufig zu 60 % einbezahlt oder durch Sacheinlagen eingebracht. Die Aktionäre A und B übernehmen je 100 und die Aktionäre C und D je 50 Aktien mit einem Nennwert von je CHF 1000.–.

2. Aktionär A bringt ein Fahrzeug im Wert von CHF 42 000.–, Aktionär B eine Büroeinrichtung und Computer für CHF 26 000.– ein.

3. Der Restbetrag wird auf das Bankkonto einbezahlt.

4. Das noch nicht einbezahlte Kapital wird in der Bilanz separat ausgewiesen.

b) Erstellen Sie die Gründungsbilanz der Aktiengesellschaft.

A 8.3* a) Geben Sie zu den folgenden Geschäftsfällen im Zusammenhang mit der Gründung einer Aktiengesellschaft die Buchungssätze mit Beträgen an.

1. Das Aktienkapital beträgt CHF 180 000.– und wird vollständig einbezahlt oder durch Sacheinlagen eingebracht. Aktionär A übernimmt 100 Aktien, Aktionär B 50 Aktien und Aktionär C 30 Aktien.

2. Aktionär A bringt sein bestehendes Einzelunternehmen gemäss folgender Übergabebilanz ein. Mit dem Mehrwert seiner Sacheinlage gewährt er der Aktiengesellschaft ein Darlehen.

Aktiven	Übergabebilanz		Passiven
Bank	40 000.–	Verbindlichkeiten L+L	70 000.–
Forderungen L+L	60 000.–	Passivdarlehen	100 000.–
Vorräte	25 000.–		
Maschinen	80 000.–	Eigenkapital	115 000.–
Mobiliar	30 000.–		
Fahrzeuge	50 000.–		
	285 000.–		285 000.–

3. Die Aktionäre B und C zahlen den ganzen Betrag auf das Bankkonto ein.

b) Erstellen Sie die Gründungsbilanz der Aktiengesellschaft.

A 8.4 Die Schlussbilanz I eines Handelsunternehmens enthält die folgenden Zahlen:

Aktiven	Schlussbilanz I		Passiven
Kasse	6 100.–	Verbindlichkeiten L+L	247 800.–
Bank	78 300.–	Passivdarlehen	200 000.–
Forderungen L+L	205 600.–	Aktienkapital	300 000.–
Vorräte	411 700.–	Gesetzliche Gewinnreserve	207 500.–
Ladeneinrichtungen	238 200.–	Gewinnvortrag	7 300.–
Lagereinrichtungen	50 200.–	Jahresgewinn	69 400.–
Fahrzeuge	41 900.–		
	1 032 000.–		1 032 000.–

Die Generalversammlung beschliesst, den Reserven CHF 25 000.– zuzuweisen und eine Dividende von 14 % auszuschütten. Geben Sie die Buchungssätze für die Gewinnverteilung an und erstellen Sie die Schlussbilanz II.

Text	Soll	Haben	Betrag
AB Gewinnvortrag			
Übertrag Jahresgewinn			
Verbuchung Jahresgewinn			
Zuweisung Ges. Gewinnreserve			
Zuweisung Dividenden			
SB Gewinnvortrag			

Aktiven	Schlussbilanz II		Passiven
Kasse		Verb. L+L	
Bank		Dividenden	
Ford. L+L		Passivdarlehen	
Vorräte		Aktienkapital	
Ladeneinrichtungen		Ges. Gewinnreserve	
Lagereinrichtungen		Gewinnvortrag	
Fahrzeuge			

A 8.5   Die Schlussbilanz I einer Schreinerei enthält die folgenden Zahlen:

Aktiven	Schlussbilanz I	Passiven	
Kasse	2 300.–	Verbindlichkeiten L+L	212 500.–
Bank	56 400.–	Passivdarlehen	220 000.–
Forderungen L+L	174 900.–	Aktienkapital	200 000.–
Vorräte	88 100.–	Gesetzliche Gewinnreserve	27 800.–
Maschinen	198 500.–	Gewinnvortrag	8 200.–
Mobiliar	35 200.–		
Fahrzeuge	62 800.–		
Reinverlust	50 300.–		
	668 500.–		668 500.–

Die Generalversammlung beschliesst, die Reserven und den Gewinnvortrag mit dem Verlust zu verrechnen. Der Rest des Verlusts wird vorgetragen. Geben Sie die Buchungssätze für die Verlustverbuchung an und erstellen Sie die Schlussbilanz II.

Text	Soll	Haben	Betrag
AB Gewinnvortrag			
Übertrag Jahresverlust			
Verbuchung Jahresverlust			
Verwendung Gewinnvortrag			
Auflösung Ges. Gewinnreserve			
Abschluss Verlustvortrag			

Aktiven	Schlussbilanz II	Passiven	
Kasse	....	Verb. L+L	....
Bank	....	Passivdarlehen	....
Ford. L+L	....	Aktienkapital	....
Vorräte	....	- Verlustvortrag	....
Maschinen	....		....
Mobiliar	....		
Fahrzeuge	....		

A 8.6   Erstellen Sie in den beiden folgenden Fällen jeweils eine übersichtliche Aufstellung über die Gewinnverteilung.

	a)	b)
Aktienkapital	300 000.–	200 000.–
Anzahl Aktien	300	2 000
Gesetzliche Gewinnreserve	14 200.–	53 900.–
Gewinnvortrag	5 100.–	1 600.–
Jahresgewinn	24 000.–	18 300.–
Zuweisung Ges. Gewinnreserve	25 % vom RG	5 000.–
Dividenden brutto	20 000.–	je Aktie 6.–

A 8.7   Erstellen Sie für die Teilaufgaben a bis c jeweils eine übersichtliche Aufstellung über die Gewinnverteilung. Unter Berücksichtigung der gegebenen Zuweisung in die Ges. Gewinnreserve soll eine möglichst hohe Dividende (so viele ganze Prozente wie möglich) ausbezahlt werden. Geben Sie die Buchungssätze für die Gewinnverwendung, die Bankauszahlung der Dividenden und die Banküberweisung der Verrechnungssteuer an. Führen Sie das Konto «Gewinnvortrag» und schliessen Sie dieses ab.

	a)	b)	c)
Aktienkapital	400 000.–	500 000.–	800 000.–
Gesetzliche Gewinnreserve	85 300.–	31 200.–	104 600.–
Gewinnvortrag	4 100.–	1 800.–	5 200.–
Jahresgewinn	56 700.–	61 900.–	51 400.–
Zuweisung Ges. Gewinnreserve	15 000.–	10 000.–	6 000.–

A 8.8*   Erstellen Sie für die Teilaufgaben a und b jeweils eine übersichtliche Aufstellung über die Gewinnverteilung und berechnen Sie den notwendigen Reingewinn.

	a)	b)
Aktienkapital	120 000.–	250 000.–
Anfangsbestand Gewinnvortrag	4 300.–	1 100.–
Schlussbestand Gewinnvortrag	2 800.–	4 100.–
Zuweisung Ges. Gewinnreserve	6 000.–	10 % vom RG
Dividenden	8 %	15 000.–

A 8.9 a) Bei einer Aktiengesellschaft müssen noch verschiedene Nachtragsbuchungen vorgenommen werden. Erstellen Sie die Buchungssätze und berechnen Sie den Gewinn.

Nr.	Geschäftsfall Buchungssatz	Betrag	Auswirkung +/- auf Gewinn
	Reingewinn provisorisch		91 100.–
1.	Das Warenlager hat um CHF 14 600.– abgenommen.		
2.	Die Miete für den Januar von CHF 3 400.– wurde bereits bezahlt und ist abzugrenzen.		
3.	Das Mobiliar wird um CHF 16 200.– indirekt abgeschrieben.		
4.	Ein Lieferant hat uns eine Rückvergütung von CHF 8 900.– zugesichert.		
5.	Lohnvorschüsse von CHF 6 500.– sind abzugrenzen.		
6.	Ein Kundenguthaben von CHF 3 100.– kann nicht mehr eingetrieben werden.		
	Reingewinn definitiv		

b) Die Generalversammlung beschliesst folgende Gewinnverwendung: 20 % des Gewinns werden den gesetzlichen Gewinnreserven und CHF 60 000.– den Dividenden zugewiesen.

Text	Soll	Haben	Betrag
Übertrag Jahresgewinn			
Verbuchung Jahresgewinn			
Zuweisung Ges. Gewinnreserve			
Zuweisung Dividenden			

c) Die Nettodividende wird durch die Bank ausbezahlt. Die Verrechnungssteuer wird vorerst auf das entsprechende Passivkonto gebucht und später durch die Bank überwiesen.

Text	Soll	Haben	Betrag
Auszahlung Nettodividende			
Geschuldete VST			
Überweisung VST			

A 8.10 Erstellen Sie die Nachtragsbuchungen und den Abschluss einer Aktiengesellschaft (Handelsunternehmen). Der Buchungsverkehr des Geschäftsjahres (in Kurzzahlen) ist bereits zusammengefasst in den Konten auf der gegenüberliegenden Seite eingetragen.

a) Erstellen Sie ein Journal mit den Nachträgen. Es dürfen nur die Konten verwendet werden, die auf der nächsten Seite aufgeführt sind. Tragen Sie die Buchungen in den Konten ein und schliessen Sie diese ab.

1. Gemäss Inventar beträgt der Warenvorrat 392. Buchen Sie die Lagerveränderung.

2. Die Mitarbeitenden haben beim Abschluss noch Anspruch auf Überstundenentschädigungen und Provisionen von 51.

3. Eine Rechnung für Inserate von 9 ist im alten Jahr noch nicht eingetroffen und muss abgegrenzt werden.

4. Verschiedenen Kunden werden im neuen Jahr Rückvergütungen von 14 für die Bezüge im alten Jahr ausbezahlt.

5. Der Vorrat an Prospekten von 4 wird abgegrenzt.

6. Während des Jahres wurden Waren im Einstandswert von 6 für Dekorationszwecke verwendet. Dieser Betrag wird beim Abschluss verrechnet.

7. Die erwartete Nachzahlung von Nebenkosten von 2 wird abgegrenzt.

8. Das Mobiliar wird degressiv mit 20 % abgeschrieben.

9. Verkaufte Gutscheine im Wert von 11 sind beim Abschluss noch nicht eingelöst worden.

10. Die Vorauszahlung der Mobiliarversicherung von 3 wird abgegrenzt.

b) Erstellen Sie die Schlussbilanz I und die Erfolgsrechnung.

c) Der Gewinn wird wie folgt verwendet: Zuweisung Ges. Gewinnreserve 12, so viele ganze Prozente Dividende wie möglich. Geben Sie die Buchungssätze für die Gewinnverwendung an und erstellen Sie die Schlussbilanz II. Die Buchungen für die Gewinnverwendung müssen nicht in den Konten eingetragen werden.

Kasse		Bank		Ford. L+L		Warenvorrat	
134	128	728	659	135	121	366	

Aktive RA		Mobiliar		Verb. L+L		Dividenden	
		60		516	593		

Passive RA		Aktienkapital		Ges. Gewinnreserve		Gewinnvortrag	
			200		127		2

WarenA		PersonalA		RaumA		WerbeA	
638	54	207		52		12	

Sonstiger BA		Abschreibungen		Warenerlöse		Finanzertrag	
9				21	983		11

A 8.11   Geben Sie zu den folgenden Geschäftsfällen eines Handelsunternehmens die Buchungs-sätze mit Beträgen an. Verwenden Sie ausschliesslich die Konten gemäss folgendem Kontenplan. Die Mehrwertsteuer ist nur zu berücksichtigen, wenn es ausdrücklich verlangt wird.

Aktivkonten	Passivkonten	Aufwandskonten	Ertragskonten
Kasse	Verb. L+L	Warenaufwand	Warenerlöse
Bank	Verb. MWST	Lohnaufwand	Verluste aus Ford.
Forderungen L+L	Verb. VST	Sozialvers.A	Finanzertrag
Vorsteuer 1170	Dividenden	Übriger PersonalA	
Vorsteuer 1171	Passive RA	Raumaufwand	
Ford. VST	Passivdarlehen	Fahrzeugaufwand	
Warenvorrat	Rückstellungen	Energieaufwand	
Aktive RA	Aktienkapital	VerwaltungsA	
Aktivdarlehen	Ges. Gewinnreserve	Werbeaufwand	
Mobiliar	Gewinnvortrag	Sonstiger BetriebsA	
Fahrzeuge		Abschreibungen	
WB Fahrzeuge		Finanzaufwand	

Buchungen während des Geschäftsjahres:

1. Wir kaufen Handelswaren für CHF 4 808.80 inkl. 7,7 % Mehrwertsteuer auf Kredit. Die Mehrwertsteuer ist ebenfalls zu verbuchen.

2. Für den Transport der eingekauften Waren zahlen wir CHF 199.25 (inkl. 7,7 % Mehrwertsteuer) bar. Die Mehrwertsteuer ist auch zu verbuchen.

3. Ein Kunde schickt uns Waren für CHF 371.55 inkl. 7,7 % Mehrwertsteuer zurück. Die Mehrwertsteuer ist anzupassen.

4. Wir kaufen ein Fahrzeug für CHF 48 680.40 inkl. 7,7 % Mehrwertsteuer gegen Rechnung. Die Vorsteuer ist auch zu verbuchen.

5. Die Druckerei stellt uns Rechnung über CHF 5 298.85 inkl. 7,7 % Mehrwertsteuer für den Druck von Prospekten. Verbuchen Sie auch die Mehrwertsteuer.

6. Die Treuhandgesellschaft stellt Rechnung über CHF 3 532.55 inkl. 7,7 % Mehrwertsteuer für Buchhaltungsarbeiten. Die Mehrwertsteuer ist auch zu verbuchen.

7. Ein Kunde schuldet uns seit längerer Zeit CHF 1860.–. Nun zahlt er uns CHF 1100.– bar. Der Rest unserer Forderung kann nicht mehr eingetrieben werden.

8. Wir zahlen bar CHF 230.– für die Dekoration des Ladenlokals.

9. Wir mahnen einen Kunden und verrechnen ihm Verzugszinsen von CHF 210.–.

10. Die Bank schreibt uns einen Nettozins von CHF 304.20 gut. Die Verrechnungs-steuer von 35 % ist auch zu verbuchen.

11. Wir erhalten die Rechnung für die Verkehrssteuern von unseren Fahrzeugen über insgesamt CHF 1856.–.

12. Für den Kauf von verschiedenen Tonern für die Drucker zahlen wir CHF 512.– bar.

13. Die Kaskoversicherung überweist CHF 1022.20 auf unser Bankkonto für den bereits bezahlten Ersatz einer Windschutzscheibe an einem Fahrzeug.

14. Wir begleichen die soeben eingetroffene Rechnung von CHF 217.– für das Abonnement einer Fachzeitschrift durch Banküberweisung.

15. Für den Kauf von gebührenpflichtigen Kehrichtsäcken zahlen wir CHF 114.– bar.

16. Wir erhalten die Rechnung für die gekauften Computer inkl. Programme von insgesamt CHF 5260.–.

17. Für die Installation inkl. Schulung der neuen Systeme (vgl. 16) erhalten wir eine weitere Rechnung über CHF 1880.–.

18. Wir zahlen die Rechnung für die Computer (vgl. 16) unter Abzug von 2% Skonto durch Banküberweisung.

19. Die Kassenkontrolle ergibt ein Manko von CHF 62.–. Da die Ursachen dieser Differenz nicht ermittelt werden konnten, wird der Betrag ausgebucht.

20. Wir kaufen am Postschalter Briefmarken für CHF 185.– gegen Barzahlung.

21. Die Steuerverwaltung überweist uns das Verrechnungssteuerguthaben des Vorjahres von CHF 865.– auf unser Bankkonto.

22. Wir kaufen Weihnachtsgeschenke für gute Kunden für CHF 1420.– gegen Barzahlung.

23. Ein Kunde schuldet uns CHF 1190.–. Nun gibt er uns Büroverbrauchsmaterial im Wert von CHF 800.– an Zahlung. Den Rest der Forderung schreiben wir ab.

24. Aufgrund der Abrechnung unseres Vermieters müssen wir Nebenkosten von CHF 763.– nachzahlen. Wir überweisen den Betrag sofort durch die Bank.

Buchungen beim Jahresabschluss:

25. Der Bestand von Handelswaren hat gegenüber dem Vorjahr um CHF 5900.– abgenommen.

26. Das Mobiliar wird um CHF 22200.– und die Fahrzeuge werden um CHF 10900.– abgeschrieben.

27. Der Vorrat von Werbematerial im Wert von CHF 4200.– ist abzugrenzen.

28. Verschiedenen Mitarbeitenden werden wir im neuen Jahr noch Umsatzbeteiligungen von CHF 7100.– für das alte Jahr auszahlen.

29. Die Rechnung für verschiedene Inserate über etwa CHF 3800.– ist noch nicht eingetroffen.

30. Wir haben im alten Jahr bereits die Miete für den Januar von CHF 5200.– bezahlt. Buchen Sie die Abgrenzung.

31. Für die ausstehende Stromrechnung grenzen wir CHF 1400.– ab.

32. Wir buchen den Reingewinn des Geschäftsjahres von CHF 62300.–.

33. Vom Reingewinn (vgl. 32) sollen 20% den Reserven und CHF 45000.– den Dividenden zugewiesen werden.

34. Die Dividenden (vgl. 33) werden unter Abzug der Verrechnungssteuer durch Banküberweisung ausbezahlt.

A 8.12*   Beantworten Sie die folgenden Fragen zu den unten stehenden Bilanzen:

a) Wie heisst der Fachausdruck für die vorliegende Bilanzsituation?

b) Woran ist diese Bilanzsituation ersichtlich?

c) Welche Massnahmen sind jeweils vorgeschrieben?

Fall 1

Die Schlussbilanz II eines Produktionsbetriebs enthält die folgenden Zahlen.

Aktiven		Schlussbilanz II		Passiven
Umlaufvermögen			**Fremdkapital**	
Kasse	1 400.–		Verbindlichkeiten L+L	124 500.–
Bank	27 500.–		Passive Rechnungsabgrenzung	37 100.–
Forderungen L+L	102 100.–		Passivdarlehen	120 000.–
Vorräte	64 200.–			
Aktive Rechnungsabgrenzung	5 300.–			
Anlagevermögen			**Eigenkapital**	
Maschinen	214 000.–		Aktienkapital	500 000.–
Mobiliar	56 700.–		- Verlustvortrag	- 276 600.–
Fahrzeuge	33 800.–			
	505 000.–			505 000.–

Fall 2

Die Schlussbilanz II eines Handelsbetriebs enthält die folgenden Zahlen.

Aktiven		Schlussbilanz II		Passiven
Umlaufvermögen			**Fremdkapital**	
Kasse	3 500.–		Verbindlichkeiten L+L	201 200.–
Bank	34 900.–		Bankschuld	174 600.–
Forderungen L+L	56 100.–		Passive Rechnungsabgrenzung	63 800.–
Warenvorrat	387 200.–		Passivdarlehen	150 000.–
Aktive Rechnungsabgrenzung	8 400.–			
Anlagevermögen			**Eigenkapital**	
Mobiliar	48 300.–		Aktienkapital	200 000.–
Fahrzeuge	29 500.–		- Verlustvortrag	- 221 700.–
	567 900.–			567 900.–

A 8.13* Erstellen Sie in den folgenden Fällen eine Gewinnverteilung gemäss Art. 671 OR. Den gesetzlichen Gewinnreserven soll das Minimum gemäss OR zugewiesen werden. Die Dividende soll möglichst gross (ganze Prozente) sein.

	a)	b)	c)
Aktienkapital	1 000 000.–	600 000.–	2 000 000.–
Ges. Gewinnreserve	103 200.–	170 200.–	284 300.–
Gewinnvortrag	8 100.–	5 300.–	14 900.–
Jahresgewinn	75 400.–	52 700.–	175 600.–

	d)	e)	f)
Aktienkapital	500 000.–	300 000.–	1 200 000.–
Nicht einbezahltes AK	0.–	100 000.–	400 000.–
Ges. Gewinnreserve	134 500.–	21 300.–	308 900.–
Gewinnvortrag	2 600.–	1 600.–	7 200.–
Jahresgewinn	22 100.–	25 800.–	75 400.–

A 8.14* Die Generalversammlung der «Kiener Elektrotechnik AG» beschliesst, das Aktienkapital durch die Ausgabe von 20 000 Aktien mit einem Nennwert von CHF 100.– und einem Ausgabepreis von CHF 140.– zu erhöhen.

a) Wie lauten die entsprechenden Buchungen, wenn die Aktien sofort auf das Bankkonto einbezahlt werden?

b) Beschreiben Sie die Auswirkungen der Kapitalerhöhung auf

1. die Liquidität,

2. die Kreditfähigkeit,

3. die Steuerbelastung.

Kapitel 9

Bewertungen und stille Reserven

In diesem Kapitel lernen Sie …

▶ das Rechnungslegungsrecht in den Grundzügen kennen.

▶ die Aktiven und Passiven für den Jahresabschluss zu bewerten.

▶ die Auswirkungen von unterschiedlichen Bewertungen von Aktiven und Passiven auf die Erfolgsrechnung zu beurteilen.

▶ stille Reserven als Folge einer Unterbewertung von Aktiven oder einer Überbewertung von Passiven kennen.

▶ die Unterschiede von internen und externen Abschlüssen kennen.

▶ die Auswirkungen der Bildung und Auflösung von stillen Reserven auf den Jahreserfolg zu beurteilen.

9 Bewertungen und stille Reserven

9.1 Das Rechnungslegungsrecht im Obligationenrecht

Einführungsbeispiel

Die «Holzbau Hummel & Stamm AG» erstellt im Dezember die Grundlagen für den Jahresabschluss. Mit einem Inventar wird unter anderem ermittelt, welche Stückzahlen der einzelnen Artikel der Holz- und Warenvorräte vorhanden sind. Die Maschinen, das Mobiliar und die Fahrzeuge werden mit dem Anschaffungsjahr und dem aktuellen Zustand erfasst. Alle anderen Vermögenswerte sowie die Schulden, die beim Jahresabschluss vorhanden sind, werden ebenfalls detailliert zusammengestellt. Es stellt sich dabei die Frage, zu welchen Werten die Vorräte und das Anlagevermögen bilanziert werden sollen. Welche gesetzlichen Vorschriften sind dabei zu berücksichtigen?

Bilanz und Erfolgsrechnung eines Unternehmens berichten über das vergangene Geschäftsjahr. Die Eigentümer des Unternehmens werden über das Vermögen und die Schulden sowie über das Ergebnis der Geschäftstätigkeit (Gewinn oder Verlust) informiert. Anspruchsgruppen wie Fremdkapitalgeber, Mitarbeitende oder der Staat können wichtige Informationen aus diesen Zahlen gewinnen. Die verschiedenen Anspruchsgruppen müssen sich darauf verlassen können, dass die Zahlen im Abschluss korrekt sind. Dazu gehört insbesondere auch die korrekte Bewertung der einzelnen Bilanzpositionen.

Beim Führen der Buchhaltung sind deshalb bestimmte Vorschriften einzuhalten. Diese Vorschriften befinden sich im Obligationenrecht (OR), und zwar im 32. Titel «Kaufmännische Buchführung und Rechnungslegung». Die Art. 957 bis 963b OR enthalten die gesetzlichen Grundlagen für die laufende Erfassung der Geschäftsfälle (= Buchführung) und die Erstellung des Abschlusses (= Rechnungslegung). Diese Vorschriften gelten grundsätzlich für alle Rechtsformen, wobei aber je nach wirtschaftlicher Bedeutung des Unternehmens unterschiedliche Bestimmungen vorgesehen sind. Je kleiner ein Unternehmen ist, desto tiefer sind die gesetzlichen Anforderungen an die Buchführung und die Rechnungslegung. In der Tabelle auf der folgenden Seite sind diese unterschiedlichen Anforderungen ersichtlich.

In Art. 958 Abs. 1 OR ist folgender Zweck der Rechnungslegung festgehalten: «Die Rechnungslegung soll die wirtschaftliche Lage des Unternehmens so darstellen, dass sich Dritte ein zuverlässiges Urteil bilden können.» Damit dieses Ziel erreicht werden kann, sind korrekte Bewertungen der Aktiven und Passiven notwendig.

In der folgenden Tabelle sind die Einteilungskriterien und die Arten der Rechnungslegung ersichtlich. Für Vereine, Genossenschaften und Stiftungen sind weitere Kriterien zu berücksichtigen, auf die hier nicht eingegangen wird.

Einteilungskriterien und Beispiele von Rechtsformen	Art der zu führenden Buchhaltung und Rechnungslegungsvorschriften	OR-Artikel
Kleinstunternehmen Einzelunternehmen und Personengesellschaften mit einem Jahresumsatz von weniger als CHF 500 000.–	Einfache Buchhaltung: • Einnahmen- und Ausgabenrechnung • Darstellung der Vermögenslage	Art. 957 Abs. 2 OR
Kleine und mittlere Unternehmen (KMU) Einzelunternehmen und Personengesellschaften mit einem Jahresumsatz von mehr als CHF 500 000.– Alle juristischen Personen: AG, GmbH und Genossenschaften Die Kriterien für grössere Gesellschaften werden nicht erfüllt.	Doppelte Buchhaltung mit Bilanz und Erfolgsrechnung mit detaillierten Gliederungs- und Bewertungsvorschriften sowie für juristische Personen mit einem Anhang zur Jahresrechnung	Art. 957 Abs. 1 OR Art. 958 OR
Grössere Gesellschaften Erfüllen mindestens zwei der folgenden Kriterien in zwei aufeinanderfolgenden Geschäftsjahren: • Bilanzsumme grösser als 20 Mio. CHF • Umsatzerlös grösser als 40 Mio. CHF • Mehr als 250 Vollzeitstellen im Jahresdurchschnitt	Wie bei den kleinen und mittleren Unternehmen. Zusätzlich ist ein erweiterter Anhang mit einem Lagebericht und einer Geldflussrechnung zu erstellen, weitere OR-Vorschriften sind zu beachten.	Art. 961 OR
Börsenkotierte Gesellschaften Alle an der Schweizer Börse SIX kotierten Gesellschaften	Abschluss nach einem anerkannten Standard zur Rechnungslegung (IFRS oder US-GAAP; siehe Kapitel 9.2.7)	Art. 962 OR

In diesem Lehrmittel werden nur die Rechnungslegungsvorschriften für die KMU behandelt. Auf die Rechnungslegungsvorschriften für grössere Unternehmen wird hier nicht weiter eingegangen.

9.2 Bewertungen

9.2.1 Zum Begriff «Bewertungen»

In der Buchhaltung versteht man unter Bewertung die Festlegung von Bilanzwerten von Aktiven und Passiven, deren Wert nicht eindeutig feststeht. Vorräte, Sachanlagen, Forderungen und Verbindlichkeiten in fremden Währungen sowie Rückstellungen müssen unter anderem bewertet werden. Hingegen steht bei Bankkonten und Darlehen in Schweizer Franken der Betrag eindeutig fest. Wenn Bilanzpositionen höher oder tiefer bewertet werden, wirkt sich das immer auch auf Aufwände oder Erträge und somit auf den Erfolg aus. Die Bewertungen der aufgeführten Bilanzpositionen wirken sich wie folgt in der Erfolgsrechnung aus:

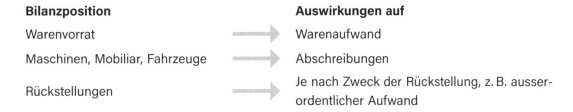

Bilanzposition		Auswirkungen auf
Warenvorrat	⟹	Warenaufwand
Maschinen, Mobiliar, Fahrzeuge	⟹	Abschreibungen
Rückstellungen	⟹	Je nach Zweck der Rückstellung, z. B. ausserordentlicher Aufwand

9.2.2 Grundsätze der Bewertungen

Gemäss Art. 960 OR sind Aktiven und Passiven grundsätzlich vorsichtig zu bewerten. Die Aktiven dürfen beim Kauf höchstens zu den bezahlten Anschaffungs- oder Herstellkosten in der Buchhaltung erfasst werden (Art. 960a OR). Nutzungs- und altersbedingte Wertverluste der Aktiven sind als Abschreibungen oder Wertberichtigungen zu berücksichtigen. Die Bewertung soll vorsichtig erfolgen, ohne die zuverlässige Beurteilung der wirtschaftlichen Lage zu verhindern. Eine höhere Bewertung der Aktiven ist verboten. Aktiven dürfen nicht überbewertet, Passiven nicht unterbewertet werden. Einem Unternehmen ist es untersagt, die finanzielle Lage besser darzustellen, als sie tatsächlich ist. Das Vorsichtsprinzip bedeutet in der Bilanz und der Erfolgsrechnung:

Aktiven	Bilanz	Passiven	Aufwand	Erfolgsrechnung	Ertrag
Vermögen	**Schulden**		**Aufwand**	**Ertrag**	
Darf nicht zu hoch ausgewiesen werden.	Dürfen nicht zu tief ausgewiesen werden.		Darf nicht zu tief ausgewiesen werden.	Darf nicht zu hoch ausgewiesen werden.	

Die Höchstbewertungsvorschriften für die Aktiven gemäss Art. 960 und 960a OR lassen es zu, dass die Aktiven zu einem tieferen Wert in der Bilanz eingesetzt werden, als sie tatsächlich aufweisen. Eine Unterbewertung des Vermögens durch stille Reserven ist zulässig. Das tatsächliche Vermögen und das Eigenkapital des Unternehmens sind damit grösser als die ausgewiesenen Werte. Da die Haftungsmasse grösser ist als in der veröffentlichten Bilanz aufgeführt, werden die Gläubiger geschützt. Wenn nicht die echten Werte ausgewiesen werden, dann wird jedoch vom Grundsatz der Klarheit und Verlässlichkeit der Zahlen abgewichen. Eine zuverlässige Beurteilung der wirtschaftlichen Lage des Unternehmens durch Dritte ist damit in Frage gestellt. Das Schweizer Recht erlaubt diesen Widerspruch zum Zweck der Rechnungslegung jedoch ausdrücklich (Art. 958 Abs. 1 OR).

9.2.3 Materielles Anlagevermögen

Bewertung von mobilen Sachanlagen

Die «Holzbau Hummel & Stamm AG» hat im Januar eine neue Holzbearbeitungsanlage für CHF 116 000.– gekauft. Die Maschine musste auf einem speziellen Betonfundament montiert werden, welches CHF 4 000.– kostete. Die geschätzte Nutzungsdauer beträgt acht Jahre; der geschätzte Restwert der Anlage ist am Ende der Nutzungsdauer CHF 0.–. Zu welchem Wert (Buchwert) wird die Anlage am Jahresende bilanziert? Gemäss Art. 960a OR müssen dazu vom Anschaffungswert die betriebsnotwendigen Abschreibungen abgezogen werden:

Bewertungsregel	Beispiel Holzbearbeitungsanlage		
Kaufpreis	Kaufpreis	CHF	116 000.–
- Rabatt, Skonto			
+ Transport, Installation	+ Betonfundament	CHF	4 000.–
= Anschaffungswert	= Anschaffungswert	CHF	120 000.–
- betriebsnotwendige Abschreibungen (Abschreibung innerhalb der vorsichtig geschätzten Nutzungsdauer)	Geschätzte Nutzungsdauer 8 Jahre, lineare Abschreibung: - Abschreibung ⅛ vom Anschaffungswert	CHF	15 000.–
= Wert der Maschine in der Bilanz am 31.12. (Buchwert)	= Buchwert der Holzbearbeitungs- anlage am Jahresende	CHF	105 000.–

Am Jahresende hat die Holzbearbeitungsanlage einen Buchwert von CHF 105 000.–. Dieser Wert wird in die Bilanz übertragen. Art. 960a OR definiert den höchstmöglichen Wert der Maschine. Das Vorsichtsprinzip besagt, dass der Buchwert von CHF 105 000.– nicht überschritten, wohl aber unterschritten werden darf, indem mehr als CHF 15 000.– abgeschrieben werden.

Bewertungen von Liegenschaften

Vor rund 20 Jahren hat die «Holzbau Hummel & Stamm AG» eine Liegenschaft gekauft, die teilweise für das Geschäft gebraucht wird und teilweise an Dritte vermietet wird. Der aktuelle Verkehrswert dieser Liegenschaft beträgt CHF 3 250 000.–. Die investierten Beträge sind in der folgenden Tabelle aufgeführt:

Bewertungsregel	Beispiel Liegenschaft		
Kaufpreis	Kaufpreis	CHF	2 100 000.–
+ Handänderungskosten	+ Handänderungskosten	CHF	45 000.–
+ Wertvermehrende Sanierungen	+ Diverse Sanierungen (wertvermehrend)	CHF	187 000.–
= Anlagekosten (Anschaffungswert)	= Anschaffungswert	CHF	2 332 000.–
- notwendige Abschreibungen (notwendig, wenn der aktuelle Verkehrs- wert tiefer ist)	keine Abschreibungen notwendig		
= Wert der Liegenschaft in der Bilanz am 31.12. (Buchwert)	= Buchwert der Liegenschaft am Jahresende	CHF	2 332 000.–

Gemäss Art. 960a OR darf diese Liegenschaft höchstens mit CHF 2 332 000.– bilanziert werden, obwohl der heutige Verkehrswert von CHF 3 250 000.– viel höher ist. Die Differenz von CHF 918 000.– stellt eine stille Reserve dar, die aufgrund der Bewertungsvorschriften zwingend ist (sogenannte Zwangsreserve).

9.2.4 Aktiven mit Börsenkurs oder beobachtbarem Marktpreis

Eine besondere Regelung gibt es für Vermögensteile, deren Wert mit einem Börsenkurs oder einem anderen beobachtbaren Marktpreis ermittelt werden kann. Die Aktien von Publikumsgesellschaften und andere kotierte Wertpapiere können mit dem Börsenkurs am Bilanzstichtag bewertet werden. Art. 960b OR sieht für diese Fälle eine Abweichung vom Anschaffungs- oder Herstellungskostenprinzip vor: Aktiven mit einem Börsenkurs können zum Kurs vom Bilanzstichtag bewertet werden, auch wenn der Kurs über dem bezahlten Anschaffungswert liegt. Diese Bewertungsregel stellt eine Ausnahme vom Realisationsprinzip dar, wonach Gewinne erst bei ihrer Realisierung gebucht werden dürfen. Im Anhang zur Jahresrechnung muss auf diese Bewertung hingewiesen werden. Da Börsenkurse täglich schwanken, können Unternehmen bei dieser Bewertungsart eine Schwankungsreserve einrichten (Art. 960b OR).

Beispiel 1: Bewertung von Aktien

24.1.20.1	Kauf von 400 kotierten Aktien B-AG zum Kurs von CHF 110.– = CHF 44 000.–.	Anschaffungswert	CHF	44 000.–
31.12.20.1	Bewertung zum Börsenkurs am Bilanzstichtag: 400 Aktien zum Kurs von CHF 137.– = CHF 54 800.–.	Bilanzwert	CHF	54 800.–
Jahr 20.1	Der nicht realisierte Kursgewinn kann gemäss Art. 960b OR verbucht werden.	Kursgewinn	CHF	10 800.–

Beispiel 2: Bewertung von Rohstoffen

Der Kakaovorrat einer Schokoladenfabrik kann mit dem Börsenkurs für Kakao bewertet werden, da Kakao an der Rohstoffbörse gehandelt wird. Die Schokoladenfabrik «Grünrain AG» kauft im September für CHF 2 200.– (= Anschaffungskosten) eine Tonne Kakao, die eingelagert wird. Am Jahresende ist der Börsenkurs für Kakao auf CHF 2 500.– pro Tonne gestiegen. Die «Grünrain AG» kann den eingelagerten Kakao zu CHF 2 500.– bilanzieren, also über dem bezahlten Anschaffungswert. Sollte der Börsenkurs beim Abschluss tiefer sein als die Anschaffungskosten, müsste der Vorrat zum Börsenkurs bewertet werden.

9.2.5 Waren- und Materialvorräte

Die Vorräte werden im Normalfall zu den Anschaffungs- oder Herstellkosten (bei Vorräten verwendet man meistens den Begriff Einstandspreis) bewertet. Wenn ein Unternehmen eine grössere Anzahl eines bestimmten Artikels gekauft hat, muss es den Artikel zum Einstandspreis bewerten, auch wenn der gleiche Artikel inzwischen wesentlich teurer ist. Da der entsprechende Gewinn noch nicht realisiert ist, darf auch nicht der Verkaufspreis eingesetzt werden. Sollte der Veräusserungswert von Waren unter Berücksichtigung noch anfallender Kosten tiefer sein als die Anschaffungs- oder Herstellkosten, muss dieser eingesetzt werden (Art. 960c OR). Da jeweils der tiefere von den zwei Werten eingesetzt werden muss, spricht man von einem Niederstwertprinzip.

Beispiel: Bewertung von Vorräten

Ein IT-Unternehmen hat vor einiger Zeit zehn Computer zu je CHF 900.– eingekauft. Aufgrund der technologischen Entwicklung beträgt der erwartete Verkaufspreis noch CHF 810.– je Gerät. Im Zusammenhang mit dem Verkauf fallen noch Kosten an von CHF 70.– je Gerät.

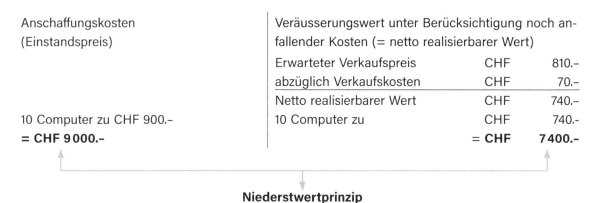

Anschaffungskosten (Einstandspreis)	Veräusserungswert unter Berücksichtigung noch anfallender Kosten (= netto realisierbarer Wert)		
	Erwarteter Verkaufspreis	CHF	810.–
	abzüglich Verkaufskosten	CHF	70.–
	Netto realisierbarer Wert	CHF	740.–
10 Computer zu CHF 900.–	10 Computer zu	CHF	740.–
= CHF 9 000.–	**= CHF**		**7 400.–**

Niederstwertprinzip

Die Bilanzierung muss zum tieferen der beiden Werte (CHF 7 400.–) erfolgen.

9.2.6 Rückstellungen

Passiven müssen zum Nennwert eingesetzt werden (Art. 960e OR) und dürfen nicht unterbewertet werden. Rückstellungen müssen dann gebildet werden, wenn das Unternehmen durch ein bestimmtes Ereignis, das vor dem Bilanzstichtag stattfand, einen Geldabfluss nach dem Bilanzstichtag zu erwarten hat (Art. 960e Abs. 2 OR). Wenn zum Beispiel ein verkauftes Produkt grosse Mängel aufweist und Schadenersatzansprüche drohen, dann muss das Unternehmen eine Rückstellung für Schadenersatzansprüche bilden. Weitere mögliche Fälle für die Bildung von Rückstellungen sind drohende Prozesskosten, Steuernachzahlungen, grosse Reparaturen, Umstrukturierungskosten usw.

9.2.7 Internationale und besondere Rechnungslegungsvorschriften

Die Bewertungsvorschriften des Obligationenrechts gelten nur in der Schweiz. Im Ausland gelten andere, meistens strengere Bewertungsvorschriften. In der EU gelten für börsenkotierte Unternehmen die **IFRS-Regeln** (International Financial Reporting Standards), in den USA werden die **US-GAAP** (Generally Accepted Accounting Principles) verwendet. Aktiengesellschaften, die an der Schweizer Börse SIX kotiert sind, müssen die Buchhaltung nach IFRS- oder US-GAAP-Regeln führen. Die Schweizer Normen Swiss GAAP FER (Fachempfehlungen Rechnungslegung) gelten nur für das Nebensegment.

Schweizer Banken müssen zusätzlich mit besonderen Rechnungslegungsvorschriften arbeiten, die von der Finanzmarktaufsichtsbehörde FINMA erlassen werden.

9.2.8 Steuervorschriften

Bei den OR-Vorschriften für die Bewertung des Vermögens handelt es sich grundsätzlich um Höchstbewertungsvorschriften. Das bedeutet, dass eine tiefere Bewertung und damit die Bildung von stillen Reserven zulässig sind. Die Steuerbehörde will auf der anderen Seite verhindern, dass Vermögen und Reingewinn beliebig verkleinert werden können. Deshalb schreibt die Steuerbehörde zum Beispiel vor, wie viel maximal abgeschrieben werden darf oder wie die Vorräte bewertet werden müssen.

9.2.9 Zusammenfassung

Begriffe zu den Bewertungen

Anschaffungswert	Bezahlter Kaufpreis von Sachanlagen inkl. Anschaffungsnebenkosten (Transport, Montage, Einrichtung, erstmalige Schulung)
Einstandspreis	Bezahlter Kaufpreis von Waren nach Abzug von Lieferantenrabatten und -skonti, inkl. Transportkosten und Einfuhrzöllen
Anlagekosten	Kaufpreis von Liegenschaften inkl. Handänderungskosten und wertvermehrenden Sanierungen
Buchwert	Wert einer Bilanzposition am Stichtag (beim Anlagevermögen: Anschaffungswert minus Abschreibungen)
Fortführungswert	Wert eines bestimmten Gegenstandes, wenn die Unternehmung ihn weiterhin für die eigene Geschäftstätigkeit verwendet
Liquidationswert	Verkaufserlös eines bestimmten Gegenstandes, wenn die Unternehmung ihn am Bilanzstichtag veräussern würde

Bewertung allgemein

Die Bewertung muss grundsätzlich vorsichtig erfolgen. Das Vermögen darf nicht zu hoch, die Schulden dürfen nicht zu tief bewertet werden. Stille Reserven durch die Unterbewertung von Vermögen oder Überbewertung von Schulden sind zulässig, aufgrund der Steuervorschriften jedoch beschränkt.

→ Art. 960 OR

Bewertung des Vermögens

CHF   Höchstbewertung gemäss OR

↑↓ Ermessens-
spielraum

↓ Bildung
stille Reserven

Tiefstbewertung gemäss Steuervorschriften

Übersicht Bewertungsvorschriften

Erstbewertungen

Beim Kauf dürfen alle Aktiven höchstens zu den Anschaffungs- oder Herstellkosten (übliche Bezeichnungen bei Liegenschaften: Anlagekosten, bei Vorräten: Einstandspreis) bewertet werden.

→ Art. 960a OR

Folgebewertungen

Materielles Anlagevermögen	Aktiven mit Börsenkurs oder beobachtbarem Marktpreis	Waren- und Materialvorräte
Höchstens zu Anschaffungs- oder Herstellkosten, abzüglich notwendige Abschreibungen.	Kurs oder Marktpreis am Bilanzstichtag, auch wenn dieser höher ist als der Anschaffungswert (Ausnahme vom Realisationsprinzip).	Anschaffungs- oder Herstellkosten (Einstandspreis). Wenn der Veräusserungswert unter Berücksichtigung noch anfallender Kosten (netto realisierbarer Wert) tiefer ist, muss dieser eingesetzt werden.
→ Art. 960a OR	→ Art. 960b OR	→ Art. 960c OR

Liquidationswerte

Grundsätzlich wird bei der Rechnungslegung und bei den obenstehenden Bewertungsregeln die Fortführung des Unternehmens angenommen. Wenn in den nächsten zwölf Monaten ab Bilanzstichtag das Unternehmen oder Teile davon aufgegeben werden sollen, müssen die entsprechenden Aktiven zu Liquidationswerten (Veräusserungswerten) bilanziert werden, welche häufig wesentlich tiefer sind.

→ Art. 958a OR

9.3 Stille Reserven

9.3.1 Interner und externer Abschluss

Das Obligationenrecht erlaubt den Unternehmen, den ausgewiesenen Jahresreingewinn zu verändern. Bei den Vorschriften über die Bewertung des Vermögens handelt es sich um Höchstbewertungsvorschriften. Aufgrund dieser Vorschriften kann das Vermögen tiefer bewertet werden.

Durch die Bildung stiller Reserven kann ein Teil des Gewinns im Unternehmen zurückbehalten werden. Das ist eine weitere Anwendung des Vorsichtsprinzips: Im Unternehmen ist nach der Bildung stiller Reserven mehr Eigenkapital vorhanden, als nach aussen ausgewiesen wird. Das Unternehmen hat für schlechte Zeiten zusätzliche Reserven. Die stillen Reserven können in späteren Jahren dazu verwendet werden, ein schlechtes Geschäftsergebnis zu verbessern. Stille Reserven werden zudem häufig aus steuerlichen Gründen gebildet.

Das Handelsunternehmen «New Line AG» hat am 31.12. die folgende provisorische Schlussbilanz I und Erfolgsrechnung (in Kurzzahlen) erstellt:

Aktiven	provisorische Schlussbilanz I		Passiven
Flüssige Mittel	20	Verbindlichkeiten L+L	35
Forderungen L+L	70	Passivdarlehen	25
Warenvorrat	90	Rückstellungen	10
Anlagevermögen	60	Aktienkapital	100
		Ges. Gewinnreserve	10
		Prov. Reingewinn	60
	240		240

Aufwand	provisorische Erfolgsrechnung		Ertrag
Warenaufwand	400	Warenerlöse	700
Personalaufwand	150		
Sonst. BA	80		
Abschreibungen	10		
Prov. Reingewinn	60		
	700		700

Die Geschäftsleitung und der Verwaltungsrat der «New Line AG» überlegen sich, ob der gesamte Reingewinn von 60 gegenüber den Aktionären ausgewiesen werden soll. Die Aktionäre werden einen Anteil am Reingewinn als Dividende beanspruchen. Der Staat wird zudem Steuern auf dem Reingewinn verlangen. Geschäftsleitung und Verwaltungsrat beschliessen deshalb, den ausgewiesenen Reingewinn zu verringern, indem erstmals stille Reserven gebildet werden.

Dieser Entscheid hat Konsequenzen für die Buchhaltung. Nach der Bildung stiller Reserven sind zwei verschiedene Bilanzen und Erfolgsrechnungen des Unternehmens zu unterscheiden:

Jahresabschluss mit stillen Reserven

Interne Bilanz und Erfolgsrechnung

Echte (realistische) Werte:
Tatsächliches Vermögen
Tatsächliche Schulden
Betriebsnotwendige Aufwände und Erträge

Für die Geschäftsleitung
Internes Führungsinstrument, Grundlage für die Kalkulation und die Kostenkontrolle

Externe Bilanz und Erfolgsrechnung

Manipulierte (verfälschte) Werte:
Unterbewertung von Aktiven
Überbewertung von Passiven
Manipulierte Aufwände und Erträge

Für Aktionäre, Staat, Öffentlichkeit und Mitarbeitende
Vermittelt ein bestimmtes Bild des Unternehmens

9.3.2 Bildung stiller Reserven

Art. 960a OR ermöglicht ausdrücklich die Bildung stiller Reserven. Es handelt sich dabei um Reserven, welche im externen Abschluss nicht ersichtlich sind. Stille Reserven werden auch als verstecktes Eigenkapital bezeichnet. Sie werden gebildet, indem ausgewählte Positionen der Aktiven in der externen Bilanz zu einem tieferen Wert eingesetzt werden, als sie tatsächlich aufweisen. Diese Aktiven werden unterbewertet. Ausgewählte Positionen der Passiven werden bei der Bildung stiller Reserven zu einem höheren Wert eingesetzt, als sie tatsächlich aufweisen. Sie werden extern überbewertet. Die «New Line AG» verringert den Reingewinn durch Bildung folgender stiller Reserven:

- Unterbewertung des Warenvorrats von 20
- Unterbewertung des Anlagevermögens von 20
- Überbewertung der Rückstellungen von 5

Für diese Positionen werden für die externe Schlussbilanz neue, manipulierte Werte festgelegt:

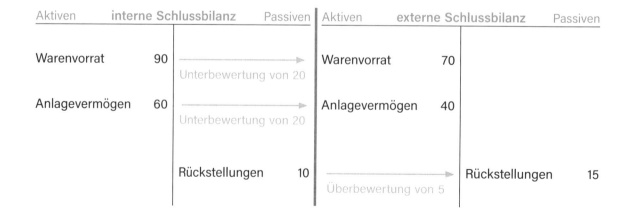

Die stillen Reserven werden mit den folgenden Buchungen gebildet:

Unterbewertung Warenvorrat	**Warenaufwand / Warenvorrat**	**20**
Unterbewertung Anlagevermögen	**Abschreibungen / Anlagevermögen**	**20**
Überbewertung Rückstellungen	**Sonst. BA / Rückstellungen**	**5**

Unter Berücksichtigung dieser Buchungen ergeben sich die externe Schlussbilanz I und die externe Erfolgsrechnung wie folgt:

Aktiven		externe Schlussbilanz I		Passiven
Flüssige Mittel		20	Verbindlichkeiten L+L	35
Forderungen L+L		70	Passivdarlehen	25
Warenvorrat	(-20)	70	Rückstellungen (+5)	15
Anlagevermögen	(-20)	40	Aktienkapital	100
			Ges. Gewinnreserve	10
			Ausgewiesener RG (-45)	15
	(-40)	200	(-40)	200

Aufwand		externe Erfolgsrechnung		Ertrag
Warenaufwand	(+20)	420	Warenerlöse	700
Personalaufwand		150		
Sonst. BA	(+5)	85		
Abschreibungen	(+20)	30		
Ausgewiesener RG	(-45)	15		
	(0)	700		700

Die externe Bilanz zeigt nun ein verfälschtes Bild der wirtschaftlichen Lage des Unternehmens. Anstelle des tatsächlichen Reingewinns von 60 wird nur ein Reingewinn von 15 ausgewiesen. Im Vergleich zum internen Abschluss zeigt der externe Abschluss ein kleineres Vermögen, grössere Schulden und grössere Aufwände. Aufgrund der schlechteren Zahlen, die im externen Abschluss ausgewiesen werden, müssen weniger Steuern bezahlt werden. Den Aktionären kann weniger Dividende ausbezahlt werden.

Der Bestand an stillen Reserven kann wie folgt berechnet werden:

Bilanzposition	Interner Wert 31.12.	Externer Wert 31.12.	Bestand stille Reserven
Warenvorrat	90	70	20 (Unterbewertung)
Anlagevermögen	60	40	20 (Unterbewertung)
Rückstellungen	10	15	5 (Überbewertung)
Gesamtbestand stiller Reserven am 31.12.		45	

9.3.3   Bilanzpositionen für die Bildung stiller Reserven

Stille Reserven können nicht auf allen Bilanzpositionen gebildet werden. Nur bei Aktiven und Passiven, deren Wert nicht eindeutig feststeht (Bilanzpositionen, die bewertet werden müssen), sind stille Reserven möglich.

Stille Reserven werden gebildet durch

Unterbewertung von Vermögen (Aktiven)	**Überbewertung von Fremdkapital (Passiven)**
Aktiven, bei deren Bewertung ein Ermessensspielraum besteht.	Passiven, bei deren Bewertung ein Ermessensspielraum besteht.

Beispiele

- Forderungen L+L in fremden Währungen (Umrechnungskurs tiefer ansetzen)
- Vorräte (tiefere Bewertung als zum Einstandspreis)
- Materielles Anlagevermögen (höhere Abschreibungen als betrieblich notwendig)

Beispiele

- Verbindlichkeiten L+L in fremden Währungen (Umrechnungskurs höher ansetzen)
- Rückstellungen (höher ansetzen als betrieblich notwendig)

9.3.4   Auflösung stiller Reserven

Im folgenden Geschäftsjahr hat die «New Line AG» einen Verlust erwirtschaftet, der wie folgt in der provisorischen, externen Bilanz und Erfolgsrechnung ausgewiesen wird:

Aktiven	provisorische externe Schlussbilanz I		Passiven
Flüssige Mittel	5	Verbindlichkeiten L+L	50
Forderungen L+L	95	Passivdarlehen	30
Warenvorrat	65	Rückstellungen	15
Anlagevermögen	20	Aktienkapital	100
Prov. Reinverlust	20	Ges. Gewinnreserve	10
	205		205

Aufwand	provisorische externe Erfolgsrechnung		Ertrag
Warenaufwand	380	Warenerlöse	670
Personalaufwand	200		
Sonst. BA	90	Prov. Reinverlust	20
Abschreibungen	20		
	690		690

Die «New Line AG» will nach aussen, gegenüber den Anspruchsgruppen, keinen Verlust von 20, sondern einen Gewinn von 5 ausweisen, dazu werden stille Reserven im Betrag von 25 aufgelöst:

- Warenvorrat: Auflösung stille Reserven von 10
- Anlagevermögen: Auflösung stille Reserven von 10
- Rückstellungen: Auflösung stille Reserven von 5

Die manipulierten Aktiven werden bei der Auflösung wieder höher bewertet, der Wert darf allerdings nicht höher sein als in der **internen Bilanz.** Die manipulierten Passiven werden wieder tiefer bewertet, der Wert der **internen Bilanz** darf dabei nicht unterschritten werden.

Die Buchungen für die Auflösung der stillen Reserven lauten:

Auflösung stille Reserven Warenvorrat	**Warenvorrat / Warenaufwand**	**10**
Auflösung stille Reserven Anlagevermögen	**Anlagevermögen / Abschreibungen**	**10**
Auflösung stille Reserven Rückstellungen	**Rückstellungen / Sonst. BA**	**5**

Durch die Auflösung stiller Reserven wird extern ein Reingewinn von 5 ausgewiesen. Die Aktiven Warenvorrat und Anlagevermögen werden um den Auflösungsbetrag aufgewertet, der Passivposten Rückstellungen wird um den Auflösungsbetrag abgewertet.

Das ausgewiesene Betriebsergebnis steigt um den Betrag der Auflösungen:

Provisorischer Reinverlust	- 20
+ Aufwandsminderungen durch Auflösung von stillen Reserven	+ 25
ergibt den extern ausgewiesenen Reingewinn von	5

Im externen Abschluss wird ein verbessertes Ergebnis ausgewiesen. Damit wird die Steuerbelastung grösser, und es ist eine kleine Gewinnausschüttung möglich. Externe Parteien können getäuscht werden, weil der externe Abschluss die wirtschaftliche Lage des Unternehmens zu gut darstellt. Insbesondere besteht die Gefahr, dass die Gläubiger von einer zu grossen Kreditfähigkeit des Unternehmens ausgehen und zu grosse Risiken von Kreditausfällen übernehmen.

Nachdem die stillen Reserven mit den obenstehenden Buchungen aufgelöst wurden, sind in der externen Schlussbilanz I und in der externen Erfolgsrechnung folgende Zahlen ersichtlich:

Aktiven		definitive externe Schlussbilanz I	Passiven		
Flüssige Mittel		5	Verbindlichkeiten L+L		50
Forderungen L+L		95	Passivdarlehen		30
Warenvorrat	(+10)	75	Rückstellungen	(-5)	10
Anlagevermögen	(+10)	30	Aktienkapital		100
			Ges. Gewinnreserve		10
			Ausgewiesener RG	(+25)	5
	(+20)	205		(+20)	205

Aufwand		definitive externe Erfolgsrechnung	Ertrag	
Warenaufwand	(-10)	370	Warenerlöse	670
Personalaufwand		200		
Sonst. BA	(-5)	85		
Abschreibungen	(-10)	10		
Ausgewiesener RG	(+25)	5		
	(0)	670		670

9.3.5 Steuerrecht und stille Reserven

Art. 960a OR würde es Unternehmen in wirtschaftlich guten Zeiten ermöglichen, Aktiven in kürzester Zeit fast vollständig abzuschreiben. Das Schweizer Steuerrecht (Bund und Kantone) hat diese sehr weitgehende Steuerersparnismöglichkeit unter anderem mit maximalen Abschreibungssätzen auf dem Anlagevermögen verhindert. Diese Vorschriften lassen zum Beispiel höchstens folgende degressive Abschreibungen zu: Fahrzeuge 40%, Mobiliar 25%, IT-Anlagen 40%, Maschinen 30%.

9.3.6 Informationspflicht

Das OR sieht zudem eine wichtige Schutzvorschrift insbesondere für Gläubiger und Aktionäre vor. Wenn durch die Auflösung stiller Reserven das erwirtschaftete Ergebnis des Unternehmens wesentlich besser dargestellt wird, muss dieser Sachverhalt im Anhang der Jahresrechnung offengelegt werden (Art. 959c Abs. 1 Ziff. 3 OR). Wird der erwirtschaftete Reingewinn beschönigt – wie in unserem Beispiel –, dann müssen die Leser der Jahresrechnung im Anhang informiert werden.

Es besteht also eine sehr beschränkte Informationspflicht: Nur grössere Auflösungen stiller Reserven müssen im Anhang angegeben werden. In diesem Fall ist die Information für die Gläubiger und die Aktionäre sehr wichtig. Hingegen bei der Bildung stiller Reserven, bei geringfügigen Auflösungen stiller Reserven sowie über die Bestände an stillen Reserven sind keine Angaben erforderlich.

Eine Bildung stiller Reserven, die weit über das Vorsichtsprinzip hinausgeht, ist gemäss den internationalen Rechnungslegungsvorschriften wie IFRS nicht erlaubt. Hier gilt der Grundsatz von «true and fair view». Die stillen Reserven sind eine Abweichung vom Grundsatz der Klarheit und Verlässlichkeit. So sind beispielsweise Aktiven mit einem grossen Bestand an stillen Reserven stark unterbewertet. Der extern ausgewiesene Wert entspricht nicht dem tatsächlichen Wert. Anspruchsgruppen, wie z.B. die Aktionäre, können auf der Grundlage der veröffentlichten externen Bilanz und Erfolgsrechnung nicht den tatsächlichen Wert ihres Unternehmens bestimmen.

Stille Reserven wurden lange als Methode der Vorsorge für schlechte Zeiten und als Möglichkeit, Steuern zu sparen, angesehen. Banken verlangen für ein Kreditgesuch fast immer, dass ihnen gegenüber sämtliche stillen Reserven offengelegt werden. Die Gesuche werden von der Bank auf der Grundlage der echten Werte, d.h. der internen Bilanz und Erfolgsrechnung, sowie der ergänzenden Unterlagen, wie z.B. des Businessplans, beurteilt.

Die stillen Reserven bieten in wirtschaftlich schlechten Zeiten nur eine vordergründige Sicherheit. In unserem Beispiel konnte dank der Auflösung von stillen Reserven von 25 ein Gewinn von 5 ausgewiesen werden. Durch die Auflösung stiller Reserven sind dem Unternehmen jedoch keine flüssigen Mittel zugeflossen. Die flüssigen Mittel sind bei den drei Buchungssätzen nicht betroffen. Gerade in schlechten Zeiten braucht ein Unternehmen oft zusätzliche flüssige Mittel. Dazu müsste es unter Umständen das Anlagevermögen verkaufen. Erst dann würden sich die flüssigen Mittel erhöhen. Das wäre dann aber auch das Ende der Geschäftstätigkeit, weil das Unternehmen das Anlagevermögen braucht, um die betrieblichen Leistungen erbringen zu können.

In der Schweiz ist der Grundsatz von «true and fair view» wichtiger geworden. Die Bildung stiller Reserven in grossem Umfang ist mit diesem Grundsatz und den internationalen Rechnungslegungsvorschriften nicht zu vereinbaren.

Kapitel 9

Aufgaben

A 9.1   Kreuzen Sie jeweils an, ob die Aussage richtig oder falsch ist. Berichtigen Sie falsche
Aussagen auf der folgenden Zeile.

R   F

a)   ☐   ☐   Börsengehandelte Wertpapiere müssen mindestens zum Ankaufspreis
bilanziert werden.

....

b)   ☐   ☐   Guthaben in fremder Währung dürfen höchstens zum Tageskurs des
Bilanzstichtags bilanziert werden.

....

c)   ☐   ☐   Die Bewertungsvorschriften sind nicht für alle buchführungspflichtigen
Unternehmen einheitlich.

....

d)   ☐   ☐   Für Waren, die Ende Jahr noch am Lager sind, wurden seinerzeit
CHF 23.– je kg bezahlt. Der heutige Veräusserungswert der Ware nach
Abzug der anfallenden Kosten beträgt CHF 19.50 je kg. Ein KMU müss-
te diese Waren zu CHF 19.50 bilanzieren.

....

e)   ☐   ☐   Waren, die im Laufe des Jahres eingekauft wurden, werden zum Einstandspreis erfasst. Ist der Veräusserungswert der Waren nach Abzug
der anfallenden Kosten tiefer, kann eine grössere Aktiengesellschaft
den Warenvorrat zum höheren Einstandspreis einsetzen.

....

f)   ☐   ☐   Für Aktiven und Passiven gilt das Vorsichtsprinzip: Sie dürfen höchstens zum Wert eingesetzt werden, den sie am Abschlusstag aufweisen.

....

g)   ☐   ☐   Die Fortführungswerte werden immer dann verwendet, wenn in den
nächsten drei Monaten keine Liquidation vorgesehen ist.

....

h)   ☐   ☐   Der Rohölvorrat von 30 000 Barrel stammt aus einem Einkauf im Som-
mer zum Preis von CHF 98.– pro Barrel. Der Börsenpreis ist am 31. Dezember auf CHF 103.40 pro Barrel gestiegen. Der Rohstoffhändler kann
das Rohöl mit CHF 3 102 000.– bilanzieren.

....

i)   ☐   ☐   Wenn das Anlagevermögen am Bilanzstichtag zu einem deutlich höheren Preis als zum Buchwert verkauft werden könnte, kann dieser
Marktpreis eingesetzt werden.

....

A 9.2   Geben Sie in den folgenden Fällen an, zu welchem Betrag die folgenden Positionen gemäss OR höchstens bewertet werden dürfen, und begründen Sie Ihre Lösung.

Nr.	Beschreibung	Bilanzwert	Begründung
a)	Ende Jahr wurde eine Produktionsanlage für CHF 56 500.– gekauft. Bei der Bezahlung konnten 2 % Skonto abgezogen werden. Der Transport kostete zusätzlich CHF 1400.–.		
b)	Bei der Maschine (Aufgabe a) rechnen wir mit einer Nutzungsdauer von acht Jahren und einer regelmässigen Wertverminderung. Wie gross ist der Bilanzwert nach drei Jahren (auf ganze CHF runden)?		
c)	Von einer Liegenschaft sind folgende Angaben bekannt: Kaufpreis CHF 1 600 000.–, Handänderungskosten CHF 14 000.–, wertvermehrende Sanierungskosten CHF 80 000.–, Verkehrswert CHF 1 950 000.–.		
d)	Die 20 kotierten Aktien wurden für insgesamt CHF 17 400.– gekauft. Der Durchschnittskurs vom Dezember beträgt CHF 934.– und der Kurs am Bilanzstichtag CHF 952.–.		
e)	Im Lager eines Handelsunternehmens befinden sich 5 000 Stück eines Artikels, die zu je CHF 3.80 gekauft wurden und voraussichtlich für CHF 5.20 verkauft werden können.		
f)	Ein Unternehmen hat 10 Personal Computer im Lager, die es für je CHF 870.– gekauft hat. Die Geräte können für CHF 790.– verkauft werden. Pro Gerät fallen noch Verkaufskosten von CHF 30.– an.		

A 9.3 Die «Holzbau Hummel & Stamm AG» lässt den Jahresabschluss (31.12.) von einem Treuhänder erstellen. Für die Erstellung der Bilanz wurden die folgenden Angaben zusammengestellt. Bestimmen Sie, zu welchem Wert die jeweilige Bilanzposition höchstens eingesetzt werden kann, und begründen Sie Ihre Bewertung.

	Bilanzposition	**Angaben für Bewertung**
a)	Kasse: Bestand EUR 15 000.–	• EUR-Wechselkurs am 31.12.: 1.08 • Durchschnittlicher Kaufkurs: 1.12 • Durchschnittlicher EUR-Wechselkurs im Dezember: 1.09
b)	Wertschriftenbestand: 500 Aktien ABC	• Kaufkurs am 18.8.: CHF 188.– • Börsenkurs am 31.12.: CHF 202.– • Durchschnittlicher Börsenkurs im Dezember: CHF 199.50
c)	Vorräte: Holzvorräte	• Holzvorrat gemäss Inventar zu Einstandspreisen: CHF 165 000.– • Veräusserungswert der Vorräte abzüglich noch anfallender Kosten: CHF 194 000.–
d)	Vorräte: Halbfabrikate	Das Inventar der Halbfabrikate (Elektrogeräte für den Einbau in den Küchen) ergab folgende Zahlen: • Kaufpreis der Halbfabrikate inkl. Bezugskosten: CHF 35 000.– • Veräusserungswert der Halbfabrikate abzüglich noch anfallender Kosten: CHF 28 000.– (wegen des tiefen EUR-Kurses sind die Preise gesunken)
e)	Vorräte: Fertigfabrikate	5 Fertigküchen, Modell «Andrea», sind von der «Holzbau Hummel & Stamm AG» produziert worden und sind im Lager. Folgende Ansätze (Beträge je Stück) sind bekannt: • Verkaufspreis CHF 13 500.– • Grossistenpreis CHF 10 100.– • Herstellkosten CHF 9 200.–
f)	Maschinen: CNC-Holzbearbeitungsanlage	Im Januar hat die «Holzbau Hummel & Stamm AG» eine neue Holzbearbeitungsanlage zum Preis von CHF 212 000.– gekauft. Die Einrichtungskosten betrugen CHF 28 000.–. Es wird mit einer Nutzungsdauer von 6 Jahren gerechnet. Bilanzwert der Anlage am 31.12.?

A 9.4   Die «Blackbox AG» stellt Schokoladenprodukte her. Sie erstellt auf den 31.12. den Jahresabschluss. Zu welchem Wert können die folgenden Posten eingesetzt werden? Kreuzen
Sie an, ob es sich bei diesem Wert um den höchstmöglichen oder den tiefstmöglichen
handelt.

a)   Kakaobohnen, Lagerbestand am 31.12.   120 Tonnen

Marktpreis am 31.12.   CHF 1962.45 je Tonne

Bezahlter Einstandspreis   CHF 1677.45 je Tonne

☐ höchstmöglicher ...   ☐ tiefstmöglicher Bilanzwert   CHF ....

Rechenweg: ....

b)   Lieferantenschulden in fremden Währungen am 31.12.   USD 16 700.–

Wechselkurs USD am 31.12.   CHF 0.899

Durchschnittlicher USD-Wechselkurs im Dezember   CHF 0.885

☐ höchstmöglicher ...   ☐ tiefstmöglicher Bilanzwert   CHF ....

Rechenweg: ....

c)   Lieferwagen IVECO Eco-Daily, Anschaffungswert 50 000.–,

Nutzungsdauer 5 Jahre, lineare Abschreibung, gekauft vor 3 Jahren

☐ höchstmöglicher ...   ☐ tiefstmöglicher Bilanzwert   CHF ....

Rechenweg: ....

d)   500 Aktien «Deltasweet AG»

Börsenkurs am 31.12.   CHF 344.50

Kaufkurs am 1.4.   CHF 309.50

Durchschnittskurs des Geschäftsjahres   CHF 331.50

☐ höchstmöglicher ...   ☐ tiefstmöglicher Bilanzwert   CHF ....

Rechenweg: ....

e)   Lagerbestand Schokoladetafeln Milch Deluxe: 45 000 Stück

Verkaufspreis für Grosshandel   CHF 1.50 je Stück

Ladenverkaufspreis   CHF 1.95 je Stück

Herstellkosten   CHF 1.04 je Stück

☐ höchstmöglicher …   ☐ tiefstmöglicher Bilanzwert   CHF ....

Rechenweg: ....

....

A 9.5   Von der «Elektro-Blitz AG» stehen Ihnen die folgenden Angaben zu Verfügung. Erstellen Sie daraus eine gut gegliederte Schlussbilanz I in Kontenform mit den Kontenhauptgruppen. Wenden Sie dabei die Bewertungsvorschriften des OR an. Wenn zu einer Bilanzposition keine Angaben aufgeführt sind, entspricht der provisorische dem definitiven Bilanzwert.

Bilanzposition	Prov. Wert	Weitere Angaben zur Festlegung des definitiven Bilanzwerts
Aktienkapital	400 000.–	
Bankdarlehen	70 000.–	
Bankverbindlichkeiten kurzfristig	70 700.–	
Flüssige Mittel	250 000.–	
Forderungen L+L	158 400.–	In diesem Betrag sind Euro-Kundenguthaben von EUR 25 000.–, bewertet zum Buchkurs von 1.15, enthalten. Der Wechselkurs beträgt am 31.12. CHF 1.08, der Jahresdurchschnittskurs CHF 1.11. Höchstmöglichen Wert einsetzen.
Ges. Gewinnreserve	800 000.–	
Hypothek	312 800.–	
Immobilien	820 900.–	
Maschinen	356 000.–	Es ist nur eine Maschine vorhanden, die im Januar des laufenden Geschäftsjahres für CHF 356 000.– angeschafft wurde. Die lineare Abschreibung von 25 % muss noch berücksichtigt werden.
Mobiliar	137 500.–	Die degressive Abschreibung von 20 % muss noch vorgenommen werden.
Reingewinn	?	
Rückstellungen kurzfristig	69 500.–	
Rückstellungen langfristig	65 000.–	

Übrige kurzfristige Verbindlichkeiten	54 000.–	
Verbindlichkeiten L+L	105 700.–	In diesem Betrag sind Euro-Lieferanten-schulden von EUR 18 000.–, bewertet zum Buchkurs von 1.15, enthalten. Der Wechsel-kurs beträgt am 31.12. CHF 1.08, der Jah-resdurchschnittskurs CHF 1.11. Tiefstmöglichen Wert einsetzen.
Warenvorrat	563 000.–	Das Warenlager (Handelswaren) umfasst Elektrogeräte, die zum bezahlten Ein-standswert bewertet wurden. Der Veräus-serungswert abzüglich anfallender Kosten beträgt nur noch CHF 488 000.–, da viele Waren aus dem Euro-Raum importiert werden und der Euro-Wechselkurs stark gesunken ist.
Wertschriften (kotiert)	88 400.–	Vorhanden sind 200 Aktien «DEX AG», erfasst zum Kaufkurs von CHF 442.– pro Aktie. Der Aktienkurs der «DEX AG» am 31.12. beträgt CHF 399.–, der Durch-schnittskurs vom Dezember CHF 381.–.

Aktive	Schlussbilanz I	Passive

A 9.6   Führen Sie im Journal die Buchungssätze für die folgenden Geschäftsfälle der «Trade AG» auf. Verwenden Sie den Kontenplan auf der Umschlagsklappe. Die MWST muss nicht berücksichtigt werden.

1. Das Unternehmen verkauft ein gebrauchtes Fahrzeug zum Buchwert von CHF 8 000.– gegen bar.

2. Die «Trade AG» liefert an Kunde «Dreamax» Waren für CHF 3 045.– gegen Rechnung.

3. Die Bank schreibt die Zahlung der «Dreamax» (vgl. 2) mit Abzug von 2 % Skonto gut.

4. Das Unternehmen leitet die Betreibung gegen Kunde Lehmgruber, Sulgen, ein. Der Kostenvorschuss von CHF 70.– wird per Überweisung durch die Post geleistet.

5. Vor zwei Jahren hat die «Trade AG» eine Rückstellung für ein Gerichtsverfahren von CHF 25 000.– gebildet. Heute wird ein Vergleich geschlossen: Das Unternehmen zahlt dem Kunden CHF 18 500.– bar aus; der Fall ist damit abgeschlossen. Der Rest der Rückstellungen wird erfolgswirksam aufgelöst.

6. Nach langen Gesprächen mit Kunde Lehmgruber (vgl. 4) einigt man sich auf einen aussergerichtlichen Forderungsverzicht. 50 % der Gesamtforderung von CHF 6 870.– (inkl. Kostenvorschuss) werden abgeschrieben. Der Rest des Guthabens wird in ein Darlehen umgewandelt.

7. Das IT-Netzwerk wird indirekt um CHF 11 000.– abgeschrieben.

8. Die Rechnung für den Druck des bereits verteilten, neuen Aktionsprospektes ist noch immer ausstehend. Das Unternehmen rechnet mit CHF 4 500.–.

9. Anfangsbestand des Warenlagers: CHF 670 000.–
   Der Inventarwert des Warenlagers zu Einstandspreisen beträgt CHF 710 000.–, der Veräusserungswert nach Abzug noch anfallender Kosten CHF 830 000.–.

Nr.	Soll	Haben	Text	Betrag

A 9.7 Kreuzen Sie jeweils an, ob die Aussage richtig oder falsch ist. Berichtigen Sie falsche Aussagen auf der folgenden Zeile.

R F

a) ☐ ☐ Stille Reserven entstehen durch die Unterbewertung von ausgewählten Posten des Umlaufvermögens, des Anlagevermögens oder des Fremdkapitals.

....

b) ☐ ☐ Die Aktionäre kennen den Bestand an stillen Reserven, weil diese im externen Abschluss aufgeführt sind.

....

c) ☐ ☐ Auf Forderungen aus Lieferungen und Leistungen in Schweizer Franken können keine stillen Reserven gebildet werden.

....

d) ☐ ☐ Stille Reserven wirken sich langfristig nachteilig auf die Aktionäre aus, weil sie dauerhaft weniger Dividenden erhalten.

....

e) ☐ ☐ Gemäss den Bewertungsvorschriften im Obligationenrecht können auf den Sachanlagen sehr hohe stille Reserven gebildet werden.

....

f) ☐ ☐ Stille Reserven können unter anderem durch zu tiefe Abschreibungen auf den Fahrzeugen gebildet werden.

....

g) ☐ ☐ Wenn auf dem Warenvorrat stille Reserven gebildet werden, wird der Warenaufwand in der externen Erfolgsrechnung kleiner.

....

h) ☐ ☐ Stille Reserven sind bereits besteuerte Gewinne, die vorläufig in der Gesellschaft bleiben.

....

i) ☐ ☐ Die Steuerbehörde akzeptiert stille Reserven auf den Sachanlagen, sofern die zulässigen Abschreibungen nicht überschritten werden.

....

j) ☐ ☐ Im Anhang zur Jahresrechnung muss eine Aktiengesellschaft jeweils über den Bestand und die Veränderung der stillen Reserven Auskunft geben.

....

A 9.8   Die «SAT-Trade AG» hat für das abgelaufene Geschäftsjahr die provisorische Schlussbilanz I und die provisorische Erfolgsrechnung (in Kurzzahlen) wie folgt erstellt:

Aktiven	provisorische Schlussbilanz I		Passiven
Flüssige Mittel	40	Verbindlichkeiten L+L	45
Forderungen L+L	50	Rückstellungen	10
Warenvorrat	70	Aktienkapital	100
Maschinen	40	Ges. Gewinnreserve	15
Mobiliar	20	Prov. Reingewinn	50
	220		220

Aufwand	provisorische Erfolgsrechnung		Ertrag
Warenaufwand	350	Warenerlöse	700
Personalaufwand	220		
Sonst. BA	65		
Abschreibungen	15		
Prov. Reingewinn	50		
	700		700

Geschäftsleitung und Verwaltungsrat beschliessen, den provisorisch ausgewiesenen
Reingewinn zu verringern, indem erstmals stille Reserven gebildet werden durch:

- Unterbewertung des Warenvorrats von 15
- Unterbewertung der Maschinen von 5
- Überbewertung der Rückstellungen von 10

a)   Geben Sie die Buchungssätze für die Bildung der stillen Reserven an.

Text	Soll	Haben	Betrag
Unterbewertung Warenvorrat			
Unterbewertung Maschinen			
Überbewertung Rückstellungen			

b)   Berechnen Sie den Reingewinn im externen Abschluss.

Prov. Reingewinn	50
Unterbewertung Warenvorrat	
Unterbewertung Maschinen	
Überbewertung Rückstellungen	
Reingewinn extern	

c) Erstellen Sie die externe Schlussbilanz I und Erfolgsrechnung der «SAT-Trade AG».

Aktiven			externe Schlussbilanz I		Passiven
Flüssige Mittel			Verbindlichkeiten L+L		
Forderungen L+L			Rückstellungen	( )	
Warenvorrat	( )		Aktienkapital		
Maschinen	( )		Ges. Gewinnreserve		
Mobiliar	___	___	Externer Reingewinn	( )	___
	( )	___		( )	___

Aufwand			externe Erfolgsrechnung	Ertrag
Warenaufwand	( )		Warenerlöse	
Personalaufwand				
Sonst. BA	( )			
Abschreibungen	( )			
Externer Reingewinn	( )	___		___
	( )	___		___

d) Weisen Sie in der folgenden Tabelle den Bestand an stillen Reserven aus:

Bilanzposition	Interner Wert (= Wert prov. SB) 31.12.	Externer Wert 31.12.	Bestand an stillen Reserven
Warenvorrat			
Maschinen			
Rückstellungen			
Gesamtbestand stille Reserven am 31.12.			

e) Welche Auswirkungen hat die Bildung der stillen Reserven für die aufgeführten Anspruchsgruppen?

Anspruchsgruppe	Auswirkungen
Aktionäre	
Gläubiger	
Staat (Steuern)	

A 9.9   Im folgenden Geschäftsjahr hat die «SAT-Trade AG» einen Verlust erzielt. Die provisorische externe Bilanz und Erfolgsrechnung weisen folgende Zahlen aus (in Kurzzahlen):

Aktiven	provisorische externe Schlussbilanz I	Passiven	
Flüssige Mittel	25	Verbindlichkeiten L+L	40
Forderungen L+L	35	Rückstellungen	10
Warenvorrat	50	Aktienkapital	100
Maschinen	30	Ges. Gewinnreserve	15
Mobiliar	15		
Prov. Reinverlust	10		
	165		165

Aufwand	provisorische externe Erfolgsrechnung	Ertrag	
Warenaufwand	340	Warenerlöse	680
Personalaufwand	240		
Sonst. BA	90	Prov. Reinverlust	10
Abschreibungen	20		
	690		690

Die «SAT-Trade AG» will nach aussen keinen Verlust von 10, sondern einen Gewinn von 10 ausweisen. Dazu werden stille Reserven aufgelöst:

- Warenvorrat: Auflösung von stillen Reserven von 10
- Maschinen: Auflösung von stillen Reserven von 5
- Rückstellungen: Auflösung von stillen Reserven von 5

a)   Geben Sie die Buchungssätze für die Auflösung der stillen Reserven an.

Text	Soll	Haben	Betrag
Warenvorrat			
Maschinen			
Rückstellungen			

b)   Berechnen Sie den Reingewinn im externen Abschluss.

Prov. Reinverlust	- 10
Warenvorrat: Auflösung stille Reserven	
Maschinen: Auflösung stille Reserven	
Rückstellungen: Auflösung stille Reserven	
Reingewinn extern	

c) Erstellen Sie die externe Schlussbilanz I und Erfolgsrechnung der «SAT-Trade AG».

Aktiven	externe Schlussbilanz I		Passiven	
Flüssige Mittel		Verbindlichkeiten L+L		
Forderungen L+L		Rückstellungen	( )	
Warenvorrat	( )	Aktienkapital		
Maschinen	( )	Ges. Gewinnreserve		
Mobiliar	_____	Externer Reingewinn	( )	_____
	( )		( )	

Aufwand	externe Erfolgsrechnung		Ertrag
Warenaufwand	( )	Warenerlöse	
Personalaufwand			
Sonst. BA	( )		
Abschreibungen	( )		
Externer Reingewinn	( )		_____
	( )		

d) Welche Auswirkungen hat die Auflösung der stillen Reserven für die aufgeführten Anspruchsgruppen?

Anspruchsgruppe	Auswirkungen
Aktionäre	
Gläubiger	
Staat (Steuern)	

e) In welchen Fällen ist eine Information über die stillen Reserven im Anhang zur Jahresrechnung notwendig?

A 9.10   Kreuzen Sie in der folgenden Tabelle an, ob bei den genannten Posten stille Reserven möglich sind. Wenn stille Reserven möglich sind, geben Sie zusätzlich das Erfolgskonto an, über welches die Bildung oder Auflösung gebucht wird.

Bilanzposten	Stille Reserven		Erfolgskonto für Bildung oder Auflösung
	JA	NEIN	
Aktivdarlehen			
Warenvorrat			
Fahrzeuge			
Forderungen in CHF			
Mobiliar			
Verbindlichkeiten in EUR			
Bankguthaben in CHF			
Rückstellungen			

A 9.11   In einem Produktionsbetrieb werden die Maschinen mit einem Anschaffungswert von CHF 350 000.– intern mit 10 % linear abgeschrieben. Im externen Abschluss werden diese Maschinen degressiv mit 20 % abgeschrieben.

a) Wie viele stille Reserven werden im ersten Jahr gebildet?

b) Wie viele stille Reserven werden im zweiten Jahr gebildet?

A 9.12   a) Die «AXAG» erzielt einen provisorischen Reingewinn von CHF 375 000.–. Der Verwaltungsrat beschliesst, folgende stille Reserven zu bilden:
- auf den Warenvorräten CHF 115 000.–
- auf den Maschinen CHF 85 000.–

Welches Ergebnis weist die «AXAG» den Aktionären aus? Führen Sie das Ergebnis mit dem Rechenweg auf.

b) Die «PLETAG» erzielt einen provisorischen Reinverlust von CHF 205 000.–. Der Verwaltungsrat beschliesst, folgende stille Reserven aufzulösen:
- auf den Warenvorräten CHF 85 000.–
- auf den Maschinen CHF 165 000.–
- auf den Rückstellungen CHF 35 000.–

Welches Ergebnis weist die «PLETAG» den Aktionären aus? Führen Sie das Ergebnis mit dem Rechenweg auf.

A 9.13 Beim Abschluss eines Handelsbetriebs werden die stillen Reserven wie folgt angepasst:

a) Warenvorrat + 12

b) Mobiliar - 3

c) Fahrzeuge + 8

d) Rückstellungen + 5 (Sonst. BA)

Geben Sie die Buchungssätze dazu an. Setzen Sie in Bilanz und Erfolgsrechnung die Bereinigung und die definitiven Zahlen ein (ganze Aufgabe in Kurzzahlen).

Nr.	Soll	Haben	Text		Betrag
a)					
b)					
c)					
d)					

Aktiven　　　　　　　　　　　　　　Schlussbilanz I per 31.12.20.0　　　　　　　　　　Passiven

	Prov.	Berein.	Def.		Prov.	Berein.	Def.
Kasse	4			Verb. L+L	71		
Bank	51			Passivdarlehen	100		
Ford. L+L	26			Rückstellungen	25		
Warenvorrat	234			Eigenkapital	151		
Mobiliar	44			Reingewinn	47		
Fahrzeuge	35						
	394				394		

Aufwand　　　　　　　　　　　　　　　Erfolgsrechnung 20.0　　　　　　　　　　　　　Ertrag

	Prov.	Berein.	Def.		Prov.	Berein.	Def.
Warenaufwand	552			Warenerlös	954		
PersonalA	218			Zinsertrag	6		
Raumaufwand	62						
FahrzeugA	26						
Sonst. BA	15						
Abschreibungen	32						
Zinsaufwand	8						
Reingewinn	47						
	960				960		

A 9.14   a) Führen Sie die fehlenden Beträge in der folgenden Tabelle auf.

Werte aus der provisorischen Schlussbilanz I	Bildung von stillen Reserven	Werte in der externen Schlussbilanz I
Warenvorräte: CHF 355 000.–	CHF 55 000.–	Warenvorräte: CHF ....
Maschinen: CHF 185 000.–	CHF 30 000.–	Maschinen: CHF ....
Rückstellungen: CHF 67 000.–	CHF 15 000.–	Rückstellungen: CHF ....
Provisorischer Reingewinn: CHF 378 000.–	⟶	Definitiver Reingewinn: CHF ....

b) Führen Sie die fehlenden Beträge in der folgenden Tabelle auf.

Werte aus der provisorischen Schlussbilanz I	Bildung von stillen Reserven	Werte in der externen Schlussbilanz I
Forderungen L+L in Fremdwährungen: CHF 575 000.–	CHF 29 000.–	Forderungen L+L: CHF ....
Mobiliar: CHF 85 000.–	CHF 18 000.–	Mobiliar: CHF ....
Verbindlichkeiten L+L in Fremdwährungen: CHF 667 000.–	CHF 20 000.–	Verbindlichkeiten L+L: CHF ....
Provisorischer Reingewinn: CHF 178 000.–.	⟶	Definitiver Reingewinn: CHF ....

c) Führen Sie die fehlenden Beträge in der folgenden Tabelle auf und ergänzen Sie den fehlenden Textteil.

Werte aus der provisorischen Schlussbilanz I	Auflösung von stillen Reserven	Werte in der externen Schlussbilanz I
Warenvorräte: CHF 129 000.–	CHF 50 000.–	Warenvorräte: CHF ....
Immobilien: CHF 1 185 000.–	CHF 130 000.–	Immobilien: CHF ....
Rückstellungen: CHF 57 000.–	CHF 17 000.–	Rückstellungen: CHF ....
Provisorischer Reinverlust: CHF 105 000.–.	⟶	Definitiver Rein........... : CHF ....

d) Führen Sie die fehlenden Beträge in der folgenden Tabelle auf.

Werte aus der provisorischen Schlussbilanz I	Bildung von stillen Reserven	Werte in der externen Schlussbilanz I
Warenvorräte: CHF	CHF 150000.–	Warenvorräte: CHF 578000.–
Mobiliar: CHF	CHF 30000.–	Mobiliar: CHF 158000.–
Rückstellungen: CHF	CHF 27000.–	Rückstellungen: CHF 87000.–
Provisorischer Reingewinn: CHF	←	Definitiver Reingewinn: CHF 260000.–

e) Führen Sie die fehlenden Beträge in der folgenden Tabelle auf und ergänzen Sie den fehlenden Textteil.

Werte aus der provisorischen Schlussbilanz I	Auflösung von stillen Reserven	Werte in der externen Schlussbilanz I
Warenvorräte: CHF	CHF 51000.–	Warenvorräte: CHF 381000.–
Mobilien und Fahrzeuge: CHF	CHF 38000.–	Mobilien und Fahrzeuge: CHF 218000.–
Rückstellungen: CHF	CHF 25000.–	Rückstellungen: CHF 63000.–
Provisorischer Rein............... : CHF	←	Externer Reingewinn: CHF 42000.–

A 9.15   Eine Schreinerei hat eine Maschine für CHF 162000.– gekauft. Der Lieferant gewährt einen Rabatt von 5% und einen Skonto von 2%. Für den Transport und die Installation der Maschine müssen zusätzlich CHF 1778.– bezahlt werden. Runden Sie alle Beträge auf ganze Franken.

a) Wie viel beträgt der Anschaffungswert der Maschine?

b) Im internen Abschluss wird diese Maschine innerhalb der geschätzten Nutzungsdauer von acht Jahren linear abgeschrieben. Berechnen Sie den internen Buchwert nach fünf Jahren.

c) Im externen Abschluss wird diese Maschine degressiv mit 25% abgeschrieben. Berechnen Sie den externen Buchwert nach fünf Jahren.

d) Wie viele stille Reserven bestehen nach fünf Jahren?

e) Nennen Sie zwei Vorteile der degressiven Abschreibung.

A 9.16   Bilden Sie in einem Journal die Buchungssätze vom 31.12. (Jahresabschluss) für die Geschäftsfälle der «Schlosserei Gianni Rossi» (Einzelunternehmen). Die Mehrwertsteuer muss nicht berücksichtigt werden.

1. Der Handelswarenbestand beträgt laut Inventar am 31.12.: CHF 89 500.–. Der Geschäftsinhaber bildet erstmals eine stille Reserve von CHF 10 000.–. Der Anfangsbestand der Handelswaren am 1.1. betrug CHF 63 800.–.

2. Gianni Rossi erhöht die stillen Reserven auf den Rückstellungen für Garantiearbeiten um CHF 4 500.–.

3. Gianni Rossi bezieht für eine private Silvesterfeier Bargeld von CHF 600.–.

4. Der Eigenzins des Eigentümers von CHF 4 000.– wird ihm per Bank ausbezahlt.

5. Der Eigentümer bezieht Waren zum Einstandswert von CHF 300.–.

6. Die Bank schreibt einen Jahreszins von CHF 146.25 auf dem Konto der Schlosserei gut.

7. Gianni Rossi verkauft eine Maschine zum Buchwert gegen Barzahlung. Vor vier Jahren hatte er diese für CHF 125 000.– gekauft. Die Maschine wurde in der Buchhaltung indirekt und linear mit 20 % abgeschrieben. Nehmen Sie alle notwendigen Buchungen vor.

8. Nach einem Gespräch mit dem Treuhänder schreibt der Geschäftsinhaber eine Forderung von CHF 1200.– wegen der aussichtslosen Eintreibungsmöglichkeiten vollständig ab.

9. Der Zins eines Aktivdarlehens an einen Mitarbeiter ist jeweils nachschüssig am 30.9. fällig. Das Darlehensguthaben beträgt CHF 40 000.– und der Zinssatz 4 %. Verbuchen Sie die Abgrenzung Ende Jahr.

10. Die «Druckerei Huber» schreibt wegen der fehlerhaften Herstellung der Werbeprospekte (offene Rechnung von CHF 1390.–) CHF 490.– gut. Gianni Rossi überweist anschliessend per Post den Restbetrag unter Abzug von 2 % Skonto an die «Druckerei Huber».

Kapitel 10

Die Nutzschwelle im Warenhandel

In diesem Kapitel lernen Sie ...

▶ die Unterschiede zwischen variablen und fixen Kosten kennen.

▶ wie sich die Kosten, Erträge und der Erfolg bei verschiedenen Stückzahlen verändern.

▶ den Deckungsbeitrag total und pro Stück zu berechnen.

▶ die mengen- und wertmässige Nutzschwelle zu ermitteln.

▶ den Erfolg bei unterschiedlichen Verkaufsumsätzen zu berechnen.

▶ die wertmässige Nutzschwelle ohne Mengenangaben zu ermitteln.

10 Die Nutzschwelle im Warenhandel

10.1 Die Kostenarten

Einführungsbeispiel

Nadia Serratore hat vor zwei Jahren im Urlaub die Toscana bereist und dabei einen Olivenbauern und seine Produkte kennengelernt. Das vom Bauern hergestellte Olivenöl fand sie ausgezeichnet.

Sie startete nebenberuflich mit dem Import und Verkauf dieses einzigartigen Olivenöls.

Sie bezahlt pro Flasche Olivenöl CHF 6.– inkl. Transportkosten. Der Verkaufspreis einer Flasche beträgt netto CHF 14.–.

Aus der Kalkulation von Nadia Serratore sind folgende Zahlen ersichtlich:

Miete Lagerraum	CHF	14 400.–
Lohnkosten	CHF	20 000.–
Übrige Betriebskosten	CHF	13 600.–
Gemeinkosten total	CHF	48 000.–

Für Nadia Serratore stellen sich die folgenden Fragen:

- Wie viele Flaschen Olivenöl muss sie verkaufen, damit sie weder einen Verlust noch einen Gewinn erzielt?
- Welchen Umsatz in CHF muss sie erreichen, damit sie weder einen Verlust noch einen Gewinn erzielt?
- Wie viele Flaschen Olivenöl muss sie verkaufen, damit sie einen Gewinn von CHF 10 000.– erzielt?

Die anfallenden Kosten im Warenhandel lassen sich wie folgt gliedern:

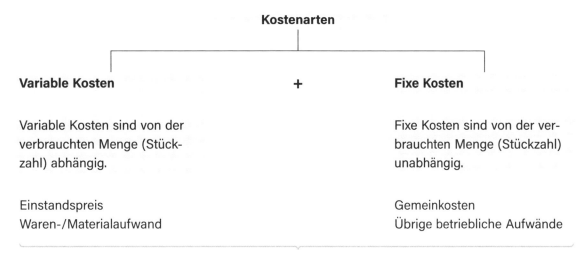

Kostenarten

Variable Kosten + **Fixe Kosten**

Variable Kosten sind von der verbrauchten Menge (Stückzahl) abhängig.

Fixe Kosten sind von der verbrauchten Menge (Stückzahl) unabhängig.

Einstandspreis
Waren-/Materialaufwand

Gemeinkosten
Übrige betriebliche Aufwände

Selbstkosten

10.1.1 Die variablen Kosten

Die variablen Kosten sind von der verbrauchten Menge (Stückzahl) abhängig. Die totalen variablen Kosten nehmen mit jedem zusätzlich eingekauften Stück zu. Der Stückpreis bleibt im Sinne der Vereinfachung in diesem Lehrmittel immer gleich gross.

Mit zunehmender Stückzahl steigen die variablen Kosten dadurch linear (= gleichmässig). Man spricht deshalb von proportionalen Kosten.

Die variablen Kosten von Nadias Olivenölhandel bei unterschiedlichen Stückzahlen sind in der folgenden Tabelle ersichtlich:

Anzahl verbrauchte Stück	1	1000	2000	4000	6000	8000
Variable Kosten je Stück	6.–	6.–	6.–	6.–	6.–	6.–
Variable Kosten total (= Saldo Warenaufwand)	6.–	6000.–	12000.–	24000.–	36000.–	48000.–

10.1.2 Die fixen Kosten

Die fixen Kosten (= Gemeinkosten) sind von der eingekauften Menge unabhängig, das heisst, sie verändern sich bei zunehmender Einkaufsmenge nicht. Die Gemeinkosten (Raummiete, Lohn der Inhaberin sowie weitere betriebliche Kosten, wie zum Beispiel Werbeaufwand, Abschreibungen, Verwaltungsaufwand) müssen auch ohne Handel bezahlt werden. Die Gemeinkosten bleiben im Sinne der Vereinfachung in diesem Lehrmittel immer gleich gross.

Die fixen Kosten je Stück werden mit zunehmender Stückzahl kleiner (= Fixkostendegression), da die Gemeinkosten auf eine grössere Anzahl Produkte verteilt werden können.

In der folgenden Tabelle sind die fixen Kosten von Nadias Olivenölhandel bei unterschiedlichen Stückzahlen aufgeführt:

Anzahl verbrauchte Stück	1	1000	2000	4000	6000	8000
Fixe Kosten je Stück	48000.–	48.–	24.–	12.–	8.–	6.–
Fixe Kosten total (= Gemeinkosten)	48000.–	48000.–	48000.–	48000.–	48000.–	48000.–

Mittelfristig können sich die Fixkosten verändern und müssen sich der Verkaufsmenge anpassen. Verdoppelt sich der Umsatz zum Beispiel, braucht das Unternehmen unter anderem mehr Mitarbeitende oder ein grösseres Lager. Die Fixkosten steigen dann sprunghaft an (= sprungfixe Kosten). Im Sinne einer Vereinfachung wird in diesem Lehrmittel nicht weiter darauf eingegangen.

10.1.3 Die Selbstkosten

Addiert man die variablen Kosten und die fixen Kosten erhält man die Selbstkosten. Die Selbstkosten werden auch als Totalkosten bezeichnet.

Die Selbstkosten von Nadias Olivenölhandel bei unterschiedlichen Stückzahlen sind in der folgenden Tabelle ersichtlich:

Anzahl verbrauchte Stück	1	1000	2000	4000	6000	8000
Variable Kosten total (= Saldo Warenaufwand)	6.–	6000.–	12000.–	24000.–	36000.–	48000.–
+ Fixe Kosten total (= Gemeinkosten)	48000.–	48000.–	48000.–	48000.–	48000.–	48000.–
Selbstkosten (= Totalkosten)	48006.–	54000.–	60000.–	72000.–	84000.–	96000.–

10.2 Der Verkaufsumsatz

Der Umsatz (= Nettoerlös) ist von der verkauften Menge (Stückzahl) abhängig. Der Verkaufspreis je Stück bleibt im Sinne der Vereinfachung in diesem Lehrmittel immer gleich gross. Der Umsatz nimmt deshalb mit jedem zusätzlich verkauften Stück linear zu.

In der folgenden Tabelle ist der Verkaufsumsatz von Nadias Olivenölhandel bei unterschiedlichen Stückzahlen aufgeführt:

Anzahl verkaufte Stück	1	1000	2000	4000	6000	8000
Verkaufspreis je Stück	14.–	14.–	14.–	14.–	14.–	14.–
Verkaufsumsatz (= Nettoerlös)	14.–	14000.–	28000.–	56000.–	84000.–	112000.–

10.3   Der Deckungsbeitrag

Werden vom Nettoerlös die variablen Kosten subtrahiert, erhält man den Deckungsbeitrag (DB). Mit diesem Betrag müssen die anderen Kosten des Unternehmens (Gemeinkosten oder fixe Kosten) gedeckt werden. Man unterscheidet zwischen dem Deckungsbeitrag je Stück und dem Deckungsbeitrag total.

DB je Stück	Nettoerlös je Stück	Nettoverkaufspreis
	- Variable Kosten je Stück	Einstandspreis
	Deckungsbeitrag je Stück	

Nadia Serratore erzielt beim Verkauf einer Flasche Olivenöl einen Deckungsbeitrag von CHF 8.– je Flasche.

DB total	Nettoerlös total	Saldo Warenerlöse
	- Variable Kosten total	Saldo Warenaufwand
	Deckungsbeitrag total	**Bruttogewinn**

Der Deckungsbeitrag total von Nadias Olivenölhandel bei unterschiedlichen Stückzahlen ist in der folgenden Tabelle ersichtlich:

Anzahl verkaufte Stück	1	1000	2000	4000	6000	8000
Nettoerlös total	14.–	14000.–	28000.–	56000.–	84000.–	112000.–
- Variable Kosten total	6.–	6000.–	12000.–	24000.–	36000.–	48000.–
Deckungsbeitrag total	8.–	8000.–	16000.–	32000.–	48000.–	64000.–

In Handelsunternehmen wird der Deckungsbeitrag auch als Bruttogewinn bezeichnet (vgl. Band 1, Kapitel 9).

10.4 Die Nutzschwelle (Break-even)

10.4.1 Allgemeine Erklärung

Mit jedem zusätzlich verkauften Stück erwirtschaftet das Unternehmen einen Beitrag zur Deckung der fixen Kosten. Die Differenz zwischen Nettoerlös und variablen Kosten wird deshalb als Deckungsbeitrag bezeichnet. Wenn eine genügende Stückzahl verkauft wird, können mit den Deckungsbeiträgen je Stück die gesamten fixen Kosten des Unternehmens gedeckt werden. Bei diesem Punkt ist der Deckungsbeitrag total gleich gross wie die totalen fixen Kosten, und der Erfolg des Unternehmens beträgt CHF 0.–. Es wird weder ein Gewinn noch ein Verlust erwirtschaftet. Dieser Punkt wird als Nutzschwelle (Break-even) bezeichnet.

Verkauft das Unternehmen ein weiteres Stück, erzielt es einen Gewinn und erreicht somit die Gewinnzone. Da der Deckungsbeitrag je Stück nun nicht mehr benötigt wird, um die fixen Kosten zu decken, entspricht der Deckungsbeitrag dem Gewinn.

Für Nadias Olivenölhandel kann die folgende Tabelle erstellt werden:

Anzahl verkaufte Stück	1	1000	2000	4000	6000	8000
Nettoerlös total	14.–	14000.–	28000.–	56000.–	84000.–	112000.–
- Variable Kosten total	6.–	6000.–	12000.–	24000.–	36000.–	48000.–
Deckungsbeitrag total	8.–	8000.–	16000.–	32000.–	48000.–	64000.–
- Fixe Kosten total	48000.–	48000.–	48000.–	48000.–	48000.–	48000.–
Erfolg	- 47992.–	- 40000.–	- 32000.–	- 16000.–	0.–	16000.–

Nutzschwelle

Nadia Serratore muss 6000 Flaschen Olivenöl verkaufen und somit einen Umsatz von CHF 84000.– erreichen, damit sie weder einen Gewinn noch einen Verlust erzielt.

Für die Nutzschwelle gelten somit folgende Gesetzmässigkeiten:

1. Der Erfolg beträgt CHF 0.–.
2. Der Deckungsbeitrag total ist gleich gross wie die fixen Kosten total.
3. Der Verkaufsumsatz (Nettoerlös) entspricht genau den Selbstkosten (Totalkosten).
   Der Verkaufsumsatz (Nettoerlös) entspricht der Summe der gesamten variablen und fixen Kosten.

10.4.2 Die Berechnung der mengenmässigen Nutzschwelle

Die mengenmässige Nutzschwelle entspricht der Stückzahl, die verkauft werden muss, um die Selbstkosten zu decken. Die Menge lässt sich auf zwei Arten berechnen.

Lösung mit einer Formel

Mit jedem zusätzlich verkauften Stück erwirtschaftet die Unternehmung einen Beitrag zur Deckung der fixen Kosten. Wenn eine genügende Stückzahl verkauft wird, können mit den Deckungsbeiträgen je Stück die gesamten fixen Kosten des Unternehmens gedeckt werden.

Die mengenmässige Nutzschwelle kann deshalb mit der folgenden Formel berechnet werden:

$$\text{Mengenmässige Nutzschwelle (NS}_M) = \frac{\text{Fixe Kosten total}}{\text{Deckungsbeitrag je Stück}}$$

Nadia Serratore kann die mengenmässige Nutzschwelle wie folgt berechnen:

$$\text{Mengenmässige Nutzschwelle (NS}_M) = \frac{\text{CHF } 48\,000.-}{\text{CHF } 8.-} = 6\,000 \text{ Stück}$$

Lösung mit einer Gleichung

Bei der mengenmässigen Nutzschwelle sind die Selbstkosten (variable und fixe Kosten) gleich gross wie der Nettoerlös (Verkaufsmenge multipliziert mit dem Nettoverkaufspreis).

$$
\begin{aligned}
\text{Selbstkosten} &= \text{Nettoerlös} \\
\text{Variable Kosten total + fixe Kosten total} &= \text{Nettoerlös total} \\
\text{Variable Kosten je Stück} \times \text{X Stück + fixe Kosten} &= \text{X Stück} \times \text{Nettoverkaufspreis je Stück}
\end{aligned}
$$

Nadia Serratore kann die mengenmässige Nutzschwelle somit wie folgt berechnen:

$$
\begin{aligned}
\text{CHF } 6.- \times X + \text{CHF } 48\,000.- &= \text{CHF } 14.- \times X \\
\text{CHF } 48\,000.- &= \text{CHF } 14.- \times X - \text{CHF } 6.- \times X \\
\text{CHF } 48\,000.- &= \text{CHF } 8.- \times X \\
6\,000 \text{ Stück} &= X
\end{aligned}
$$

10.4.3 Die Berechnung der wertmässigen Nutzschwelle

Wenn die mengenmässige Nutzschwelle bekannt ist, kann die wertmässige Nutzschwelle durch die Multiplikation der mengenmässigen Nutzschwelle mit dem Nettoerlös je Stück berechnet werden.

$$\text{Wertmässige Nutzschwelle (NS}_W) = \text{Mengenmässige Nutzschwelle} \times \text{NE je Stück}$$

Nadia Serratore kann die wertmässige Nutzschwelle somit wie folgt berechnen:

$$\text{Wertmässige Nutzschwelle (NS}_W) = 6\,000 \text{ Stück} \times \text{CHF } 14.- = \text{CHF } 84\,000.-$$

Das Ergebnis kann Nadia Serratore mit folgender Gesamtkalkulation überprüfen:

Verkaufsumsatz (= Nettoerlös)	6 000 Stück × CHF 14.–	CHF	84 000.–
- Variable Kosten total (= WaA)	6 000 Stück × CHF 6.–	CHF	36 000.–
Deckungsbeitrag (= DB)	6 000 Stück × CHF 8.–	CHF	48 000.–
- Fixe Kosten total (= Gemeinkosten)		CHF	- 48 000.–
Erfolg		CHF	0.–

10.4.4 Die Berechnungen für einen bestimmten Gewinn

Um langfristig überleben zu können, muss jedes Unternehmen einen Gewinn erzielen. Mit dem Deckungsbeitrag müssen die fixen Kosten und der gewünschte Gewinn gedeckt werden. Die notwendige Menge entspricht der Stückzahl, die verkauft werden muss, um die fixen Kosten und den gewünschten Gewinn zu decken.

Die Formel für die mengenmässige Nutzschwelle muss mit dem gewünschten Reingewinn ergänzt werden.

$$\text{Notwendige Menge} = \frac{\text{Fixe Kosten total + gewünschter Reingewinn}}{\text{Deckungsbeitrag je Stück}}$$

Nadia Serratore kann die notwendige Menge bei ihrem gewünschten Reingewinn von CHF 10 000.– wie folgt berechnen:

$$\text{Notwendige Menge} = \frac{\text{CHF 48 000.– + CHF 10 000.–}}{8.–} = 7\,250 \text{ Stück}$$

Um den Verkaufsumsatz zu berechnen, der zu erreichen ist, um einen bestimmten Gewinn zu erzielen, muss die notwendige Menge mit dem Nettoerlös pro Stück multipliziert werden.

$$\textbf{Notwendiger Umsatz} = \text{Notwendige Menge} \times \text{NE je Stück}$$

Nadia Serratore kann den benötigten Verkaufsumsatz somit wie folgt berechnen:

$$\text{Notwendiger Umsatz} = 7\,250 \text{ Stück} \times \text{CHF 14.–} = \text{CHF 101 500.–}$$

10.5 Die Berechnung der Nutzschwelle ohne Mengenangaben

Das Geschäft von Nadia Serratore wächst stetig. Sie verkauft inzwischen noch andere Produkte, welche sie ebenfalls aus Italien importiert. Drei Jahre nach der Geschäftsaufnahme weist sie folgende zusammengefasste Zahlen in der Erfolgsrechnung aus:

Warenerlöse	CHF	150 000.–
- Warenaufwand	CHF	82 500.–
Bruttogewinn	CHF	67 500.–
- Gemeinkosten	CHF	60 750.–
Betriebsgewinn	CHF	6 750.–

Für Nadia Serratore stellt sich die Frage, bei welchem Umsatz sie die Nutzschwelle erreicht.

In der Nutzschwellenberechnung werden die betriebsfremden und ausserordentlichen Aufwände und Erträge nicht berücksichtigt. Der Betriebsgewinn entspricht in diesem Fall dem Reingewinn. Damit man die Nutzschwelle ohne Mengenangabe berechnen kann, muss aus der Erfolgsrechnung die Bruttogewinnquote ermittelt werden.

Die Bruttogewinnquote wird wie folgt berechnet:

$$\textbf{Bruttogewinnquote} = \frac{\text{Bruttogewinn} \times 100}{\text{Nettoerlös}}$$

Die Bruttogewinnquote ist für jeden erzielten Umsatz gleich hoch, somit auch bei der Nutzschwelle. Da der Reingewinn bei der Nutzschwelle CHF 0.– beträgt, ist der Bruttogewinn an diesem Punkt gleich gross wie die Gemeinkosten.

Wenn keine Mengenangaben gegeben sind, kann die wertmässige Nutzschwelle mit folgender Formel berechnet werden:

$$\textbf{Wertmässige Nutzschwelle (NS}_\text{w}\textbf{)} = \frac{\text{Fixe Kosten total} \times 100}{\text{Bruttogewinnquote}}$$

Nadia Serratore kann die wertmässige Nutzschwelle somit wie folgt berechnen:

$$\text{Bruttogewinnquote} = \frac{\text{CHF } 67\,500.- \times 100}{\text{CHF } 150\,000.-} = 45\%$$

$$\text{Wertmässige Nutzschwelle (NS}_\text{w}) = \frac{\text{CHF } 60\,750.- \times 100}{45} = \text{CHF } 135\,000.-$$

Mit einer Gesamtkalkulation kann das Ergebnis überprüft werden. Es empfiehlt sich, diese Kontrolle jeweils durchzuführen.

Warenerlöse	CHF	135 000.–	100 %
- Wareneinkauf	CHF	-74 250.–	55 %
Bruttogewinn	CHF	60 750.–	45 %
- Gemeinkosten	CHF	-60 750.–	
Betriebsgewinn	CHF	0.–	

Kapitel 10

Aufgaben

A 10.1 Hans Camenzind organisiert für seine Kunden verschiedene Skitouren. Bestimmen Sie, ob die nachfolgenden Kosten fix oder variabel sind.

	fix	variabel	
a)	☐	☐	Skiservice klein nach fünf Skitouren
b)	☐	☐	Betriebshaftpflichtversicherung
c)	☐	☐	Abschreibung Skiausrüstung
d)	☐	☐	Skiservice gross am Ende der Saison
e)	☐	☐	Übernachtung SAC Hütte
f)	☐	☐	Einzelfahrkarte Bergbahn
g)	☐	☐	Weiterbildungskurs
h)	☐	☐	Handy-Abo-Rechnung
i)	☐	☐	Batterien für das Ortungsgerät

A 10.2 In der folgenden Tabelle sind von vier Unternehmen Angaben zu den Kosten (CHF) aufgeführt. Berechnen Sie die fehlenden Grössen.

	Unternehmen			
	A	B	C	D
Menge in Stück	20 000	8 000	120 000	
Variable Kosten je Stück	4.–		2.–	4.–
Variable Kosten total		96 000.–		
Fixe Kosten total	50 000.–	100 000.–		180 000.–
Selbstkosten			350 000.–	240 000.–

A 10.3 In einem Handelsbetrieb fallen CHF 240 000.– fixe Kosten an. Der Einstandspreis des gehandelten Artikels beträgt CHF 180.–. Berechnen Sie die gesuchten Grössen aufgrund der angegebenen Mengen und vervollständigen Sie die Tabelle.

	1000 Stück	1500 Stück	2000 Stück	3000 Stück
Variable Kosten total				
+ Fixe Kosten total				
Selbstkosten				

A 10.4 Ein Online-Handelsunternehmen verkauft einen bestimmten Artikel für netto CHF 14.20. Der Einstandspreis je Stück beträgt CHF 8.10 und die Gemeinkosten belaufen sich auf CHF 80 000.–.

a) Füllen Sie für die aufgeführten Mengen die folgende Tabelle aus und berechnen Sie den Erfolg.

	1 Stück	10 000 Stück	12 000 Stück	14 000 Stück
Nettoerlös				
- Variable Kosten				
Deckungsbeitrag				
- Fixe Kosten				
Erfolg				

b) Berechnen Sie die mengenmässige Nutzschwelle.

c) Berechnen Sie die wertmässige Nutzschwelle.

A 10.5 Ein Handelsunternehmen verkauft einen bestimmten Artikel für netto CHF 28.–. Die Beschaffungskosten pro Produkt belaufen sich auf netto CHF 17.–. Die fixen Kosten betragen CHF 150 000.–.

a) Füllen Sie für die aufgeführten Mengen die folgende Tabelle aus und berechnen Sie den Erfolg.

	10 000 Stück	12 000 Stück	14 000 Stück	16 000 Stück
Nettoerlös				
- Variable Kosten				
Deckungsbeitrag				
- Fixe Kosten				
Erfolg				

b) Berechnen Sie die mengenmässige Nutzschwelle.

c) Berechnen Sie die wertmässige Nutzschwelle.

d) Wie viele Artikel muss das Unternehmen verkaufen, um einen Reingewinn von CHF 40 000.– zu erreichen?

e) Wie gross ist der Verkaufsumsatz, wenn das Unternehmen einen Reingewinn von CHF 40 000.– erzielt?

A 10.6 Ein Versandhaus kauft ein Produkt für CHF 57.– netto ein und verkauft es für CHF 99.– an seine Kunden. Die fixen Kosten, die im Handel anfallen, betragen CHF 125 000.–. Berechnen Sie folgende Grössen:

a) Deckungsbeitrag je Stück

b) Mengenmässige Nutzschwelle

c) Wertmässige Nutzschwelle

d) Benötigte Menge, um einen Reingewinn von CHF 45 000.– zu erzielen

e) Notwendiger Umsatz, um einen Reingewinn von CHF 45 000.– zu erzielen

A 10.7 Ein Handelsunternehmen importiert Fleischmesser für CHF 28.– brutto. Es erhält vom Produzenten 10 % Mengenrabatt, und die Verzollungskosten betragen CHF 1.50 je Stück. Seinen Kunden verkauft das Unternehmen die Messer für netto CHF 49.–.

Folgende Kosten fallen jährlich beim Handel mit den Messern an:

Lagerkosten	CHF	24 000.–
Werbekosten	CHF	36 000.–
Lohnkosten	CHF	78 000.–
Übrige Betriebskosten	CHF	18 000.–

Berechnen Sie folgende Grössen:

a) Deckungsbeitrag je Stück

b) Mengenmässige Nutzschwelle

c) Wertmässige Nutzschwelle

d) Notwendige Menge, um einen Reingewinn von CHF 60 000.– zu erzielen

e) Notwendiger Umsatz, um einen Reingewinn von CHF 60 000.– zu erzielen

A 10.8 Bei einem Taxiunternehmen betragen die fixen Löhne CHF 370 000.– und die übrigen fixen Kosten CHF 150 000.– pro Jahr. Pro Jahr können fixe Erträge von CHF 25 000.– verbucht werden. Der Fahrgeldertrag beläuft sich auf CHF 3.20 je Kilometer und die variablen Kosten auf CHF –.30 je Kilometer.

a) Wie viel beträgt der Deckungsbeitrag je Kilometer?

b) Bei welcher Anzahl Kilometer pro Jahr entsteht weder Gewinn noch Verlust?

c) Bei welcher Anzahl Kilometer pro Jahr entsteht ein Gewinn von CHF 50 000.–?

d) Welcher Erfolg entsteht bei einer jährlichen Fahrleistung von 200 000 Kilometern?

A 10.9 In der folgenden Tabelle sind von vier Unternehmen Angaben zu den Kosten und Erträgen (CHF) aufgeführt. Berechnen Sie die fehlenden Grössen.

	Unternehmen			
	A	B	C	D
Bruttogewinnzuschlag	80 %	50 %	60 %	45 %
Fixe Kosten total	140 000.–	189 000.–	117 000.–	966 600.–

EP je Stück	20.–	12.–		
NE je Stück			24.–	348.–
DB je Stück				
NS_M				
NS_W				

A 10.10 Joseph Münster und seine Frau Therese Münster organisieren in ihrer Wohngemeinde für Seniorinnen und Senioren kulturelle und geschichtliche Tagesausflüge mit einem Reisebus.

Folgende Kosten fallen an:

Kaffee im Car	CHF	2.–
Mittagessen	CHF	19.–
Kosten Car pro Fahrt	CHF	1240.–
Werbung pro Anlass	CHF	280.–
Stadt- oder Kulturführung pro Anlass	CHF	120.–

Im Car hat es Sitzplätze für maximal 50 Personen. Der Preis für die Teilnehmenden beträgt CHF 60.–.

a) Wie viele Teilnehmende braucht das Ehepaar, um seine Kosten zu decken?

b) Das Ehepaar Münster überlegt sich, für ihre Kunden am Nachmittag noch einen kleinen Apéro zu organisieren. Es kalkuliert mit zusätzlichen variablen Kosten je Person von CHF 7.–. Beurteilen Sie die Angebotserweiterung aus finanzwirtschaftlicher Sicht.

A 10.11   In der folgenden Tabelle sind von vier Unternehmen Angaben zu den Kosten und Erträgen (CHF) aufgeführt. Berechnen Sie in der folgenden Tabelle die gesuchten Grössen.

	Unternehmen			
	A	B	C	D
Bruttogewinnquote	30 %	35 %	40 %	25 %
Fixe Kosten total	22 500.–	252 000.–	600 000.–	288 000.–

	A	B	C	D
NE je Stück	30.–	120.–		
EP je Stück			12.–	120.–
DB je Stück				
Mengenmässige NS				
Wertmässige NS				

A 10.12   Die «Ton GmbH» organisiert in einer Halle verschiedene Konzerte. Für die Raummiete inkl. Technik bezahlt sie für jeden Event CHF 1500.–, die Ausgaben für die Sicherheit und Reinigung betragen jeweils CHF 4800.– (externer Anbieter) und die Werbekosten belaufen sich bei jedem Anlass auf CHF 4000.–. Die übrigen betrieblichen Kosten betragen CHF 1800.–. Die Besucher bezahlen für jedes Konzert CHF 70.–.

a) Beim Konzert der Band Alpatroz wurden 180 Tickets verkauft. Wie hoch ist die Gage der Band, wenn der Veranstalter weder einen Gewinn noch einen Verlust erwirtschaftet?

b) Der Band Knickfiner bezahlt die «Ton GmbH» eine Gage von CHF 4000.–. Wie viele Tickets müssen verkauft werden, wenn die «Ton GmbH» mit diesem Konzert zusätzlich CHF 2000.– Gewinn erwirtschaften will?

c) Der Sicherheits- und Reinigungsanbieter unterbreitet der «Ton GmbH» folgendes Angebot: Anstelle des Pauschalbetrags von CHF 4800.– kann die «Ton GmbH» CHF 20.– pro Besucher bezahlen. Bis zu welcher Besucherzahl pro Konzert fährt die «Ton GmbH» mit dem neuen Angebot besser?

A 10.13 Das Versandhaus «Videa AG» weist folgende vereinfachte Erfolgsrechnung (in CHF) aus.

Warenerlöse		1 080 000.–
Warenaufwand		- 594 000.–
Bruttogewinn		486 000.–
Personalaufwand	- 312 000.–	
Raumaufwand	- 44 000.–	
Verwaltungsaufwand	- 7 100.–	
Werbeaufwand	- 15 800.–	
Sonstiger Betriebsaufwand	- 6 300.–	
Abschreibungen	- 34 200.–	- 419 400.–
Betriebsgewinn		66 600.–
A.o. Aufwand	- 16 000.–	
A.o. Ertrag	5 000.–	- 11 000.–
Reingewinn		55 600.–

a) Ergänzen Sie die folgende Tabelle und berechnen Sie die Bruttogewinnquote.

Einstandswert		
+ Deckungsbeitrag (Bruttogewinn)		
Nettoerlös		

b) Berechnen Sie die wertmässige Nutzschwelle.

Einstandswert bei der Nutzschwelle		
+ Fixe Kosten bei der Nutzschwelle		
Nettoerlös bei der Nutzschwelle		

c) Warum lässt sich bei dieser Aufgabe die mengenmässige Nutzschwelle nicht berechnen?

d) Auf welchen Gesetzmässigkeiten baut die Berechnung der mengenmässigen Nutzschwelle ohne Mengenangaben auf?

A 10.14   In der folgenden Tabelle sind die Angaben von vier Handelsunternehmen aufgeführt. Berechnen Sie die fehlenden Grössen. Runden Sie die Resultate auf zwei Dezimalen genau.

	Unternehmen			
	A	B	C	D
Warenerlöse	850 000.–	420 000.–		960 000.–
Warenaufwand	400 000.–		540 000.–	
Bruttogewinn				
Gemeinkosten		180 000.–	580 000.–	340 000.–
Betriebsgewinn/-verlust	20 000.–	22 000.–	- 10 000.–	

Bruttogewinnquote				40 %
Wertmässige NS				

A 10.15   Aus der Erfolgsrechnung des Handelsunternehmens «Tobler AG» sind folgende Zahlen bekannt:

Warenerlöse   CHF   1 200 000.–

Warenaufwand   CHF   696 000.–

Fixe Gemeinkosten CHF   492 000.–

a) Ermitteln Sie den Verkaufsumsatz (Nettoerlös), bei dem das Unternehmen «Tobler AG» die Nutzschwelle erreicht.

b) Bei welchem Verkaufsumsatz würde das Unternehmen «Tobler AG» einen Gewinn von CHF 40 000.– erzielen?

A 10.16   Das Versandhaus «VHA GmbH» verkauft von einem Artikel 4 000 Stück und erreicht so genau die Nutzschwelle. Bei einer Verkaufsmenge von 4 500 Stück würde das Unternehmen einen Reingewinn von CHF 12 000.– erzielen. Der Nettoerlös des Artikels beträgt CHF 52.–.

a) Ermitteln Sie den Deckungsbeitrag in Franken je Stück.

b) Berechnen Sie den Warenaufwand und die Gemeinkosten des Unternehmens «VHA GmbH».

Kapitel 11

Bilanz- und Erfolgsanalyse

In diesem Kapitel lernen Sie ...

► die wirtschaftliche Lage einer Unternehmung anhand von Kennzahlen zu untersuchen und zu bewerten.

► das Vermögen und die Verschuldung einer Unternehmung zu beurteilen.

► die Liquidität einer Unternehmung zu überprüfen.

► die langfristige Sicherheit bei der Finanzierung einer Unternehmung einzuschätzen.

► aufgrund der Erfolgsrechnung und der Bilanz die Rentabilität einer Unternehmung zu beurteilen.

► weitere Kennzahlen zur vertieften Analyse der finanziellen Lage einer Unternehmung kennen.

11 Bilanz- und Erfolgsanalyse

11.1 Grundlagen der Bilanz- und Erfolgsanalyse

Einführungsbeispiel

Die «Holzbau Hummel & Stamm AG» muss eine CNC-Holzbearbeitungsanlage ersetzen. Sie stellt bei ihrer Bank einen Antrag für einen Investitionskredit von CHF 200 000.–. Die Bilanzen und die Erfolgsrechnungen werden dem Kreditantrag beigelegt. Daraus können Informationen über den finanziellen Zustand des Unternehmens gewonnen werden. Die Bank prüft und beurteilt die Jahresabschlüsse der «Holzbau Hummel & Stamm AG» als wichtige Grundlage für den Kreditentscheid.

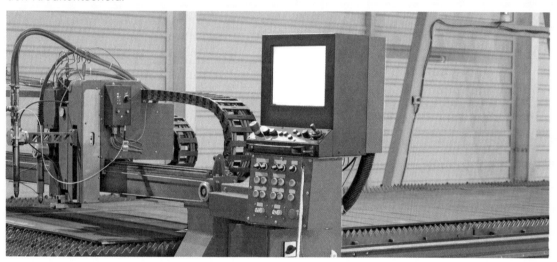

Werden die Bilanz und die Erfolgsrechnung ausgewertet, können Anhaltspunkte für die Beurteilung des Vermögens, der Schulden und der Ertragslage eines Unternehmens erlangt werden. Diese Informationen liefern oft die Grundlage für Entscheidungen des Unternehmens sowie von externen Anspruchsgruppen, wie Fremdkapitalgebern (Banken) oder Aktionären.

Analyse von Bilanz und Erfolgsrechnung

↓

Informationen zur Beurteilung der wirtschaftlichen Lage einer Unternehmung für:

↓ ↓

Geschäftsleitung und Verwaltungsrat (interne Verwendung):

- Erfolgskontrolle
- Budgetkontrolle
- Planung
- Investitionsentscheide

Anspruchsgruppen (externe Verwendung):

- Aktionäre
- Fremdkapitalgeber (z. B. Banken)
- Institutionen (Gewerkschaften)
- Steuerbehörde

Die Anspruchsgruppen haben je nach Interessenlage unterschiedliche Informationsbedürfnisse. Ein Fremdkapitalgeber wird die Verschuldungssituation in der Bilanz vertieft untersuchen. Aktionäre dagegen werden sich auf die Ertragslage und damit die Erfolgsrechnung konzentrieren.

Für die Bilanzanalyse werden die Zahlenangaben aus der Bilanz und der Erfolgsrechnung zusammengefasst und mit aussagekräftigen Verhältniszahlen, den Kennzahlen, ausgewertet. Die Kennzahlen werden in der Praxis auf zwei Dezimalen genau ausgewiesen. Zur Beurteilung der Werte werden die errechneten Kennzahlen verglichen mit:

- den Vorjahreswerten,
- den Werten aus der gleichen Branche und
- den Werten aus dem Budget, d. h. aus der Planung der Unternehmung.

Für die Analyse der Jahresrechnungen müssen die Bilanz und die Erfolgsrechnung so aufbereitet werden, dass die Kennzahlen berechnet werden können.

Die Bilanz wird entsprechend dem Kontenrahmen KMU erstellt:

1. Die Konten werden in der Reihenfolge des Kontenrahmens KMU aufgeführt.
2. Anschliessend werden die Summen der Konten für jede Kontenhauptgruppe ausgewiesen:
   Aktiven: 10 Umlaufvermögen und 14 Anlagevermögen
   Passiven: 20 und 24 Fremdkapital sowie 28 Eigenkapital
3. Die Kontenhauptgruppen werden weiter unterteilt in die Kontengruppen.

Die Bilanz wird folgendermassen gegliedert:

1 Aktiven	Bilanz	2 Passiven
10 Umlaufvermögen	**20 Kurzfristiges FK**	_____
100 Flüssige Mittel _____		
110 Forderungen _____	**24 Langfristiges FK** _____ _____	
120 Vorräte _____ _____		
14 Anlagevermögen	**28 Eigenkapital**	
140 Finanzanlagen _____	280 Grundkapital	
150 Mobile Sachanlagen _____	(Aktienkapital) _____	
160 Immobile Sachanlagen _____	290 Zuwachskapital (Reserven, Jahresgewinn, Jahresverlust) _____ _____	
170 Immaterielle Anlagen _____ _____		
Bilanzsumme _____	Bilanzsumme _____	

Die Erfolgsrechnungskonten werden ebenfalls in der Reihenfolge des Kontenrahmens KMU aufgeführt. Für eine vertiefte Erfolgsanalyse ist es sinnvoll, die Erfolgsrechnung mehrstufig zu gliedern. Für die Analyse der Erfolgsrechnung ist das Ergebnis der 2. Stufe der dreistufigen Erfolgsrechnung – der Betriebsgewinn – massgebend.

> Die wichtigsten Fragestellungen bei der Analyse der Jahresabschlussrechnungen sind:
> 1. Ist das Unternehmen genug sicher finanziert, hat es nicht zu viele Schulden?
> 2. Wie investiert das Unternehmen das zur Verfügung gestellte Kapital?
> 3. Kann das Unternehmen seinen Zahlungsverpflichtungen nachkommen?
> 4. Ist das Unternehmen auch langfristig solide finanziert?
> 5. Erarbeitet das Unternehmen einen ausreichenden Gewinn?

Für die Bearbeitung dieser Fragestellungen werden die folgenden Kennzahlen verwendet:

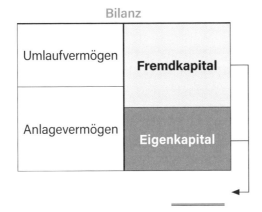

Kapitalstruktur

Bei der Analyse der Kapitalstruktur werden die Passiven betrachtet. Es wird geprüft, ob das Unternehmen auch für die Zukunft ausreichend sicher finanziert ist.

Folgende Kennzahlen werden verwendet:
- Eigenfinanzierungsgrad
- Fremdfinanzierungsgrad (Verschuldungsgrad)
- Selbstfinanzierungsgrad

→ siehe Kapitel 11.2.1

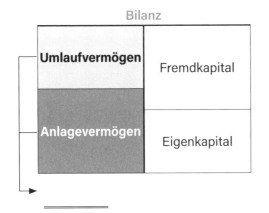

Vermögensstruktur

Bei der Vermögensstruktur wird auf der Aktivseite untersucht, wie das zur Verfügung gestellte Kapital investiert worden ist.

Folgende Kennzahlen werden verwendet:
- Intensität des Umlaufvermögens
- Intensität des Anlagevermögens

→ siehe Kapitel 11.2.2

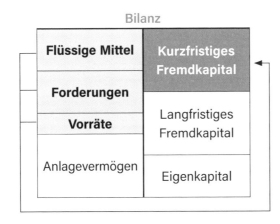

Zahlungsbereitschaft

Verfügt das Unternehmen über genügend Mittel, um die kurzfristigen Schulden begleichen zu können? Ein Unternehmen, das nicht zahlungsfähig ist, kann in Konkurs gehen.

Folgende Kennzahlen werden verwendet:
- Liquiditätsgrad 1
- Liquiditätsgrad 2
- Liquiditätsgrad 3

→ siehe Kapitel 11.2.3

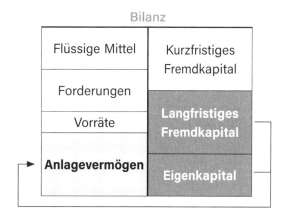

Anlagedeckung

Ist das Unternehmen auch langfristig sicher finanziert? Hier wird die Einhaltung der «goldenen Bilanzregel» untersucht. Unternehmen müssen darauf achten, dass langfristig gebundenes Vermögen auch mit langfristig fälligem Kapital finanziert wird.

Folgende Kennzahlen werden verwendet:
- Anlagedeckungsgrad 1
- Anlagedeckungsgrad 2

→ siehe Kapitel 11.2.4

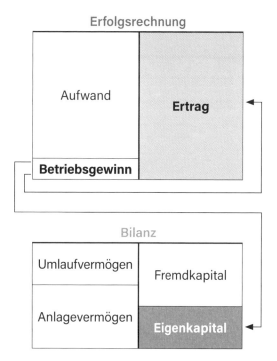

Erfolgsbezogene Analyse (Rentabilität)

Mit der Untersuchung der Rentabilität wird der Frage nachgegangen, wie leistungsfähig das Unternehmen ist. Erwirtschaftet das Unternehmen ausreichend Gewinn?

Folgende Kennzahlen werden verwendet:
- Eigenkapitalrendite
- Gesamtkapitalrendite
- Umsatzrendite

→ siehe Kapitel 11.2.5

Obwohl im E-Profil der kaufmännischen Grundbildung nicht alle Kennzahlen verlangt werden, sollen diese hier entwickelt und erläutert werden. Die aufgeführten Kennzahlen vernetzen die verschiedenen Bereiche der Jahresrechnung und zeigen Zusammenhänge auf, die durch eine isolierte Betrachtung einzelner Kennzahlen an Aussagekraft verlieren.

11.2 Bilanz- und Erfolgskennzahlen

Die «Holzbau Hummel & Stamm AG» wurde vor sechs Jahren gegründet und beschäftigt insgesamt 18 Mitarbeiterinnen und Mitarbeiter. Sie produziert einerseits standardisierte Küchen für Grossüberbauungen, und andererseits führt sie Einzelaufträge aus dem gesamten Sortiment von Schreinereien aus. Sie hat bei der Bank einen Investitionskredit von CHF 200 000.– beantragt, um die alte CNC-Holzbearbeitungsmaschine ersetzen zu können.

Die Bilanz und die Erfolgsrechnung des vergangenen Jahres wurden dem Kreditantrag zuhanden der Bank beigelegt. In der Praxis sind die Jahresabschlüsse der vergangenen Geschäftsjahre sowie das Budget und die Investitionsplanung ebenfalls einzureichen.

Aktiven			Schlussbilanz II	Passiven			
Umlaufvermögen				**Fremdkapital**			
Flüssige Mittel				**Kurzfristiges Fremdkapital**			
Kasse	30 000.–			Verb. L+L	260 000.–		
Post	25 000.–			Bankschuld	88 000.–	348 000.–	
Bank	15 000.–	70 000.–					
Forderungen				**Langfristiges Fremdkapital**			
Forderungen L+L		300 000.–		Passivdarlehen	200 000.–		
				Hypothek	700 000.–	900 000.–	1 248 000.–
Vorräte							
Holz	165 000.–						
Fertigfabrikate	60 000.–	225 000.–	595 000.–				
Anlagevermögen				**Eigenkapital**			
Maschinen	295 000.–			Aktienkapital	700 000.–		
Mobilien	160 000.–			Ges. Gewinnreserve	250 000.–		
Immobilien	1 150 000.–	1 605 000.–		Gewinnvortrag	2 000.–	952 000.–	
			2 200 000.–				2 200 000.–

Aufwand		Erfolgsrechnung		Ertrag	
Materialaufwand	1 768 000.–	Betriebsertrag	4 440 000.–		
Personalaufwand	1 790 000.–	Verluste aus Forderungen	-20 000.–	4 420 000.–	
Sonst. Betriebsaufwand	410 000.–				
Abschreibungen	210 000.–				
Finanzaufwand (Fremdkapitalzinsen)	59 000.–				
Reingewinn	183 000.–				
	4 420 000.–		4 420 000.–		

11.2.1   Kapitalstruktur

Bei der Kapitalstruktur werden die Passiven untersucht. Die Passiven zeigen, wie das Unternehmen finanziert wird und wer das Kapital zur Verfügung gestellt hat.

Der **Eigenfinanzierungsgrad** erfasst den Anteil des Eigenkapitals in Prozent des Gesamtkapitals.

Eigenfinanzierungsgrad

$$\frac{\text{Eigenkapital} \times 100}{\text{Gesamtkapital}} \qquad \frac{952\,000.- \times 100}{2\,200\,000.-} \qquad = 43{,}27\%$$

Der **Fremdfinanzierungsgrad** erfasst den Anteil des Fremdkapitals in Prozent des Gesamtkapitals.

Fremdfinanzierungsgrad (Verschuldungsgrad)

$$\frac{\text{Fremdkapital} \times 100}{\text{Gesamtkapital}} \qquad \frac{1\,248\,000.- \times 100}{2\,200\,000.-} \qquad = 56{,}73\%$$

Eigenfinanzierungsgrad und Fremdfinanzierungsgrad ergeben zusammengezählt immer 100 %, denn Eigen- und Fremdkapital bilden das Gesamtkapital, die Bilanzsumme.

> **Zielgrössen Kapitalstruktur**
>
> **Eigenfinanzierungsgrad:** mindestens 30 %, Unterschiede je nach Bilanzstruktur möglich
> **Fremdfinanzierungsgrad:** nicht mehr als 70 %, Unterschiede je nach Bilanzstruktur möglich

Zweck und Interpretation

Der Verschuldungsgrad zeigt, wie viel Prozent des Kapitals eines Unternehmens von aussen, von betriebsfremden Kapitalgebern, finanziert wird. Je höher der Verschuldungsgrad, desto tiefer der Eigenfinanzierungsgrad und desto mehr haben betriebsfremde Akteure das Kapital zur Verfügung gestellt. Ein Handelsbetrieb wird einen höheren Fremdfinanzierungsgrad ausweisen, wenn eigene statt gemietete Geschäftsräume vorhanden sind. Je älter ein Unternehmen ist, desto grösser wird in der Regel der Eigenfinanzierungsgrad sein.

Bei der Finanzierung eines Unternehmens besteht ein Zielkonflikt zwischen der Rentabilität und der Sicherheit. Ein hoher Eigenfinanzierungsgrad verschafft einem Unternehmen eine grössere Unabhängigkeit von Fremdkapitalgebern. Gleichzeitig sinkt rein rechnerisch die Rentabilität des investierten Eigenkapitals (siehe Kapitel 11.2.5). Ein hoher Verschuldungsgrad verstärkt die Abhängigkeit von den Fremdkapitalgebern und verursacht aufgrund der regelmässigen Zinszahlungen hohe Kosten im Vergleich zur Finanzierung mit Eigenkapital. Rein rechnerisch führt er jedoch zu einer höheren Rentabilität des Eigenkapitals.

Mit 43,27 % Eigenfinanzierungsgrad ist die relativ junge «Holzbau Hummel & Stamm AG» ausreichend mit Eigenkapital ausgestattet.

Der **Selbstfinanzierungsgrad** setzt das Zuwachskapital, d.h. die nicht verteilten Gewinne in den Konten Reserven und Gewinnvortrag, in Beziehung zum Grundkapital (Aktienkapital).

Selbstfinanzierungsgrad

$$\frac{\text{Zuwachskapital} \times 100}{\text{Grundkapital}} \qquad \frac{252\,000.- \times 100}{700\,000.-} \qquad = 36,00\,\%$$

Zielgrösse Selbstfinanzierung

Selbstfinanzierungsgrad: keine Zielgrösse, weil dieser stark vom Alter der untersuchten Unternehmung abhängt

Zweck und Interpretation

Das Zuwachskapital ist eine Reserve für schlechte Zeiten. Mit dem Zuwachskapital können Verluste abgedeckt werden, ohne das Grundkapital zu belasten. Ein starkes Zuwachskapital ist auch ein Anhaltspunkt für die Investitionsstrategie der Eigentümer: Anstatt den Gewinn zu beziehen, belassen sie ihn zur Finanzierung weiterer Investitionen im Unternehmen.

Mit einem Selbstfinanzierungsgrad von 36 % hat die «Holzbau Hummel & Stamm AG» nach den ersten sechs Jahren der Geschäftstätigkeit bereits ein Zuwachskapital von CHF 252 000.- erarbeiten können. Da die Gründungs- und Aufbaujahre erfahrungsgemäss eher wenig Gewinn bringen, kann der Selbstfinanzierungsgrad als gut beurteilt werden.

11.2.2 Vermögensstruktur

Bei der Vermögensstruktur werden die Aktiven untersucht. Die Aktiven zeigen, wie das Unternehmen das zur Verfügung gestellte Kapital investiert.

Die **Intensität des Umlaufvermögens** erfasst den Anteil des Umlaufvermögens in Prozent des Gesamtvermögens.

Intensität des Umlaufvermögens

$$\frac{\text{Umlaufvermögen} \times 100}{\text{Gesamtvermögen}} \qquad \frac{595\,000.- \times 100}{2\,200\,000.-} \qquad = 27,05\,\%$$

Die **Intensität des Anlagevermögens** erfasst den Anteil des Anlagevermögens in Prozent des Gesamtvermögens.

Intensität des Anlagevermögens

$$\frac{\text{Anlagevermögen} \times 100}{\text{Gesamtvermögen}} \qquad \frac{1\,605\,000.- \times 100}{2\,200\,000.-} \qquad = 72,95\,\%$$

Die Intensität des Umlaufvermögens und die Intensität des Anlagevermögens ergeben zusammengezählt immer 100 %, denn Umlaufvermögen und Anlagevermögen bilden das Gesamtvermögen, die Bilanzsumme.

> **Zielgrössen Vermögensstruktur**
>
> **Intensität des Umlaufvermögens:** keine bestimmte Richtgrösse, stark branchenabhängig
> **Intensität des Anlagevermögens:** keine bestimmte Richtgrösse, stark branchenabhängig

Zweck und Interpretation

Industriebetriebe mit einem grossen Bestand an Maschinen haben in der Regel eine höhere Intensität des Anlagevermögens als Handels- oder Dienstleistungsbetriebe.

Die Intensitäten werden zudem davon beeinflusst, ob ein Unternehmen seine Geschäftsräume mietet oder eigene Geschäftsräume besitzt. Ist das Unternehmen Eigentümerin der Geschäftsräume, wird die Intensität des Anlagevermögens viel höher sein als bei der Miete der Geschäftsräume. Die Intensitäten haben vor allem dann eine grosse Aussagekraft, wenn Vergleichszahlen aus der gleichen Branche zur Verfügung stehen.

Die Intensität des Anlagevermögens ist mit 72,95 % bei der «Holzbau Hummel & Stamm AG» sehr hoch. Das Unternehmen hat in den sechs Jahren seit der Gründung eine eigene Betriebsliegenschaft aufgebaut, das erhöht diesen Wert entscheidend.

11.2.3 Zahlungsbereitschaft (Liquidität)

Ein Unternehmen muss in der Lage sein, die ausstehenden Rechnungen begleichen zu können. Hat das Unternehmen nicht genügend flüssige Mittel, um die laufenden Rechnungen zu bezahlen, wird es zahlungsunfähig. Betreibung und Konkurs des Unternehmens können die Folgen sein. Ein Unternehmen mit einer ungenügenden Liquidität muss deshalb sehr schnell Massnahmen zur Verbesserung der Situation umsetzen.

Bei den Liquiditätsgraden 1 bis 3 werden die kurzfristigen Schulden eines Unternehmens den flüssigen Mitteln und den weiteren Bestandteilen des Umlaufvermögens gegenübergestellt.

Der **Liquiditätsgrad 1** vergleicht die vorhandenen flüssigen Mittel mit den kurzfristigen Schulden.

Liquiditätsgrad 1 (Cash Ratio)

$$\frac{\text{Flüssige Mittel} \times 100}{\text{Kurzfristiges FK}} \qquad \frac{70\,000.- \times 100}{348\,000.-} \qquad = 20{,}11\,\%$$

Der **Liquiditätsgrad 2** vergleicht die vorhandenen flüssigen Mittel und die offenen Kundenforderungen mit den kurzfristigen Schulden.

Liquiditätsgrad 2 (Quick Ratio)

$$\frac{(\text{Fl. Mittel} + \text{Forderungen}) \times 100}{\text{Kurzfristiges FK}} \qquad \frac{(70\,000.- + 300\,000.-) \times 100}{348\,000.-} \qquad = 106{,}32\,\%$$

Der **Liquiditätsgrad 3** vergleicht das gesamte Umlaufvermögen mit den kurzfristigen Schulden.

Liquiditätsgrad 3 (Current Ratio)

$$\frac{\text{Umlaufvermögen} \times 100}{\text{Kurzfristiges FK}} \qquad \frac{595\,000.- \times 100}{348\,000.-} \qquad = 170,98\,\%$$

Zielgrössen Zahlungsbereitschaft

Liquiditätsgrad 1: mindestens 20 %
Liquiditätsgrad 2: mindestens 100 %
Liquiditätsgrad 3: mindestens 150 %

Zweck und Interpretation

Der **Liquiditätsgrad 1** zeigt die sofort verfügbaren flüssigen Mittel im Vergleich zu den kurzfristig fälligen Schulden. Diese Kennzahl hat eine relativ geringe Aussagekraft, weil ein geringer Bestand an flüssigen Mitteln nicht unbedingt bedeutet, dass die Zahlungsbereitschaft des Unternehmens gefährdet ist. Der Bestand an flüssigen Mitteln verändert sich täglich und wird in der Bilanz nur für den jeweiligen Stichtag ausgewiesen.

Die grösste Aussagekraft hat der **Liquiditätsgrad 2**. Hier werden zusätzlich zu den vorhandenen flüssigen Mitteln auch noch die in den nächsten Tagen und Wochen eingehenden Zahlungen von Kunden berücksichtigt. Dieser Geldzufluss, der massgeblich durch die eigene Geschäftstätigkeit beeinflusst wird, muss genügend gross sein, um den Zahlungsverpflichtungen nachkommen zu können. Deshalb muss dieser Wert mindestens 100 % betragen. Der Liquiditätsgrad 2 ist eine wesentliche Kennzahl bei der Beurteilung der Kreditfähigkeit eines Unternehmens durch die Banken.

Der **Liquiditätsgrad 3** wird massgeblich durch die Höhe der Vorräte beeinflusst, die bei der Berechnung dieses Grades dazugezählt werden. Der errechnete Wert ist branchenabhängig. Wenn ein Vergleich innerhalb der Branche möglich ist, kann beispielsweise beurteilt werden, ob der Lagerbestand eher hoch oder tief ist. Eine grosse Lagerhaltung verursacht hohe Kosten, und es besteht ein erhöhtes Risiko, auf Ladenhütern sitzen zu bleiben. Bei Industriebetrieben mit Just-in-time-Produktion oder bei Beratungsunternehmungen kann der Liquiditätsgrad 3 praktisch gleich hoch sein wie der Liquiditätsgrad 2.

Auch in diesem Bereich besteht ein Konflikt zwischen den Zielen der Liquidität und der Rentabilität: Ein sehr hoher Bestand an flüssigen Mitteln gewährleistet zwar die Zahlungsfähigkeit des Unternehmens, ein alternativer Einsatz der flüssigen Mittel würde jedoch eine höhere Rendite mit sich bringen.

Bei der «Holzbau Hummel & Stamm AG» ist der Liquiditätsgrad 2 mit 106,32 % in Ordnung. Auch die anderen beiden Liquiditätsgrade entsprechen den Richtwerten.

11.2.4 Anlagedeckung

Das Anlagevermögen ist langfristig gebundenes Kapital. Mit der Anlagedeckung wird untersucht, inwieweit das Anlagevermögen mit langfristig fälligem Kapital finanziert wird. Die Investitionen (Aktiven, Anlagevermögen) werden mit der Finanzierung (Passiven) verglichen.

Der **Anlagedeckungsgrad 1** vergleicht das Eigenkapital mit dem Anlagevermögen.

Anlagedeckungsgrad 1

$$\frac{\text{Eigenkapital} \times 100}{\text{Anlagevermögen}} \qquad \frac{952\,000.- \times 100}{1\,605\,000.-} \qquad = 59{,}31\%$$

Beim **Anlagedeckungsgrad 2** wird die Finanzierungsseite vergrössert, indem das langfristig fällige Fremdkapital mit berücksichtigt wird.

Anlagedeckungsgrad 2

$$\frac{(\text{EK} + \text{Langfristiges FK}) \times 100}{\text{Anlagevermögen}} \qquad \frac{(952\,000.- + 900\,000.-) \times 100}{1\,605\,000.-} \qquad = 115{,}39\%$$

> **Zielgrössen Anlagedeckung**
>
> **Anlagedeckungsgrad 1:** mindestens 75 %
> **Anlagedeckungsgrad 2:** mindestens 100 %

Zweck und Interpretation

Mit den Anlagedeckungsgraden wird die Einhaltung der «goldenen Bilanzregel» untersucht. Diese besagt, dass langfristig gebundenes Vermögen mit langfristig fälligem Kapital finanziert werden muss. Wenn das Kapital solange zur Verfügung steht, wie es in dem Unternehmen in Anlagen investiert wird, dann gibt es auch langfristig keine Probleme bei der Rückzahlung des Kapitals.

Beträgt der **Anlagedeckungsgrad 1** 100 % und mehr, dann ist das ganze Anlagevermögen mit Eigenkapital finanziert. Im Gegensatz zur Finanzierung mit Fremdkapital müssen keine Zinsen bezahlt werden. Eine Rückzahlungspflicht entfällt so lange, wie die Geschäftstätigkeit fortgesetzt wird.

Der **Anlagedeckungsgrad 2** berücksichtigt zusätzlich das langfristige Fremdkapital, das häufig für die Finanzierung von Anlagevermögen benötigt wird. Beträgt dieser Wert 100 % und mehr, dann wird die goldene Bilanzregel eingehalten. Finanzielle Risiken wegen einer frühzeitigen Rückzahlung von Krediten sind nicht vorhanden.

Bei der «Holzbau Hummel & Stamm AG» ist der Anlagedeckungsgrad 1 mit 59,31 % zwar etwas tief. Der Anlagedeckungsgrad 2 mit 115,39 % zeigt jedoch, dass das Unternehmen die goldene Bilanzregel gut einhalten kann.

11.2.5 Erfolgsbezogene Analyse (Rentabilität)

Rentabilitätszahlen vergleichen den erzielten Reingewinn mit dem investierten Kapital oder mit dem erzielten Umsatz.

Die **Eigenkapitalrendite** vergleicht den Reingewinn mit dem Eigenkapital.

Eigenkapitalrendite

$$\frac{\text{Reingewinn} \times 100}{\text{Eigenkapital}} \qquad \frac{183\,000.- \times 100}{952\,000.-} \qquad = 19{,}22\,\%$$

Bei der **Gesamtkapitalrendite** werden der Reingewinn und die Fremdkapitalkosten (Zinsaufwand) in Beziehung gesetzt mit dem gesamten Kapital.

Gesamtkapitalrendite

$$\frac{(\text{RG} + \text{Fremdkapitalzinsen}) \times 100}{\text{Gesamtkapital}} \qquad \frac{(183\,000.- + 59\,000.-) \times 100}{2\,200\,000.-} \qquad = 11{,}00\,\%$$

Bei der **Umsatzrendite** wird der Reingewinn (in der Praxis oft der Betriebsgewinn) in Beziehung gesetzt zum Betriebsertrag.

Umsatzrendite

$$\frac{\text{Reingewinn} \times 100}{\text{Betriebsertrag}} \qquad \frac{183\,000.- \times 100}{4\,420\,000.-} \qquad = 4{,}14\,\%$$

Zielgrössen Rentabilität

Eigenkapitalrendite:	mindestens 8 %
Gesamtkapitalrendite:	mindestens 6 %
Umsatzrendite:	branchenabhängig; mindestens 1,5 % bei Handelsbetrieben; mindestens 5 % bei Industriebetrieben

Zweck und Interpretation

Die **Eigenkapitalrendite** zeigt, wie stark das investierte Eigenkapital mit Gewinn entschädigt wird. Die erzielte Eigenkapitalrendite wird mit alternativen Kapitalanlagemöglichkeiten verglichen. Die Investition in ein Unternehmen lohnt sich dann, wenn die Eigenkapitalrendite höher ist als der Ertrag aus alternativen Anlagen, z.B. Obligationen. Das höhere Risiko bei einer Investition in ein Unternehmen wird durch die höhere Rendite entschädigt.

Bei der **Gesamtkapitalrendite** wird die ganze Finanzierungsseite berücksichtigt: das Eigenkapital und das Fremdkapital. Zum Reingewinn werden die Zinskosten dazugezählt. Bei erfolgreichen Unternehmen ist die Gesamtkapitalrendite tiefer als die Eigenkapitalrendite.

Bei den Berechnungen der Rentabilitäten von Eigenkapital und Gesamtkapital wird in der Praxis das eingesetzte Kapital nach unterschiedlichen Regeln bestimmt. Der Erfolg wurde mit dem Kapital erwirtschaftet, das Anfang Jahr vorhanden war. Deshalb wäre es sinnvoll, bei diesen Berechnungen den Anfangsbestand des Kapitals zu verwenden. Wenn sich das Kapital während des Jahres jedoch ändert, würde die Verwendung eines durchschnittlichen Kapitalwerts genauere Ergebnisse ermöglichen. In der Praxis (zum Beispiel bei der Verwendung von Geschäftsberichten) ist das Anfangskapital häufig nicht bekannt. Deshalb wird in der Regel das Schlusskapital für die Berechnung dieser Kennzahlen eingesetzt, obwohl diese Bezugsgrösse am wenigsten zu begründen ist. In diesem Lehrmittel wird aus diesen Gründen auf die Angabe des Anfangs- oder des durchschnittlichen Kapitals verzichtet und immer das Schlusskapital verwendet.

Die **Umsatzrendite** vergleicht nur Zahlen aus der Erfolgsrechnung. Sie ist ein Massstab für die Ertragskraft eines Unternehmens. Sie zeigt an, wie viel Gewinn aus der betrieblichen Tätigkeit erzielt wird. Die Umsatzrendite ist je nach Branche stark unterschiedlich.

Bei der «Holzbau Hummel & Stamm AG» sind alle erfolgsbezogenen Zahlen gut. Die Eigenkapitalrendite weist einen sehr guten Wert auf. Hierbei muss allerdings berücksichtigt werden, dass der Eigenfinanzierungsgrad relativ tief ist. Dies erhöht rein rechnerisch die Eigenkapitalrendite.

Kreditentscheid im Fallbeispiel der «Holzbau Hummel & Stamm AG»

Der Firmenkundenberater der Bank hat die Bilanz und die Erfolgsrechnung der «Holzbau Hummel & Stamm AG» sowie die weiteren Unterlagen geprüft und die Kennzahlen ausgewertet. Das Unternehmen ist erst vor sechs Jahren gegründet worden und beschäftigt bereits 18 Mitarbeiterinnen und Mitarbeiter. Die «Holzbau Hummel & Stamm AG» erreicht beim Liquiditätsgrad 2 den genügenden Wert von 106,32 %. Der Anlagedeckungsgrad 1 ist eher etwas tief, allerdings spricht der Anlagedeckungsgrad 2 mit einem Wert von 115,39 % für eine gute Einhaltung der goldenen Bilanzregel. Sehr gut sind die Rentabilitätswerte.

Die Bank gewährt der «Holzbau Hummel & Stamm AG» den beantragten Investitionskredit von CHF 200 000.–. Die CNC-Holzbearbeitungsanlage wird daraufhin von der Schreinerei beschafft. Dieser Vorgang hat folgende Konsequenzen für die Bilanz und die Erfolgsrechnung der «Holzbau Hummel & Stamm AG»:

Bilanz
Maschinen: + CHF 200 000.–
Passivdarlehen: + CHF 200 000.–

Erfolgsrechnung
Zinsen:
6 % Darlehenszins
→ Zinsaufwand: + CHF 12 000.–
(Finanzaufwand)
Abschreibungen neue Anlage:
linear auf 5 Jahre
→ Abschreibungen: + CHF 40 000.–

11.3 Bilanz- und Erfolgsanalyse: Vertiefung*

Bei einer vertieften Bilanz- und Erfolgsanalyse müssen die Zahlen detailliert aufbereitet und weitere Kennzahlen berechnet werden.

11.3.1 Bereinigung von Bilanz und Erfolgsrechnung

In der Praxis sind neben der korrekten Gliederung der Bilanz gemäss Kontenrahmen KMU weitere Bereinigungsschritte nötig.

Folgende Massnahmen führen zu einer aussagekräftigen Bilanz und Erfolgsrechnung:

- Sämtliche stillen Reserven werden offengelegt und aufgelöst. Die Aktiven werden um den Bestand an stillen Reserven aufgewertet, die Passiven werden um den Bestand an stillen Reserven verringert.
- Minus-Aktivkonten (Delkredere und Wertberichtigungskonten) werden in einer Vorspalte ausgewiesen und abgezogen. In der Hauptspalte werden die jeweiligen Nettopositionen ausgewiesen.
- Die bereinigten Konten sind in der Reihenfolge des Kontenrahmens KMU aufzuführen, gegliedert in den vier Kontenhauptgruppen und den notwendigen Kontengruppen (siehe Umschlagsklappe).
- In der Erfolgsanalyse werden die Konten der Kontenklasse 8 (ausserordentlicher und betriebsfremder Erfolg) nicht berücksichtigt.

11.3.2 Cashflowkennzahlen

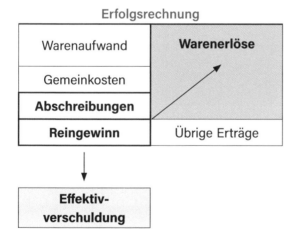

Cashflow

Mit dem Cashflow wird für die Erfolgsanalyse eine aussagekräftigere Grösse verwendet als der Reingewinn.

Folgende Kennzahlen werden verwendet:

- Cashflow-Marge
- Verschuldungsfaktor

Mit dem Cashflow wird der Geldzufluss aus der Betriebstätigkeit untersucht. Bei der Bilanzanalyse wird nicht der detaillierte und exakt berechnete Geldfluss aus der Betriebstätigkeit verwendet, vergleiche dazu das Kapitel Geldflussrechnung in Band 3.

Der Verschuldungsfaktor zeigt, wie lange das Unternehmen braucht, um die Schulden mit dem Geldzufluss aus der Geschäftstätigkeit vollständig abbauen zu können.

Der Cashflow wird vereinfacht folgendermassen berechnet.

Cashflow

$$\text{Reingewinn + Abschreibungen} \qquad 183\,000.- + 210\,000.- = 393\,000.-$$

Für die Beurteilung der Ertragskraft eines Unternehmens ist der Cashflow aussagekräftiger als der Reingewinn, weil die Bildung von stillen Reserven zu überhöhten Abschreibungen und einem verringerten externen Reingewinn führt. Wird der Cashflow als Beurteilungsgrundlage der Ertragskraft genommen, wird die Ertragskraft des Unternehmens nicht mehr durch die Veränderung der stillen Reserven verfälscht.

Bei der **Cashflow-Marge** wird der Cashflow in Beziehung gesetzt zum Betriebsertrag.

Cashflow-Marge

$$\frac{\text{Cashflow} \times 100}{\text{Betriebsertrag}} \qquad \frac{393\,000.- \times 100}{4\,420\,000.-} \qquad = 8{,}89\,\%$$

> **Zielgrösse Cashflow-Marge**
>
> Die **Cashflow-Marge** muss deutlich höher sein als die Umsatzrendite, die Beurteilung ist branchenabhängig.

Zweck und Interpretation

Produktionsbetriebe sollten höhere Werte ausweisen als Dienstleistungsbetriebe, da deren Abschreibungsaufwand grösser ist. Dieser Wert ist bei der «Holzbau Hummel & Stamm AG» sehr gut.

Beim **Verschuldungsfaktor** werden Bilanz und Erfolgsrechnung vernetzt: Die in einem Unternehmen effektiv vorhandenen Nettoschulden werden mit dem Geldzufluss aus der Geschäftstätigkeit verglichen.

Effektivverschuldung

$$\text{Fremdkapital - (Flüssige Mittel + Forderungen)}$$

Verschuldungsfaktor

$$\frac{\text{Effektivverschuldung}}{\text{Jahrescashflow}} \qquad \frac{1\,248\,000.- - (70\,000.- + 300\,000.-)}{393\,000.-} \qquad = 2{,}23\ \text{Jahre}$$

> **Zielgrösse Verschuldungsfaktor**
>
> **Verschuldungsfaktor:** nicht mehr als 5 Jahre

Zweck und Interpretation

Der Verschuldungsfaktor drückt aus, wie viele Male der Jahrescashflow erwirtschaftet werden muss, um die Schulden mit selbst erarbeiteten Mitteln zurückzahlen zu können. Der Faktor drückt die theoretische Anzahl Jahre aus, um sich mit dem Jahrescashflow entschulden zu können, sofern in der Zwischenzeit keine Gewinnauszahlungen und Investitionen erfolgen.

Auch hier erzielt die «Holzbau Hummel & Stamm AG» einen sehr guten Wert.

11.3.3 Aktivitätsanalyse

Vorräte und Kundenforderungen sind vor allem bei Handelsbetrieben wichtige Bilanzpositionen, die durch die laufende Geschäftstätigkeit beeinflusst werden. Die entsprechenden Kennzahlen für die Beurteilung, ob das Unternehmen seine Kundenforderungen und Vorräte gut unter Kontrolle hat, sind in der folgenden Übersicht aufgeführt.

11.4 Übersicht über die wichtigsten Kennzahlen

ⓘ **Kapitalstruktur**

Eigenfinanzierungsgrad

$$\frac{\text{Eigenkapital} \times 100}{\text{Gesamtkapital}}$$

Zielgrösse: mindestens 30%

Fremdfinanzierungsgrad (Verschuldungsgrad)

$$\frac{\text{Fremdkapital} \times 100}{\text{Gesamtkapital}}$$

Zielgrösse: nicht mehr als 70%

Selbstfinanzierungsgrad

$$\frac{\text{Zuwachskapital} \times 100}{\text{Grundkapital}}$$

Zielgrösse: vom Alter des Unternehmens abhängig

② Vermögensstruktur

Intensität des Umlaufvermögens

$$\frac{\text{Umlaufvermögen} \times 100}{\text{Gesamtvermögen}}$$

Zielgrösse: von der Branche abhängig

Intensität des Anlagevermögens

$$\frac{\text{Anlagevermögen} \times 100}{\text{Gesamtvermögen}}$$

Zielgrösse: von der Branche abhängig

③ Zahlungsbereitschaft (Liquidität)

Liquiditätsgrad 1 (Cash Ratio)

$$\frac{\text{Flüssige Mittel} \times 100}{\text{Kurzfristiges Fremdkapital}}$$

Zielgrösse: mindestens 20 %

Liquiditätsgrad 2 (Quick Ratio)

$$\frac{(\text{Flüssige Mittel} + \text{Forderungen}) \times 100}{\text{Kurzfristiges Fremdkapital}}$$

Zielgrösse: mindestens 100 %

Liquiditätsgrad 3 (Current Ratio)

$$\frac{\text{Umlaufvermögen} \times 100}{\text{Kurzfristiges Fremdkapital}}$$

Zielgrösse: mindestens 150 %

④ Anlagedeckung

Anlagedeckungsgrad 1

$$\frac{\text{Eigenkapital} \times 100}{\text{Anlagevermögen}}$$

Zielgrösse: mindestens 75 %

Anlagedeckungsgrad 2

$$\frac{(\text{Eigenkapital} + \text{Langfristiges FK}) \times 100}{\text{Anlagevermögen}}$$

Zielgrösse: mindestens 100 %

⑤ Erfolgsbezogene Analyse (Rentabilität)

Eigenkapitalrendite

$$\frac{\text{Reingewinn} \times 100}{\text{Eigenkapital}}$$

Zielgrösse: mindestens 8 %

Gesamtkapitalrendite

$$\frac{(\text{RG} + \text{Fremdkapitalzinsen}) \times 100}{\text{Gesamtkapital}}$$

Zielgrösse: mindestens 6 %

Umsatzrendite

$$\frac{\text{Reingewinn} \times 100}{\text{Betriebsertrag}}$$

Zielgrösse: mind. 1,5 % bei Handelsbetrieben, mind. 5 % bei Industriebetrieben

⑥ Cashflow-Analyse

Cashflow

$$\text{Reingewinn} + \text{Abschreibungen}$$

Cashflow-Marge

$$\frac{\text{Cashflow} \times 100}{\text{Verkaufserlöse}}$$

Zielgrösse: branchenabhängig, deutlich höher als Umsatzrendite

Effektivverschuldung

$$\text{Fremdkapital} - (\text{Flüssige Mittel} + \text{Forderungen})$$

Verschuldungsfaktor

$$\frac{\text{Effektivverschuldung}}{\text{Jahrescashflow}}$$

Zielgrösse: nicht mehr als 5 (Jahre)

7 Aktivitätskennzahlen

Debitorenumschlag

$$\frac{\text{Kreditverkäufe}}{\text{Ø Debitorenbestand}}$$ **Zielgrösse: mindestens 8 ×**

Durchschnittliche Frist der Kundenzahlungen

$$\frac{\text{360 Tage}}{\text{Debitorenumschlag}}$$ **Zielgrösse: weniger als 45 Tage**

Lagerumschlag

$$\frac{\text{Warenaufwand}}{\text{Ø Lagerbestand}}$$ **Zielgrösse: branchenabhängig**

Durchschnittliche Lagerdauer

$$\frac{\text{360 Tage}}{\text{Lagerumschlag}}$$ **Zielgrösse: branchenabhängig**

Kapitel 11

Aufgaben

A 11.1   Die «Digiprint» wurde vor 15 Jahren gegründet und stellt Drucksachen, digitale Ver-
grösserungen und Fotobücher her. Berechnen Sie mit den Angaben aus der folgenden
Bilanz und Erfolgsrechnung die aufgeführten Kennzahlen auf zwei Dezimalen genau
und beurteilen Sie die Ergebnisse.

Aktiven			Schlussbilanz II		Passiven
Umlaufvermögen			**Fremdkapital**		
Flüssige Mittel			**Kurzfristiges Fremdkapital**		
Kasse	30000.–		Verb. L+L	331160.–	
Post	60000.–	90000.–	Bankschuld	77500.–	408660.–
Forderungen			**Langfristiges Fremdkapital**		
Ford. L+L		356500.–	Passivdarlehen	320000.–	
			Hypothek	400000.–	720000.–	1128660.–
Vorräte					
Vorräte		159300.–	605800.–	**Eigenkapital**	
			Grundkapital		
Anlagevermögen			Aktienkapital		400000.–
Mobile Sachanlagen					
Maschinen	550000.–		**Zuwachskapital**		
Mobiliar	112000.–	662000.–	Ges. Gewinnres.	385000.–	
			Gewinnvortrag	4140.–	389140.–	789140.–
Immobile Sachanlagen					
Immobilien		650000.–	1312000.–		
			1917800.–		1917800.–

Aufwand		Erfolgsrechnung	Ertrag
Materialaufwand	880000.–	Betriebsertrag	2679140.–
Personalaufwand	1140000.–		
Sonstiger Betriebsaufwand	320000.–		
Abschreibungen	180000.–		
Finanzaufwand	70000.–		
Reingewinn	89140.–		
	2679140.–		2679140.–

	Kennzahl	Berechnung	Beurteilung
1.	Eigenfinanzierungsgrad $$\frac{\text{Eigenkapital} \times 100}{\text{Gesamtkapital}}$$		
2.	Fremdfinanzierungsgrad $$\frac{\text{Fremdkapital} \times 100}{\text{Gesamtkapital}}$$		
3.	Selbstfinanzierungsgrad $$\frac{\text{Zuwachskapital} \times 100}{\text{Grundkapital}}$$		
4.	Intensität des UV $$\frac{\text{Umlaufvermögen} \times 100}{\text{Gesamtvermögen}}$$		
5.	Intensität des AV $$\frac{\text{Anlagevermögen} \times 100}{\text{Gesamtvermögen}}$$		
6.	Liquiditätsgrad 1 $$\frac{\text{Fl. Mittel} \times 100}{\text{Kurzfr. FK}}$$		
7.	Liquiditätsgrad 2 $$\frac{(\text{Fl. Mittel} + \text{Ford.}) \times 100}{\text{Kurzfr. FK}}$$		
8.	Liquiditätsgrad 3 $$\frac{\text{Umlaufvermögen} \times 100}{\text{Kurzfr. FK}}$$		
9.	Anlagedeckungsgrad 1 $$\frac{\text{Eigenkapital} \times 100}{\text{Anlagevermögen}}$$		
10.	Anlagedeckungsgrad 2 $$\frac{(\text{EK} + \text{Langfr. FK}) \times 100}{\text{Anlagevermögen}}$$		
11.	Eigenkapitalrendite $$\frac{\text{Reingewinn} \times 100}{\text{Eigenkapital}}$$		
12.	Gesamtkapitalrendite $$\frac{(\text{RG} + \text{FinA}) \times 100}{\text{Gesamtkapital}}$$		
13.	Umsatzrendite $$\frac{\text{Reingewinn} \times 100}{\text{Betriebsertrag}}$$		

A 11.2   a) Erstellen Sie mit den folgenden, in alphabetischer Reihenfolge aufgeführten Konten (Beträge in Kurzzahlen) eine gut gegliederte Schlussbilanz I der «Kern AG» in Berichtsform und berechnen Sie den Reingewinn.

Aktienkapital	1000	Maschinen	400
Bankschuld	80	Mobiliar	440
Fahrzeuge	220	Passivdarlehen	1100
Forderungen L+L	1450	Post	190
Gesetzliche Gewinnreserve	550	Verbindlichkeiten L+L	1520
Kasse	30	Warenvorrat	1600

Schlussbilanz I

Aktiven			
Umlaufvermögen			
Flüssige Mittel			
Forderungen			
Vorräte			
Anlagevermögen			
Passiven			
Fremdkapital			
Kurzfristiges Fremdkapital			
Langfristiges Fremdkapital			
Eigenkapital			

b) Berechnen Sie die folgenden Kennzahlen (auf zwei Dezimalstellen). Es sind keine Gewinnausschüttungen vorgesehen. Aus der Erfolgsrechnung sind folgende Angaben bekannt: Warenerlöse 8 100, Finanzaufwand 70. Beurteilen Sie die errechneten Werte.

	Kennzahl	Berechnung	Beurteilung
1.	Eigenfinanzierungsgrad		
2.	Fremdfinanzierungsgrad		
3.	Selbstfinanzierungsgrad		
4.	Intensität des UV		
5.	Intensität des AV		
6.	Liquiditätsgrad 1		
7.	Liquiditätsgrad 2		
8.	Liquiditätsgrad 3		
9.	Anlagedeckungsgrad 1		
10.	Anlagedeckungsgrad 2		
11.	Eigenkapitalrendite		
12.	Gesamtkapitalrendite		
13.	Umsatzrendite		

A 11.3   a) Erstellen Sie aus der folgenden Schlussbilanz II der «Delta Trade AG» eine für die Bilanzanalyse aufbereitete, gut gegliederte Schlussbilanz II in Berichtsform auf der folgenden Seite.

Aktiven	Schlussbilanz II		Passiven
Kasse	26 900.–	Verbindlichkeiten L+L	382 500.–
Post	51 100.–	Bankschuld	17 500.–
Forderungen L+L	330 000.–	Passivdarlehen	160 000.–
Warenvorräte	252 000.–	Aktienkapital	300 000.–
Maschinen	90 000.–	Gesetzliche Gewinnres.	100 000.–
Mobiliar	186 000.–	Gewinnvortrag	4 000.–
Fahrzeuge	28 000.–		
	964 000.–		964 000.–

Aufwand	Erfolgsrechnung		Ertrag
Warenaufwand	840 000.–	Warenerlöse	1 600 000.–
Personalaufwand	520 000.–		
Raumaufwand	62 000.–		
Sonstiger Betriebsaufwand	96 000.–		
Abschreibungen	43 000.–		
Fremdkapitalzinsen	21 000.–		
Reingewinn	**18 000.–**		
	1 600 000.–		1 600 000.–

b) Berechnen Sie die folgenden Kennzahlen (auf zwei Dezimalstellen). Es sind keine Gewinnausschüttungen vorgesehen. Beurteilen Sie die errechneten Werte.

	Kennzahl	Berechnung	Beurteilung
1.	Eigenfinanzierungsgrad		
2.	Intensität des AV		
3.	Liquiditätsgrad 2		
4.	Anlagedeckungsgrad 2		
5.	Eigenkapitalrendite		

Schlussbilanz II

Aktiven			
Umlaufvermögen			
Flüssige Mittel			
Forderungen			
Vorräte			
Anlagevermögen			
Passiven			
Fremdkapital			
Kurzfristiges Fremdkapital			
Langfristiges Fremdkapital			
Eigenkapital			

A 11.4   Von einem Produktionsunternehmen (Einzelunternehmen) sind die folgenden zusammengefassten Zahlen (Kurzzahlen) bekannt:

Aktiven	Schlussbilanz II		Passiven
Flüssige Mittel	70	Verbindlichkeiten	140
Forderungen	120	Bankschuld	110
Vorräte	160	Passivdarlehen	290
Maschinen	210	Eigenkapital	170
Mobiliar	90		
Fahrzeuge	60		
	710		710

Der Nettoerlös beträgt 2 470 und der Reingewinn 25.

a) Berechnen und beurteilen Sie die aufgeführten Kennzahlen.

	Kennzahl	Berechnung	Beurteilung
1.	Liquiditätsgrad 1		
2.	Liquiditätsgrad 2		
3.	Eigenfinanzierungsgrad		
4.	Fremdfinanzierungsgrad		
5.	Anlagedeckungsgrad 1		
6.	Anlagedeckungsgrad 2		
7.	Eigenkapitalrendite		
8.	Umsatzrendite		

b) Einzelne Kennzahlen der Teilaufgabe a) ergeben schlechte oder ungenügende Werte. Führen Sie in der folgenden Tabelle drei Kennzahlen mit problematischen Werten auf und geben Sie jeweils zwei Massnahmen zur Verbesserung an.

Kennzahl	Massnahmen zur Verbesserung

c) Wie wirkt sich der Kauf von Fahrzeugen gegen Barzahlung auf die aufgeführten Kennzahlen aus?

Kennzahl	Auswirkung mit Begründung
Liquiditätsgrad 2	
Anlagedeckungsgrad 2	
Eigenfinanzierungsgrad	

d) Wie wirkt sich die Rückzahlung einer Darlehensschuld per Banküberweisung (Bankguthaben in der Gruppe Flüssige Mittel) auf die aufgeführten Kennzahlen aus?

Kennzahl	Auswirkung mit Begründung
Liquiditätsgrad 2	
Anlagedeckungsgrad 2	
Eigenfinanzierungsgrad	

A 11.5   In Schlussbilanz II und Erfolgsrechnung der «Wolf AG» sind folgende Zahlen ersichtlich:

Aktiven			Schlussbilanz II			Passiven
Umlaufvermögen			**Fremdkapital**			
Flüssige Mittel			**Kurzfristiges Fremdkapital**			
Kasse	58 000.–		Verb. L+L	580 000.–		
Post	45 000.–		Kurzfr. Darlehen	220 000.–	800 000.–	
Bank	103 000.–	206 000.–				
Forderungen			**Langfristiges Fremdkapital**			
Ford. L+L		620 000.–	Passivdarlehen	160 000.–		
			Hypothek	520 000.–	680 000.–	1 480 000.–
Vorräte			**Eigenkapital**			
Warenvorräte		604 000.– 1 430 000.–	**Grundkapital**			
			Aktienkapital		600 000.–	
Anlagevermögen						
Mobile Sachanlagen			**Zuwachskapital**			
Maschinen	25 000.–		Ges. Gewinnres.	358 000.–		
Mobiliar	86 000.–		Gewinnvortrag	3 000.–	361 000.–	961 000.–
Fahrzeuge	80 000.–	191 000.–				
Immobile Sachanlagen						
Immobilien		820 000.– 1 011 000.–				
		2 441 000.–				2 441 000.–

Aufwand	Erfolgsrechnung		Ertrag
Warenaufwand	2 325 000.–	Warenerlöse	4 250 000.–
Personalaufwand	1 475 000.–		
Raumaufwand	62 000.–		
Sonstiger Betriebsaufwand	176 000.–		
Abschreibungen	87 000.–		
Fremdkapitalzinsen	72 000.–		
Reingewinn	**53 000.–**		
	4 250 000.–		4 250 000.–

a) Berechnen Sie die folgenden Kennzahlen. Geben Sie jeweils auch eine Beurteilung an.

1. Eigenfinanzierungsgrad
2. Verschuldungsgrad
3. Anlagedeckungsgrad 2
4. Liquiditätsgrad 2
5. Eigenkapitalrendite
6. Gesamtkapitalrendite
7. Umsatzrentabilität

b) Nennen Sie drei mögliche Massnahmen, mit denen die Eigenkapitalrendite verbessert werden könnte.

A 11.6 Welchen Einfluss haben die folgenden Geschäftsfälle auf die aufgeführten Kennzahlen? Geben Sie in der Tabelle an, ob die Geschäftsfälle zu einer Verbesserung (+), einer Verschlechterung (−) oder keiner Veränderung (=) der Kennzahlen führen.

	Geschäftsfall	Liquiditäts-grad 2	Eigenfinanzie-rungsgrad	Eigenkapital-rendite
a)	Kauf eines Autos mit sofortiger Banküberweisung (Bankguthaben).			
b)	Aufnahme eines Passivdarlehens mit Überweisung auf das Bankkonto (Bankguthaben).			
c)	Umwandlung einer Lieferantenschuld in ein Darlehen.			
d)	Kunde begleicht eine Rechnung durch Überweisung auf das Postkonto.			
e)	Aktivdarlehen wird auf das Bankkonto (Bankguthaben) zurückbezahlt.			
f)	Erhöhung Aktienkapital mit Einzahlung auf das Bankkonto (Bankguthaben).			
g)	Lieferantenrechnung für Materialbezüge trifft ein.			
h)	Kauf einer Büroeinrichtung gegen Rechnung.			

A 11.7   Die «Chemical Products AG» stellt in ihrer Fabrik chemische Grundstoffe für die Industrie her. In der Schlussbilanz II und der Erfolgsrechnung sind die folgenden Zahlen ersichtlich:

Aktiven			Schlussbilanz II		Passiven

Aktiven						Passiven
Umlaufvermögen				**Fremdkapital**		
Flüssige Mittel				**Kurzfristiges Fremdkapital**		
Kasse	58 000.–			Verb. L+L	580 000.–	
Post	45 000.–			Bankschuld	120 000.–	700 000.–
Bank	103 000.–	206 000.–				
Forderungen				**Langfristiges Fremdkapital**		
Ford. L+L		620 000.–		Passivdarlehen	460 000.–	
				Hypothek	1 520 000.– 1 980 000.–	2 680 000.–
Vorräte						
Materialvorräte		378 000.– 1 204 000.–		**Eigenkapital**		
				Grundkapital		
Anlagevermögen				Aktienkapital	1 300 000.–	
Mobile Sachanlagen						
Maschinen	850 000.–			**Zuwachskapital**		
Mobiliar	384 000.–			Ges. Gewinnres. 530 000.–		
Fahrzeuge	255 000.– 1 489 000.–			Gewinnvortrag	3 000.– 533 000.–	1 833 000.–
Immobile Sachanlagen						
Immobilien		1 820 000.– 3 309 000.–				
			4 513 000.–			4 513 000.–

Aufwand		Erfolgsrechnung		Ertrag
Materialaufwand	2 120 000.–	Produktionserlöse		7 170 000.–
Personalaufwand	3 880 000.–			
Raumaufwand	262 000.–			
Sonstiger Betriebsaufwand	376 000.–			
Abschreibungen	287 000.–			
Fremdkapitalzinsen	94 000.–			
Reingewinn	**151 000.–**			
	7 170 000.–			7 170 000.–

a) Berechnen Sie die folgenden Kennzahlen:
   1. Eigenfinanzierungsgrad
   2. Selbstfinanzierungsgrad
   3. Intensität des Anlagevermögens
   4. Liquiditätsgrad 2
   5. Anlagedeckungsgrad 1
   6. Eigenkapitalrendite
   7. Umsatzrentabilität

b) Beurteilen Sie die finanzielle Lage der «Chemical Products AG».

A 11.8 Beantworten Sie folgende Fragen im Zusammenhang mit dem Eigenfinanzierungsgrad und der Eigenkapitalrendite.

a) Welche Vorteile bringt ein hoher Eigenfinanzierungsgrad?

b) Welche Nachteile können mit einem hohen Eigenfinanzierungsgrad entstehen?

c) Welcher Richtwert gilt beim Eigenfinanzierungsgrad von Unternehmen?

d) Welcher Anteil des Kaufpreises einer Liegenschaft muss normalerweise mit eigenen Mitteln finanziert werden können?

e) Weshalb kaufen grosse, börsenkotierte Unternehmen eigene Aktien zurück und vernichten diese?

A 11.9   a)   Erstellen Sie mit den folgenden alphabetisch geordneten Konten der Warenhandels-
unternehmung «ITAG» eine für die Bilanzanalyse korrekt gegliederte Schlussbilanz I
und die Erfolgsrechnung.

Abschreibungen	143 000.–
Aktienkapital	600 000.–
Bankschuld	56 800.–
Fahrzeuge	279 000.–
Forderungen L+L	1 095 000.–
Fremdkapitalzinsen	40 000.–
Gesetzliche Gewinnreserve	230 900.–
Kasse	?
Mobiliar	293 000.–
Passivdarlehen	870 000.–
Personalaufwand	1 735 030.–
Post	175 000.–
Raumaufwand	208 000.–
Reingewinn	?
Sonstiger Betriebsaufwand	350 000.–
Verbindlichkeiten L+L	1 295 000.–
Warenaufwand	2 794 470.–
Warenerlöse	5 322 800.–
Warenvorräte	1 240 000.–

     b)   Berechnen und beurteilen Sie die folgenden Kennzahlen. Eine mögliche Gewinn-
ausschüttung muss nicht berücksichtigt werden.
1. Eigenfinanzierungsgrad
2. Fremdfinanzierungsgrad
3. Liquiditätsgrad 1
4. Liquiditätsgrad 2
5. Liquiditätsgrad 3
6. Anlagedeckungsgrad 2
7. Eigenkapitalrendite
8. Umsatzrendite

     c)   Weshalb hat bei diesem Unternehmen die Beurteilung der Anlagedeckungsgrade
eine geringe Bedeutung?

     d)   Welche Auswirkungen auf die berechneten Kennzahlen hätte eine Ausschüttung
von 50% des Jahresgewinns (die zweite Hälfte des Gewinns würde den Reserven
zugewiesen)?

A 11.10 *   Im Abschluss eines Handelsunternehmens sind folgende zusammengefasste Zahlen (Kurzzahlen) ersichtlich:

Aktiven	Schlussbilanz II		Passiven
Flüssige Mittel	7	Verbindlichkeiten L+L	90
Forderungen L+L	60	Bankschuld	35
Vorräte	63	Passivdarlehen	120
Aktivdarlehen	50	Eigenkapital	75
Mobiliar	80		
Fahrzeuge	60		
	320		320

Aufwand	Erfolgsrechnung		Ertrag
Warenaufwand	410	Warenerlöse	780
Personalaufwand	220		
Raumaufwand	40		
Verwaltungsaufwand	30		
Übriger Aufwand	36		
Abschreibungen	20		
Finanzaufwand	6		
Reingewinn	**18**		
	780		780

Ergänzende Angaben

Anfang Jahr betrug der Lagerbestand 47 und der Bestand an offenen Forderungen 74. 60 % der Verkäufe werden durch die Kunden bar bezahlt. Die Zahlungsbedingungen lauten «30 Tage netto».

a) Berechnen und beurteilen Sie die folgenden Kennzahlen:
   1. Lagerumschlag
   2. Durchschnittliche Lagerdauer
   3. Durchschnittliche Zahlungsfrist der Kunden
   4. Anlagedeckungsgrad 2
   5. Eigenkapitalrendite
   6. Gesamtkapitalrendite

b) Nennen Sie zwei Vorteile und zwei Nachteile eines grossen Warenlagers.

c) Geben Sie zwei Branchen an, in denen der Lagerumschlag sehr hoch sein muss.

d) Nennen Sie zwei mögliche Massnahmen zur Verbesserung des Lagerumschlages.

e) Was kann unternommen werden, um die Zahlungsfrist der Kunden zu verkürzen (zwei mögliche Massnahmen)?

A 11.11 *   Berechnen Sie die unten aufgeführten Grössen für folgende Unternehmen. Beurteilen Sie die Cashflow-Marge und den Verschuldungsfaktor.

a)   «Delta Trade AG» (siehe Aufgabe 11.3)

Kennzahl/Grösse	Berechnung
Cashflow	
Cashflow-Marge	
Umsatzrendite	
Effektivverschuldung	
Verschuldungsfaktor	

b)   «Wolf AG» (siehe Aufgabe 11.5)

Kennzahl/Grösse	Berechnung
Cashflow	
Cashflow-Marge	
Umsatzrendite	
Effektivverschuldung	
Verschuldungsfaktor	

Sachregister

Bildnachweis

iStockphoto: **15, 19, 63, 91, 121, 223, 259, 266, 279**

Hemera: **9, 49, 173**

Photodisc: **195**

Die Autoren

Ernst Keller, Betriebsökonom HWV und Wirtschaftslehrer

Ernst Keller war nach dem Studium mehrere Jahre als Mandatsleiter in einer Treuhandunternehmung tätig und konnte praktische Erfahrungen im Rechnungswesen sammeln. Er unterrichtete während vieler Jahre Wirtschaftsfächer am Zentrum Bildung, Wirtschaftsschule KV Aargau Ost. In einem Nachdiplomstudium und an verschiedenen Weiterbildungen unterrichtete er Rechnungswesen, Rechtskunde und Volkswirtschaftslehre. Seit Jahren ist er Dozent für Rechnungswesen an höheren Fachschulen für Wirtschaft. Zusätzlich wirkt er im Vorstand und im Prüfungsausschuss der Aargauischen Pensionskasse mit. Er führt verschiedene Mandate im Bereich Rechnungswesen für KMU-Betriebe und ist Verfasser von weiteren Lehrmitteln. Ernst Keller ist verheiratet und wohnt mit seiner Familie in Künten.

Boris Rohr, lic. oec., dipl. Handelslehrer HSG

Boris Rohr leitet als Inhaber und Geschäftsführer einen Produktionsbetrieb für die Herstellung von Kartonmappen mit Elastikverschluss. Er war über 20 Jahre als Handelslehrer im Neben- und Vollamt an der Handelsschule KV Aarau tätig (KV E-Profil, M-Profil und Mediamatiker). Als ehemaliger Leiter und Dozent (Betriebswirtschaft, Volkswirtschaft und Rechnungswesen) der Höheren Fachschule für Wirtschaft in Aarau und seit 2020 als Leiter der Höheren Fachschule für Wirtschaft am Institut für berufliche Aus- und Weiterbildung (Migros) verfügt er über grosse Erfahrung in der Erwachsenenbildung. Als Leiter Business Unit Lead Wirtschaft am IBAW hat er eine tragende Rolle im grössten Bildungsunternehmen der Schweiz. Boris Rohr ist verheiratet und lebt mit seiner Frau Lea und den beiden Kindern Kimon (2010) und Zoe (2012) im Aargau in der Gemeinde Seon.